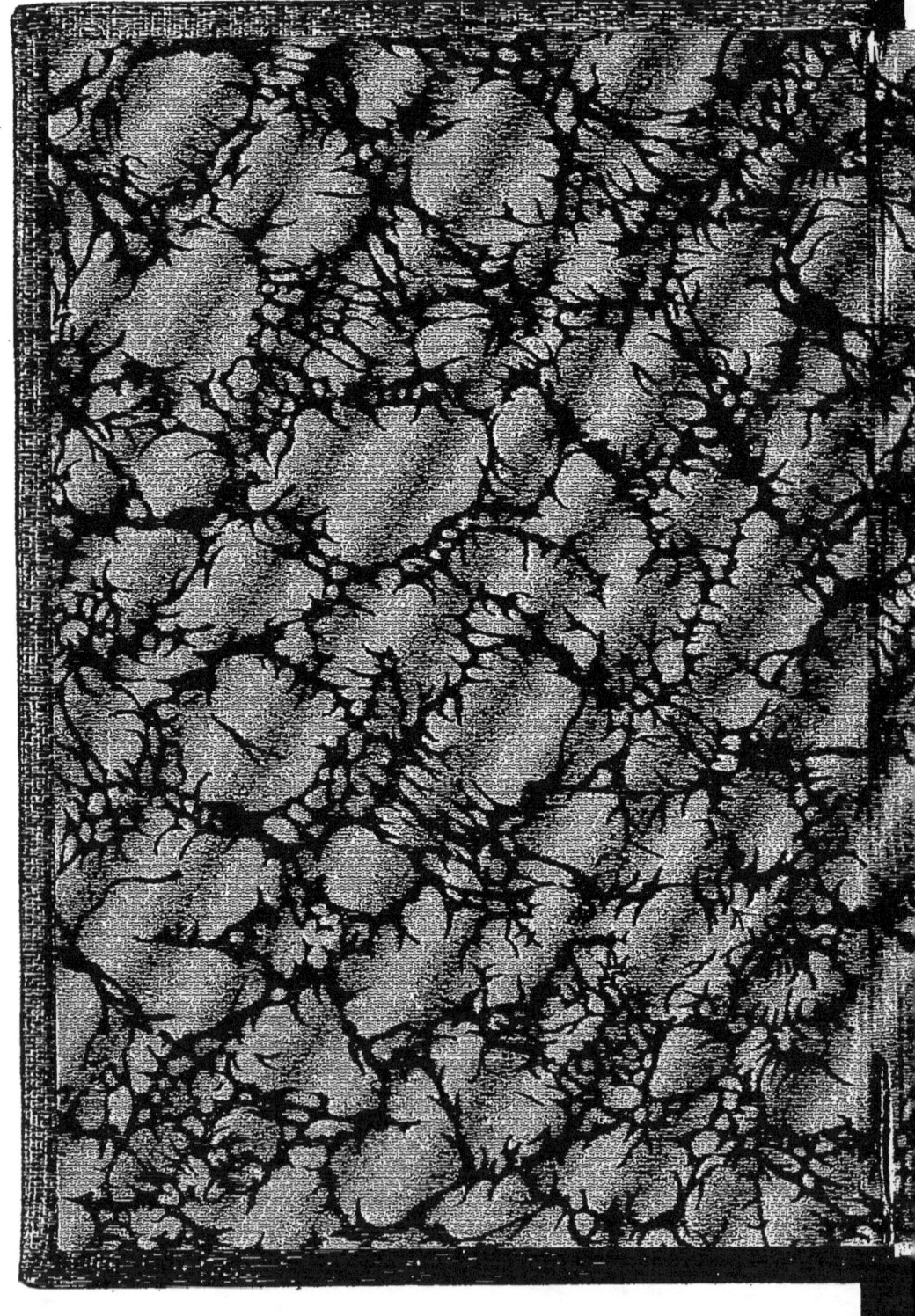

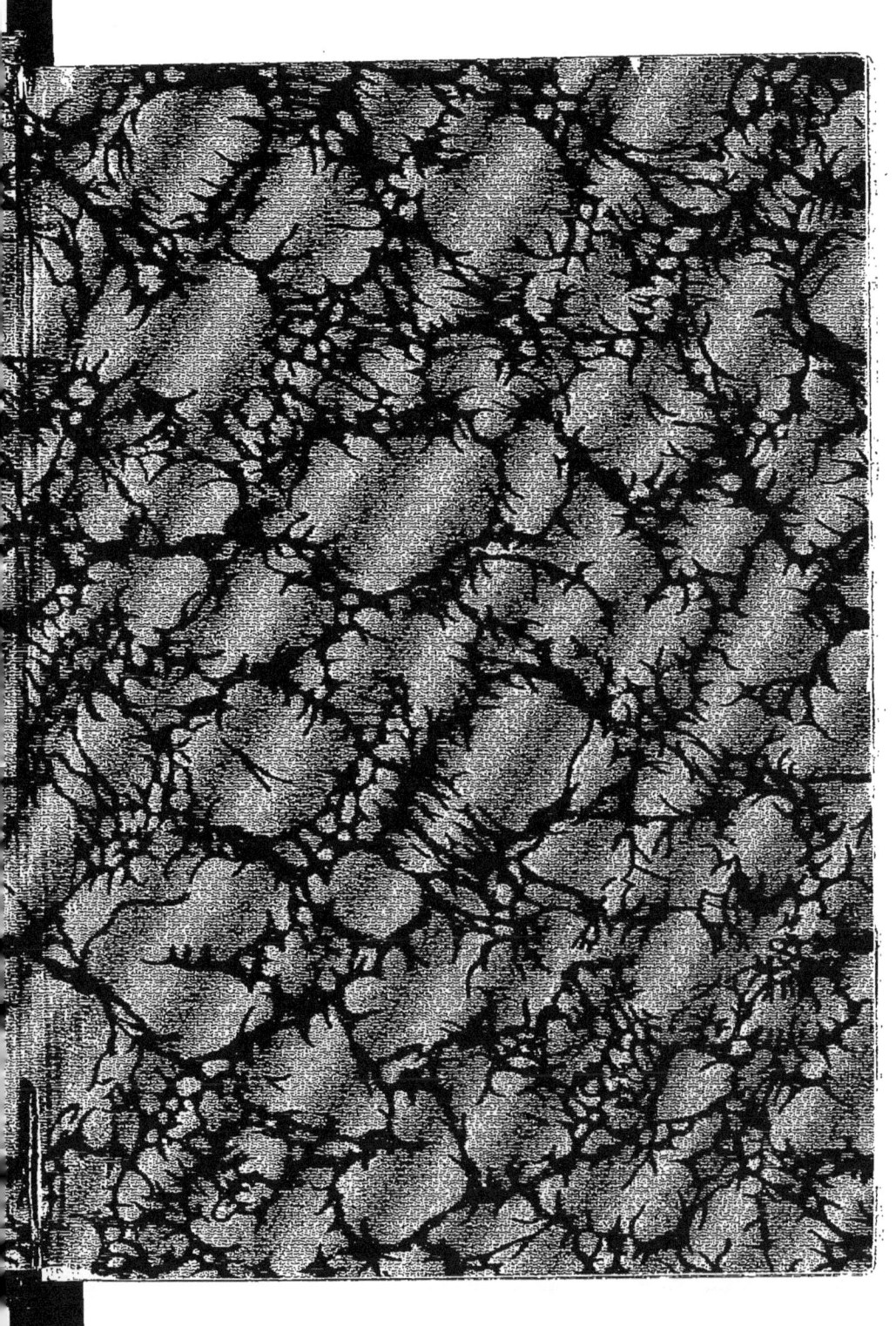

NOTICE
DES
TABLEAUX, DESSINS
GRAVURES, STATUES
OBJETS D'ART ANCIENS & MODERNES
CURIOSITÉS, ETC.

COMPOSANT LES COLLECTIONS

DE LA

VILLE DE POITIERS

PAR

P. AMÉDÉE BROUILLET

Peintre et Sculpteur

CONSERVATEUR DES MUSÉES DE LA VILLE
DIRECTEUR DE L'ÉCOLE MUNICIPALE DES BEAUX-ARTS

PREMIÈRE PARTIE

PEINTURES, DESSINS, GRAVURES & SCULPTURES

PRIX : 1 FR. 50

POITIERS
IMPRIMERIE DE MARCIREAU & Cie
BOULEVARD DE LA PRÉFECTURE

1884

MUSÉE

DE LA

VILLE DE POITIERS

PRIX : 1 FR. 50 C.

NOTICE
DES
TABLEAUX, DESSINS
GRAVURES, STATUES
OBJETS D'ART ANCIENS & MODERNES
CURIOSITÉS, ETC.

COMPOSANT LES COLLECTIONS

DE LA

VILLE DE POITIERS

PAR

P.-AMÉDÉE BROUILLET

Peintre et Sculpteur

CONSERVATEUR DES MUSÉES DE LA VILLE
DIRECTEUR DE L'ÉCOLE MUNICIPALE DES BEAUX-ARTS

PREMIÈRE PARTIE

PEINTURES, DESSINS, GRAVURES & SCULPTURES

POITIERS
IMPRIMERIE DE MARCIREAU & Cie
BOULEVARD DE LA PRÉFECTURE

1884

EXPLICATIONS

DES ABRÉVIATIONS EMPLOYÉES DANS CE CATALOGUE

B.   Bois.
C.   Cuivre.
H.   Hauteur.
L.   Largeur.
T.   Toile.
Fig.   Figure.
Gr. nat.   Grandeur naturelle.
Pet. nat.   Petite nature.

NOTA.— Les salles du Musée des Beaux-Arts et d'Archéologie sont ouvertes au public le dimanche, depuis midi jusqu'à 4 heures du soir.

Les lundi, mardi, mercredi, vendredi et samedi sont réservés aux artistes porteurs d'une carte délivrée par le Conservateur.

Les étrangers y sont admis tous les jours en s'adressant au gardien. Le jeudi est consacré à l'ouverture du Musée d'Histoire naturelle.

Les cannes et parapluies doivent être déposés au vestiaire. Il est expressément défendu de toucher à quoi que ce soit.

TABLE DE CLASSIFICATION

DE LA

PREMIÈRE PARTIE

Avertissement.
Règlement du Musée de la ville de Poitiers.
Livre d'Or du Musée d'archéologie et des Beaux-Arts de Poitiers ; origine, accroissements successifs, Donateurs et Conservateurs des collections de la ville.
Collections d'Objets d'Art et d'Archéologie appartenant à la ville de Poitiers.

CATALOGUE

Peinture. —	École française,	par ordre alphabétique.
—	École italienne,	id.
—	École espagnole,	id.
—	École flamande,	id.
—	École hollandaise,	id.
—	École allemande,	id.
—	École anglaise,	id.
—	Auteurs inconnus,	id.
Aquarelles et lavis. —	Auteurs connus,	id.
—	Auteurs inconnus,	id.
Pastels. — Auteurs connus et inconnus.		

Dessins au crayon et à la plume, lavés à la sepia ou à l'encre de Chine.
— École française, id.
— École italienne, id.
— École flamande, id.
— École hollandaise, id.
— École allemande, id.
— Auteurs inconnus, id.

Gravures au burin et à l'eau forte, etc.
— Auteurs connus.
— Auteurs inconnus.

Photogravures.
Photographies.
Lithographies.
Chromolithographies.
Sculpture, statues, bustes et bas-reliefs.

AVERTISSEMENT

Pour rendre l'usage de ce Catalogue plus facile, nous avons pensé que le classement par école et par ordre alphabétique était ce qui convenait le mieux. Nous donnons à la fin de ce livre une table chronologique des artistes de toutes les Écoles dont les ouvrages sont décrits dans ce livre et exposés dans les salles du Musée.

On trouvera également une table par ordre alphabétique dans laquelle les artistes sont inscrits à la place que leur assigne l'orthographe de leur nom patronymique, tout en les classant par des renvois à leurs surnoms ou à leurs sobriquets.

Les notices biographiques concernant les artistes ont été composées d'après les documents fournis par des ouvrages sérieux, tels que : *Notice des tableaux exposés dans la galerie du Musée du Louvre, par Frédéric Villot, conservateur des peintures.* — *Dictionnaire général des artistes de l'école française, depuis l'origine des arts et du dessin jusqu'à nos jours, par Émile Bellier de la Chavignerie et Louis Auvray.* — *Biographie nationale des contemporains, par une Société de gens de lettres, sous la direction de Ernest Glaeser.* — *Grand Dictionnaire universel du XIXe siècle, par Pierre Larousse.* — *Dictionnaire historique des Peintres de toutes les écoles, par Adolphe Siret,* etc.

Nous indiquerons avec soin les œuvres signées et authentiques et celles qui ne sont que des attributions plus ou moins justes.

Lorsque l'on a fait l'inventaire du Musée, longtemps avant l'exécution de ce Catalogue, on a été obligé de numéroter tous les objets qu'il renfermait suivant leur disposition d'alors dans les différentes salles. Aujourd'hui l'ordre de ces numéros est interrompu par le classement alphabétique adopté dans ce livre.

Nous avons donc été obligé de faire un nouveau numérotage pour faciliter les recherches, tout en conservant les anciens numéros inscrits sur le registre de l'inventaire.

En se reportant à la table alphabétique, il est extrêmement facile de trouver de suite les indications dont on a besoin.

RÈGLEMENT

Nous, Maire de la ville de Poitiers, officier de la Légion d'honneur,

Arrêtons :

Article premier.

Les salles du Musée des Beaux-Arts et d'Archéologie seront ouvertes au public le *dimanche*, et la galerie d'Histoire naturelle le *jeudi de chaque semaine*, les jours de pluie exceptés, depuis midi jusqu'à 4 heures en toute saison.

Art. 2.

Le service de surveillance sera fait, pour la galerie d'Histoire naturelle, par le gardien ordinaire, et pour les salles du Musée des Beaux-Arts et d'Archéologie, par le même gardien, assisté de deux sergents de ville.

Art. 3.

Les visiteurs seront tenus de déposer, à l'entrée des salles, leurs parapluies, ombrelles, paquets et cannes.

(sauf le cas d'infirmités constatées), et il leur sera délivré un numéro d'ordre, contre une rétribution de cinq centimes.

Art. 4.

Ils entreront dans les salles du Musée des Beaux-Arts par la salle des Antiques et sortiront par le côté opposé. Ils devront s'abstenir de toucher à aucun objet et de fumer dans le vestibule et les salles; les enfants au-dessous de dix ans devront être conduits par la main. Toute contravention, après un avertissement demeuré sans effet, pourra devenir l'objet d'un procès-verbal.

Art. 5.

Les artistes et élèves de l'école des Beaux-Arts de Poitiers munis de cartes délivrées par MM. les Directeurs de cette école, et agréés par M. le Maire de Poitiers, pourront venir étudier les modèles exposés dans les salles les *mardi, mercredi, vendredi* et *samedi,* de midi à 4 heures en toutes saisons. Le *lundi* sera réservé pour le nettoyage en grand, et le *jeudi* également par suite de l'obligation imposée au gardien d'ouvrir ce jour-là au public la galerie d'Histoire naturelle.

Art. 6.

Les artistes ou élèves des Beaux-Arts devront se conformer aux conditions imposées aux visiteurs, s'abstenir de se promener dans les salles, garder le silence pendant leur travail et avoir une tenue convenable vis-à-vis du gardien et des visiteurs accidentels pendant la semaine.

Art. 7.

Au moment de leur admission, ils devront être pourvus de tous les accessoires nécessaires à leurs études et principalement d'un paillasson ou tapis carré de 2 mètres de côté, assez épais pour préserver la mosaïque ou le parquet de toute souillure.

Le *mercredi* et le *samedi* soir, ils devront remettre eux-mêmes tous ces objets dans une pièce qui leur sera indiquée par le Conservateur.

Art. 8.

Ils ne devront, sous aucun prétexte, toucher ni déplacer les modèles de quelque nature qu'ils soient ; et toutes les contraventions à cet article comme aux précédents seront, après un premier avertissement dont il ne serait pas tenu compte, constatées par un procès-verbal et pourront donner lieu, soit à une exclusion temporaire, soit à une exclusion définitive prononcée par le Conservateur après qu'il en aura référé à M. le Maire.

Art. 9.

Les étrangers ou habitants de la Vienne et de Poitiers pourront visiter le Musée des Beaux-Arts et d'Archéologie les jours ouverts à l'étude, de midi à 4 heures seulement, après avoir obtenu l'autorisation des autorités municipales ou du Conservateur.

Art. 10.

Aucune reproduction photographique, estampage ou moulage des objets exposés dans les salles ne pourra être faite sans l'autorisation formelle du Maire, qui prendra l'avis du Conservateur.

Art. 11.

En cas de travaux nécessités, soit par le déplacement de tableaux ou d'objets d'art, soit pour des réparations, les entrées publiques ou de faveur ou d'étude pourront être suspendues pendant le temps nécessaire pour les exécuter.

Fait à Poitiers, Hôtel-de-Ville, le 24 juillet 1878.

Le Maire,
A. ORILLARD.

LIVRE D'OR

DU

MUSÉE D'ARCHÉOLOGIE & DES BEAUX-ARTS

DE POITIERS

Origine, Accroissements successifs, Donateurs & Conservateurs des Collections de la Ville.

FONDATION DU MUSÉE

Le bénédictin dom Mazet, bibliothécaire de Poitiers, avait collectionné, dès le début de ce siècle, un certain nombre d'objets d'art lui appartenant, qui furent achetés par la ville en 1817, grâce à l'insistance de l'abbé Gibault, son successeur. Ce dernier ne cessa, jusqu'à sa retraite, en 1832, d'augmenter cette collection soit par des acquisitions, soit en faisant opérer des fouilles, soit en provoquant des dons en sa faveur. C'est donc du premier tiers seulement de notre siècle que date réellement le groupement d'un premier contingent qui occupa, un peu dispersé et imparfaitement installé, trois salles à l'Ecole de Droit, et diverses pièces de l'ancienne Mairie, jusqu'en 1877, époque à laquelle les salles du Musée du nouvel Hôtel-de-Ville étant prêtes, on put enfin y réunir et y installer tout ce qui avait été collectionné jusqu'à ce jour.

De 1817 à 1832, l'abbé Gibault étant conservateur du Musée, les collections se composèrent de 12 tableaux et de quelques gravures, d'inscriptions antiques et du moyen âge, de l'autel gallo-romain de Bapteresse, des tombeaux de saint Hilaire, des débris provenant des fouilles d'Andillé, de statuettes égyptiennes en émail, du bas-relief de saint Hilaire et sainte Triaise, des précieux bas-reliefs du château de Bonnivet, de la belle statue de marbre de Jeanne de Vivonne, provenant de l'église des Cordeliers et qui figura un instant au Musée des Petits-Augustins à

Paris, d'une foule de menus débris de céramique, d'armes variées de l'âge de la pierre, du bronze, du fer, gaulois, romain, mérovingien et du moyen âge, et surtout des meubles d'art, armoires de boule, buffets d'ébène sculptés, console Louis XIV, tables Louis XIII, enfin des débuts de la collection de médailles.

Les principaux donateurs de cette période furent : l'abbé Gibault, l'abbé Pestre, MM. Mauduyt, Pontois, le ch. Moreau, de Monsabré, Montaubry, Laurendeau, Lesourd-Vaillant et Moître.

De 1833 à 1838, M. Mazure étant conservateur, les collections furent augmentées d'une tombe mérovingienne, d'une arquebuse à rouet, d'ivoires sculptés, d'inscriptions, d'anneaux et de clefs antiques, de fragments de mosaïque romaine et de fresques, d'armes, d'objets d'Orient et de peuplades sauvages, d'une cartouchière en fer repoussé.

Les principaux donateurs furent : MM. Thibaudeau, de Béchillon, Doussaint de Lys, de Theil, de Vareilles et Gué.

De 1838 à 1864, M. Mauduyt étant conservateur, on constata, en 1843, que le Musée possédait 26 tableaux, dons de l'Etat ou de particuliers. Une partie de ces toiles dataient du précédent exercice. Ces collections s'accrurent de statues et cippes antiques, de bas-reliefs du moyen âge, de plusieurs tableaux, d'armes préhistoriques, du moyen âge, des îles de l'Océanie et de l'Algérie, d'une statuette, de montres anciennes, de débris de céramique romaine, du moyen âge, moderne et d'une collection céramique du Musée Campana, don de l'Etat, plus de cinq tableaux de la même provenance.

Les principaux donateurs furent : l'Etat, MM. de Chièvres, Mauduyt père, le Tourneur, Bonsergent, Roblin, de Curzon, Moître, Roy, A. Brouillet, Dhomé, Servant, Dupré, Servant-Moreau, Saint-Evre, Lecointre, Surènes, de Vézien, Laurendeau, Thiphonneau, de Mascureau.

De 1864 à 1872, M. Guitteau étant conservateur, les collections reçurent des silex taillés de Saint-Acheul, des brèches à silex et ossements des Aizyes, 20 tableaux, une réduction en liège de l'église de la Madeleine, des cachets en pierre gravés, une meule romaine, des fragments de céramique, 14 saints sur fonds d'or provenant d'un rétable italo-bizantin, des portraits divers, des cuivres émaillés, une statuette en ivoire, des bas-reliefs du moyen âge, des balles de fer, des médailles et des vitraux. La collection de tableaux avait atteint, en 1872, le chiffre de 80 toiles.

Les principaux donateurs furent : l'Etat, MM. Lartet et Christy, Boucher de Perthes, Chantrau, de Nettancourt, Durand du Pessau, Hastron, Barbarin, Wittoz, Despoïs et Girault.

De 1872 à 1881, M. de Longuemar étant conservateur, le Musée s'accrut du grand legs Charbonnel, d'environ 500 pièces, comprenant des tableaux, des armes, une belle collection de céramique, des bronzes, des ivoires, des miniatures, de la ferronnerie, des médailles, des émaux, des vitraux, etc. ; en outre, le Musée a reçu des sculptures et inscriptions romanes, des tombes historiées, des médailles, des vases romains, des statues en plâtre, en terre cuite, en bois, des moulages de bas-reliefs des monuments d'Egypte, de l'Alhambra, le modelage de la tour de Maubergeon, le tableau du siège de Poitiers en 1569, des gravures et des photographies, des collections d'armes et objets usuels de l'Océanie, Sénégambie, Algérie, etc., et enfin un grand nombre d'objets d'une importance et d'un intérêt divers.

Les principaux donateurs furent : l'Etat, MM. Charbonnel, de Longuemar, de Curzon, Brouillet Amédée, Brouillet fils, Lecointre, général Margadel, le colonel Gérard, Servant, Gaudonnet, le P. de la Croix, Mousset, Grillon, Ferrand, Poumailloux, Lacroix, de Rogier, Ch. Barbier, Logé, Mme Bruyères, Léon Perrault, J.-B. Brunet, Penchaud, Fau, Pervinquière, Perlat, Pellain, de Nettancourt, Charron, Barroux, Augé, Andreotti, Gomy, Martin, l'abbé Deschâtelliers, Wittoz, Perlat, Coreillier, Mauduyt fils, Pascault, Mirebeau, Rothmann, baron de Girardot,

Tradet, Maréchal, de Marçay, les Dames Hospitalières, Drouault, Augé, l'abbé Dauphin, de Sapinaud, Dubois-Bastien, de Rochebrune, de Touchimbert, La Genest, Métayer, Mallet, Ginot, Lefrançois. de Laurencez, Barraut, l'abbé Chabauty, de Croy, Gauthier, Maurice, Belly, Mauflastre, Lucas et Martineau.

De 1881 jusqu'à ce jour, M. Brouillet étant conservateur, les collections de la ville ont reçu : un relief en plâtre des montagnes des Vosges, un tableau de M. de Curzon acheté par la ville, un grand buste en plâtre de Gay-Lussac, une statue en plâtre, une collection de 614 objets de l'âge de la pierre trouvés dans les cavernes et les ateliers en plein air du Poitou, une statuette en terre cuite de Clovis, un fragment de fût de colonne romaine, deux sagayes de la Nouvelle-Calédonie, des vases et des carreaux en terre cuite émaillés, provenant de l'abbaye de Charroux, d'un legs de Mme la marquise de Circé, six tableaux à l'huile, d'un legs de M. Massé, président de chambre à la Cour de cassation, quatre tableaux à l'huile, d'un legs de M. Babinet de Paris, trente-neuf tableaux à l'huile, trois cent deux dessins originaux de différentes écoles, deux cent quinze médailles grecques et autres, neuf objets divers en bronze, marbre et terre cuite, deux grands tableaux de M. André Brouillet donnés par l'Etat, un portrait en pied du comte d'Herlon, maréchal de France, une vue du vieux Poitiers et un grand paysage de M. Béni-Gruié de Poitiers, et enfin plusieurs autres objets de moindre importance, tels que sculptures sur pierre, ferronnerie, médailles, bustes en plâtre, etc.

Les principaux donateurs sont : la ville, l'Etat, MM. de Longuemar, Brouillet, Charron, la marquise de Circé, Massé, Babinet, vicomtesse Hurault de Gondrecourt, Poumailloux, Martin, Lucas, Béni-Gruié.

———

Parmi tous ces bienfaiteurs, deux surtout se distinguent par l'importance de leurs dons ; ce sont : MM. Babinet, dont le legs s'élève à 565 objets, et M. Charbonnel, dont le legs est de 500 objets de toute nature.

Collections d'objets d'art et d'archéologie

Appartenant à la Ville de Poitiers

Les diverses pièces, statues, bas-reliefs, tableaux et autres objets composant ces collections variées, occupent une partie du grand vestibule de l'Hôtel-de-Ville, la grande salle des antiques, la grande salle du moyen âge et des derniers siècles, l'une et l'autre largement éclairées par les grandes baies de la façade ; enfin les trois salles éclairées en plafond, plus particulièrement réservées aux tableaux et accessoirement à quelques statues et bustes supportés par des socles.

L'installation des différentes choses qui forment l'ensemble de l'avoir artistique et archéologique de la ville de Poitiers n'étant pas terminée, de nouveaux objets s'ajoutant encore de temps à autre aux diverses séries et obligeant à d'incessants remaniements pour les installer convenablement, nous les passerons en revue dans cet inventaire en les groupant par grandes familles : tableaux, dessins, gravures, statues, bas-reliefs, émaux, céramique, médailles, armes, meubles d'art, etc.

Collection de Tableaux

Conformément aux instructions de la circulaire émanée de la direction des Beaux-Arts, nous mentionnerons les tableaux et dessins en les subdivisant par écoles, mais avant d'entamer leur description succincte, nous dirons quelques mots de l'origine de cette partie de nos collections et des péripéties qu'elles ont subies à diverses époques.

Le point de départ de la collection de tableaux du Musée de Poitiers fut la fondation de l'Ecole royale académique de peinture, sculpture et architecture, sous le titre modeste d'*Ecole gratuite de dessin*. Ce fut grâce à l'impulsion donnée dans toute la France par Boucher, premier peintre du roi et directeur de l'Académie royale de Paris, que cette fondation eut lieu. Boucher envoya effectivement dans les provinces un certain nombre de ses élèves destinés à devenir les directeurs des Ecoles à établir dans les principaux chefs-lieux ; ce fut Aujolley-Pagès qui reçut la mission de fonder celle de Poitiers en 1774. En 1801, il s'adjoignit son gendre, M. Hivonnait, et deux des fils de ce dernier furent tour à tour directeurs de l'Ecole communale de dessin de cette ville.

Cette fondation avait du reste été provoquée dès l'année 1772 par M. de Blossac, intendant de la généralité, à qui la cité doit l'un de ses principaux embellissements (la grande promenade dite de Blossac, située à l'extrémité sud de la ville), et ce fut l'abbé Terray, alors ministre d'Etat, qui expédia en 1774 à M. Pallu du Parc, maire de Poitiers, l'autorisation nécessaire, par lettres patentes.

L'année suivante, le même ministre confirmait cette autorisation en accordant à l'autorité municipale un règlement qui fixait la composition du personnel de ce nouvel établissement (Almanach provincial de 1778).

Ce fut en septembre 1793 que, par suite des confiscations exécutées à cette époque dans les églises et les établissements religieux de Poitiers, l'Ecole de dessin se trouva pourvue de la première collection de tableaux réunie dans les salles de l'hôtel du Puygarreau.

Elle se composait de 113 tableaux de grandes dimensions et de chevalets, offrant principalement à l'étude des sujets de piété.

La loi du 1er mai 1802, et le décret du 28 janvier 1803, qui reçut à Poitiers son exécution au mois de mai, ayant aboli les Ecoles centrales, les tableaux réunis au Puygarreau furent en presque totalité restitués aux établissements et aux divers propriétaires à qui on les avait enlevés.

Une note conservée de M. Hivonnait père et datée de 1828, constate qu'il ne restait plus dans la collection de la ville que neuf toiles.

Une autre note de M. le conseiller Pilotelle, datée de 1843, alors qu'il était un des adjoints du maire de Poitiers, témoigne que le chiffre des tableaux était remonté à 26, auxquels s'étaient adjointes 4 gravures. Ce petit contingent fut transféré partie dans la salle des mariages, à l'ancien Hôtel-de-Ville, qui était lui-même l'ancien siège et librairie de l'Université de Poitiers au XVe siècle, et partie dans un cabinet attenant à la Bibliothèque publique, dans les bâtiments de la Faculté de droit.

Aujourd'hui, grâce à de nombreux dons de l'Etat, des particuliers et à quelques acquisitions faites par les conservateurs, cette partie importante des collections de la ville comprend un grand nombre de tableaux sur toile, sur cuivre, sur bois; des aquarelles, des dessins, des gravures, etc., que nous allons examiner successivement.

Quant aux sculptures, objets d'art et d'archéologie, nous avons donné plus haut l'origine de ces collections; il est donc inutile d'y revenir.

TABLEAUX

PEINTURE A L'HUILE

ÉCOLE FRANÇAISE

ALLEGRAIN (ÉTIENNE), *peintre-graveur, né à Paris, en 1653, mort dans la même ville, le 1er avril 1736.*

On ignore de quel maître il fut élève. Agréé à l'Académie le 30 mai 1676, il devint académicien le 30 octobre 1677, et donna pour sa réception un paysage représentant une fuite en Égypte. Les Musées du Louvre, d'Alençon, de Tours, de Versailles, de Besançon, de Saint-Pétersbourg possèdent différents tableaux de cet artiste. Il eut pour fils et pour élève Gabriel Allegrain, peintre de talent, qui naquit à Paris le 25 février 1679 et mourut dans la même ville le 24 février 1748. Il fut reçu à l'Académie royale le 26 septembre 1716 sur une fuite en Égypte comme son père.

1. — 669. Paysage.

T. H. 0,44. — L. 0,56. — (Legs Babinet, 1882.)

Soleil couchant : à l'horizon des montagnes étagées, au second plan une rivière et un pont défendu par une tour ; au premier plan, terrains avec personnages assis ; à droite, un arbre, et à gauche, des rochers. (Attribué à Allegrain.)

AMAURY-DUVAL (Eugène-Emmanuel), *né à Montrouge-Paris, le 16 avril 1808, fils de Pierre Duval, membre de l'Institut, et neveu d'Alexandre Duval, de l'Académie française. Son véritable nom est Eugène-Emmanuel Amaury-Duval.*

Elève de Ingres ; il débuta au Salon de 1833 par des portraits qui furent très remarqués et lui valurent une certaine réputation dans ce genre. On lui doit des toiles et des fresques importantes exécutées dans plusieurs monuments publics, notamment dans la chapelle de la Vierge, à Saint-Germain-l'Auxerrois, sur les murs de l'église de Saint-Germain-en-Laye et de Saint-Méry, à Paris. En 1829, il visita la Morée et en 1855 il fit un voyage en Italie. Il a obtenu une médaille de 2ᵉ classe en 1838, et une médaille de 1ᵉʳ classe en 1839. Nommé chevalier de la Légion d'honneur, le 1ᵉʳ mai 1845, il a été promu officier le 14 août 1865.

2. — 316. Portrait de Mᵐᵉ la marquise de Circé.

T. H. 1,10. — L. 0,87. — (Legs de Circé, 1881.)

Elle est représentée de grandeur naturelle, assise dans un fauteuil, vêtue de satin blanc et une draperie rouge jetée sur le bras gauche. Peinture rappelant celle de son maître. Beau portrait. (Signé Amaury Duval.)

BASSET, *peintre français. (Pas de renseignements.)*

3. — 688. Portrait de M. Massé.

T. H. 1,23. — L. 0,95. — (Legs Massé, 1882.)

M. Massé, chevalier de la Légion d'honneur, membre de l'Institut, président de chambre à la Cour de cassation, est représenté de grandeur naturelle, assis dans un fauteuil style Louis XIV, en costume de cour, robe rouge avec hermine, le bras droit posé sur une table et la main placée sur un livre, le bras gauche est appuyé sur son fauteuil.

BARRAULT (EUSTACHE), *peintre poitevin, né à Poitiers, élève de l'Ecole municipale des Beaux-Arts de Poitiers.*

4 — 407. Portrait du R. P. Jérôme Viguier, de l'Oratoire.

T. H. 0,13. — L 0,10. — (Acquis en 1877.)

Cette peinture a été faite d'après une ancienne gravure.

BÉNI-GRUIÉ (VICTOR), *artiste poitevin, né à Niort (Deux-Sèvres), le 3 décembre 1855.*

Elève de l'École municipale des Beaux-Arts de Poitiers, et de Gérôme. Ses œuvres ont figuré aux Salons de 1881, 1882, 1883. M. Gruié fait le paysage, le portrait, la nature morte et le genre ; on a de lui plusieurs tableaux qui ont été très remarqués.

5. — 691. Les Roches-Noires, étude prise dans le Limousin.

T. H. 1,25. — L. 1,90. — (Don de l'auteur, 1883.)

Effet de matin, le soleil se lève à l'horizon ; à droite, au second plan, une colline au pied de laquelle sont des arbres et une petite rivière, à gauche, au premier plan, autre colline composée de rochers noirâtres et violacés avec arbres se découpant en silhouette foncée sur un ciel lumineux, au milieu du tableau, herbage marécageux semé de roches isolées, dans le fond un troupeau de moutons conduit par un berger se rend au pacage.

6. — 587. Le vieux Poitiers.

T. H. 0,88. — L. 0,58. — (Don de l'auteur, 1883.)

Groupe de vieilles maisons étagées avec jardins au-dessous, vue prise du boulevard Bajon, à Poitiers. Ce paysage a figuré au Salon de 1883.

BÉZARD (Jean-Louis), *peintre, né à Toulouse (Haute-Garonne), le 25 novembre 1799.*

Elève de Guérin et de Picot ; il entra à l'Ecole des Beaux-Arts, le 3 septembre 1819 ; il remporta le deuxième prix au concours pour Rome en 1825 : *Antigone donnant la sépulture à Polynice*, et le premier prix en 1829 : *Jacob refusant de livrer Benjamin.*
Il obtint une médaille de 1re classe en 1836 ; un rappel en 1857 et 1859, et la croix de chevalier de la Légion d'honneur, le 6 août 1860 ; il est hors concours. De 1824 à 1861, ses œuvres ont figuré à 17 Salons. Il a exécuté en outre un grand nombre de peintures murales dans les églises d'Agen, Notre-Dame-de-Lorette, Notre-Dame-de-Vincennes, Saint-Louis d'Antin, Sainte-Clotilde, Saint-Eustache, Saint-Augustin, à Paris ; enfin l'on voit du même artiste, dans les galeries de Versailles, les portraits de Childebert Ier, de Clotaire Ier, de Philippe-le-Bel, du grand Condé, les Etats généraux de Tours, 14 mai 1506.

7. — 297. La race des méchants règne sur la terre après en avoir chassé la justice divine.

T. H. 2m. — L. 2,70. — (Don de l'État en 1874.)

Le peintre a voulu retracer aux yeux les désordres et les crimes, résultat infaillible de la révolte d'une société humaine contre les principes de l'équité et de la justice. Cette scène allégorique stygmatise l'orgueil, l'avarice, le mépris de la religion, la corruption des mœurs, l'oppression, le meurtre et l'incendie, caractérisés par des groupes variés de hauts personnages de tout âge ; le lieu de la scène est Rome, dont on aperçoit le château Saint-Ange dans le fond, et l'ensemble des costumes des personnages appartient au XVIe siècle. Ce tableau a figuré au Salon de 1837.

Fig. 1/3 de grandeur naturelle (toile signée Bézard).

BOILLY (Louis-Léopold), *peintre et lithographe, né à la Bassée (Nord) le 5 juillet 1761, décédé à Paris le 5 janvier 1845.*

Fils et élève d'Arnould Boilly, sculpteur sur bois. A 11 ans il peignit pour une chapelle de la confrérie de

Saint-Roch un tableau représentant ce saint guérissant des pestiférés. Après celui-ci, il en fit un autre représentant un enterrement où assistait la confrérie, le clergé en tête. A 13 ans il vint à Douai, chez un prieur des Augustins et fit dans le couvent quelques portraits et des tableaux de genre. En 1777, il fut à Arras où il fit un nombre considérable de portraits ; enfin à l'âge de 25 ans il vint à Paris où il exécuta encore plusieurs tableaux qui eurent du succès. Il obtint une récompense décernée par le jury des Arts pour les meilleurs ouvrages exposés de l'an II à l'an VI, puis un prix de 2,000 francs le 20 avril 1799, une médaille de 1re classe en 1804, et fut fait chevalier de la Légion d'honneur le 30 avril 1833. Indépendamment des nombreux tableaux de genre et dessins exécutés par Boilly, on estime à près de cinq mille le nombre des portraits qu'il a faits. Il a peint pendant 72 ans et est mort pour ainsi dire le pinceau à la main.

8. — 672. Jeune fille, portrait.

B. H. 0,20. — L. 0,15. — (Legs Babinet, 1882.)

Portrait en buste, tête blonde, robe bleuâtre décolltée et laissant voir la poitrine jusqu'aux seins.

Gr. 1/4 nature. (Attribué à Boilly.)

BONNAT (Léon-Joseph-Florentin), *peintre, né à Bayonne (Basses-Pyrénées) le 30 juin 1833.*

Elève de MM. Frédéric de Madrazzo et Léon Cogniet ; il entra à l'Ecole des Beaux-Arts le 6 avril 1854; en 1857 il obtint le second prix au concours pour Rome: *Résurrection de Lazare ;* une médaille de 2e classe en 1861 ; un rappel en 1863; une médaille de 2e classe à l'exposition universelle de 1867; la croix de la Légion d'honneur le 27 juin 1867; une médaille d'honneur en 1869, et fut nommé officier de la Légion d'honneur en 1874; il est hors concours.

9. — 251. Antigone conduisant Œdipe aveugle.

T. H. 2,60. — L. 1,80. — (Don de l'État en 1875.)

L'infortuné vieillard, appuyé d'une main sur un long bâton et de l'autre sur l'épaule de sa fille, chemine péniblement dans un site sauvage, l'un et l'autre pauvrement vêtus.

C'est à cette mise en scène que se rapportent plus particulièrement ces vers de La Harpe :

> « Errant de ville en ville, aveugle je maudis
> » L'aliment nécessaire à ma pénible vie,
> » Et je l'aurai perdue, hélas! depuis longtemps,
> » Si ma fille, prenant pitié de mes vieux ans,
> » N'avait de ma misère accepté le partage. »

Dans cette page, inspirée par les malheurs du roi de Thèbes, Bonnat s'est placé à un autre point de vue que Pajou. La résignation de la victime principale, et le dévouement absolu d'Antigone guidant les pas de son malheureux père, c'est là une piquante élégie traitée d'une manière éminemment réaliste et formant le contraste le plus complet avec la recherche et le fini de la toile de Pajou.

Fig. grandeur naturelle.

Cette toile a figuré au Salon de 1865. (Est signée : Bonnat.)

BOUCHER (FRANÇOIS), *peintre, graveur et sculpteur; né à Paris en 1704, mort dans la même ville le 30 mai 1770.*

Boucher, fils d'un dessinateur de broderies, fut élève de Lemoine pendant quelques mois, puis il alla demeurer chez le père de L. Cars, le graveur pour lequel il composa un certain nombre de dessins qui furent reproduits par la gravure. Boucher a été un des artistes du XVIIIe siècle les plus favorisés par la fortune. Sa réputation, surfaite de son vivant, tomba après sa mort, mais aujourd'hui cette réputation, si discréditée par ses envieux, a repris le rang honorable qu'elle a toujours mérité. Boucher a été un peintre agréable et gracieux, d'un caractère aimable et désintéressé, doué d'une imagination féconde, d'une facilité d'exécution extraordinaire. Il a produit un nombre considérable d'œuvres qui furent presque toutes reproduites par la gravure.

Il ne put, cependant, obtenir le brevet de pensionnaire du roi pour aller à Rome, mais il obtint son titre d'académicien le 30 janvier 1734 et celui de directeur de l'Académie des Beaux-Arts le 23 août 1765. A la mort de Carl Van Loo, il fut nommé premier peintre du roi aux appointements de 6,000 fr.

10 — 277. La chaste Suzanne.

T. H. 0,70. — L. 0,90. — (Fonds du Musée de 1828.)

« Suzanne, femme de Joakim, fut surprise dans le jar-
» din de son habitation à Babylone, au moment où elle
» allait prendre un bain vers l'heure de midi, par deux
» vieillards, juges du peuple hébreu, qui s'étaient épris
» d'amour pour elle : pour se venger de sa vertueuse
» résistance, ils l'accusèrent devant le peuple d'adultère
» avec un jeune homme et la firent condamner à mort ;
» mais le jeune Daniel déjà rempli de l'esprit de Dieu,
» confondit ces infâmes accusateurs de mensonge et le
» sang innocent fut sauvé. » Daniel, chap. XIII.

Suzanne est nue et assise sur le bord d'un bassin dans lequel elle s'apprête à descendre, les deux vieillards qui l'ont surprise sont placés de chaque côté d'elle, l'un à droite, l'autre à gauche. Toile d'un coloris harmonieux et frais, d'une touche habile. Signé : F. Boucher, 1740.

Figure 1/4 grandeur nature.

BROUILLET (PIERRE-ARISTIDE-ANDRÉ), *artiste poitevin, né à Charroux (Vienne), le 1er septembre 1856.*

Destiné par sa famille à être ingénieur, il fit ses études au lycée de Poitiers. La même année qu'il obtenait son diplôme de bachelier ès sciences, il était admis à l'Ecole Centrale des Arts et Manufactures où il resta trois ans. Entraîné par son goût pour la peinture, il entra dans l'atelier de Gérôme à l'Ecole des Beaux-Arts, ensuite il fut dans celui de Jean-Paul Laurens.

Il débuta au Salon de 1879 par un portrait : en 1880, il exposa un *Ecce homo* ; en 1881, il envoya un portrait de femme, puis une grande toile représentant *la Violation du tombeau de l'évêque d'Urgel*, qui obtint du jury une mention honorable et fut achetée par l'Etat ; en 1882, il exposa un grand tableau, *les Femmes de Paris allant demander du pain à Versailles* (5 octobre 1789), et le portrait en pied de Mme E. F. ; en 1883, il envoya encore un portrait et une grande toile, intitulée : *Au chantier*, qui fut achetée par l'Etat. Cette dernière œuvre et la violation du tombeau de l'évêque d'Urgel, l'une et l'autre données au Musée de Poitiers par l'Etat, ont eu l'honneur d'être admises à l'exposition triennale nationale de 1883; en outre de cela, cet artiste a produit un certain nombre de toiles de moindre importance qui ont figuré à des expositions publiques des Beaux-Arts.

11. — 354 Ecce homo.

T. H. 2,18. — L. 1,17. — (Don de l'auteur, 1880.)

Figure de grandeur naturelle, debout, les mains derrière le dos, appuyée sur le piédestal placé sur une estrade. Cette toile a figuré au Salon de 1880. (Signé : Brouillet.)

12. — 333. Violation du tombeau de l'évêque d'Urgel.

T. H. 3^m. — L. 4^m. — (Don de l'État en 1881.)

Dans un cimetière, au déclin du jour, deux hommes vigoureux, aux larges épaules, vivement éclairées, le torse nu, aidés par un religieux en robe blanche, tiennent à brassée un lourd cercueil en partie brisé, qu'ils sortent péniblement d'une fosse. Debouts, près d'eux, sont des dominicains, dont l'un, d'un geste impérieux, ordonne et préside cette exhumation.

Au second plan, à droite, assis sur une tombe, un fossoyeur contemple en silence cette lugubre scène.

Dans le fond, derrière ces personnages, un sombre rideau de cyprès à la silhouette dentelée, se détache sur un ciel gris sombre, éclairé à l'horizon par un dernier rayon de soleil couchant. Cette toile était au Salon de 1881.

Fig. grandeur naturelle. (Signé : Brouillet.)

13. — 301. Au chantier.

T. H. 3,30. — L. 2,50. (Salon de 1883). — (Don de l'État en 1883.)

Dans un chantier de construction à Paris, à gauche au premier plan, une femme assise sur un bloc de pierre, et tournant le dos au spectateur, cause avec son époux, un robuste ouvrier en costume de travail, debout devant elle et allumant sa pipe. C'est le jour de la paye et les braves gens parlent de leurs petites affaires.

Près d'eux, le frère et la sœur, deux jeunes enfants, jouent avec une brouette, s'occupant peu de la conversation paternelle ; à droite, au second plan, un ouvrier compte dans sa main le salaire qu'il vient de recevoir. Dans le fond, au dernier plan, sous un hangar encombré de matériaux de construction, de nombreux ouvriers attendent le paiement de leurs journées. Au milieu de la cour, des blocs de pierre de toutes dimensions sont en chantier, et des instruments de travail sont laissés sur le sol ; enfin, dans le haut de la toile, on aperçoit un coin de ciel gris et des maisons en perspective.

Fig. de grandeur naturelle. (Signé : Brouillet.)

BRUNET (JEAN-BAPTISTE), *peintre poitevin, né à Poitiers, le 15 février 1848.*

Élève de Gérôme ; il fit ses premières études à l'École municipale des Beaux-Arts de cette ville, où il obtint de brillants succès et à la suite desquels la ville lui accorda une subvention annuelle pour aller continuer ses études à Paris, à l'École des Beaux-Arts. Ses œuvres ont figuré avec honneur à divers Salons. En 1876 il exposa deux portraits; en 1877, le Sabbat; en 1879, Caron; en 1880, les Derniers moments du pape Clément XIV et un portrait; en 1881, la Joie du Foyer et Jeanne; en 1882, un portrait; en 1883, les Gibets du Golgotha. Son tableau Caron obtint une mention honorable et fut donné par l'État au Musée de Poitiers. Son tableau, les Gibets du Golgotha, qui fut très remarqué, a eu l'honneur de figurer avec celui de *Caron* à l'exposition triennale de 1883. La décoration du plafond de la grande salle des Fêtes, à l'Hôtel-de-Ville de Poitiers, lui a été confiée en 1882.

14. — 357. La nuit du Sabbat.

T. H. 1,30. — L. 1. (Don de l'auteur, 1878.)

Marguerite, plongée dans une pénible rêverie, erre au

hasard dans la campagne : Méphistophélès et Faust la contemplent du fond du tableau, et sur la gauche, dans l'obscurité, on aperçoit une scène du Sabbat. La figure principale, demi-grandeur naturelle, se détache seule en lumière sur cette toile, l'une des premières exécutées par l'artiste poitevin. (Signé : Brunet.)

13. — 243. Caron.

T. H. 3^m.— L. 2,50. — (Don de l'État, 1879.)

Caron, ou plutôt Charon, fils de l'Erèbe et de la Nuit, était le nocher chargé, moyennant une obole qu'on lui comptait sur le bord du Styx ou de l'Achéron, de faire traverser aux âmes des morts le sombre fleuve des enfers ; il refusait de transporter les ombres de ceux qui n'avaient pas été inhumés ; il les laissait errer cent ans sur le rivage, sans être touché des instances qu'elles faisaient pour passer.

L'artiste l'a représenté sous les traits d'un grand vieillard, debout, à longue barbe grise, au corps osseux et nu, appuyé sur le bord de sa barque, attendant les âmes qu'il va conduire sur l'autre rivage. Près de lui, à sa gauche, au premier plan, une ombre assise à demi enveloppée dans un suaire, semble tendre inutilement une main suppliante vers l'inflexible batelier. Dans le fond du tableau, la foule des âmes, formée par des groupes de sexe et d'âge différents, accourt sur les bords du fleuve. Ce tableau, d'une exécution habile, d'un dessin savant, d'une couleur agréable, est l'une des œuvres capitales de M. Brunet.

Cette toile a figuré au Salon de 1879, où elle a obtenu une mention honorable et a été achetée par l'Etat.

BRUYÈRES (HYPPOLITE), *peintre, né à Sédan (Ardennes), en 1800, mort en 1855.*

Élève de Hersent. Ses œuvres ont figuré aux Salons de 1831, 1833, 1834, 1835, 1836, 1837. Les galeries de Versailles possèdent deux copies exécutées par cet artiste d'après Martin : *Le Siège de Bergues-Saint-Winox, le 21 juillet 1646, et le Siège de Mardik, le 23 août 1646.*

15. — 349. Le Bûcher de Sardanapale (Salon de 1831).

T. H. 1,90. — L. 2,60. — (Don de M⁰⁰ veuve Bruyères en 1872.)

Le roi Sardanapale, monté sur le trône de Ninive en 836 avant J.-C., régna sur l'Assyrie et l'Asie depuis l'Hellespont jusqu'à l'Indus. Le prince mède Arbacès confiant dans la prédiction d'un prêtre chaldéen, qu'un jour il serait roi, excita les Mèdes, les Perses et les Babyloniens à la révolte et vint à la tête d une armée de 400,000 combattants arracher l'empire de Lydie aux Assyriens. Après avoir d'abord lutté énergiquement, Sardanapale se vit assiégé dans sa capitale, dans laquelle il résista deux années entières aux attaques de l'armée assiégeante; mais la troisième année, le Tigre ayant dans un débordement renversé une partie des remparts de Ninive, l'infortuné monarque, pour ne pas tomber vivant entre les mains de ses ennemis, fit élever dans l'une des cours de son palais un bûcher d'une hauteur considérable, y plaça ses trésors, ses femmes et ses eunuques, y mit lui-même le feu et périt ainsi avec tout ce qu'il avait de plus cher et de plus précieux, la vingtième année de son règne.

Le peintre a fidèlement reproduit cette dramatique scène : le bûcher occupe le premier plan du tableau ; on aperçoit au second plan des bataillons ennemis pénétrant dans l'enceinte du palais par la brèche que les eaux du Tigre ont ouverte ; à l'horizon brumeux se profilent les silhouettes des gigantesques monuments de la célèbre Ninive dont les archéologues modernes interrogent les restes par des fouilles incessantes pour enrichir les musées de l'Europe.

Fig de petite dimension.

16. — 346. Jeanne d'Arc à Chinon. (Salon de 1834.)

T. H. 1,60. — L. 2. — (Don de Madame veuve Bruyères en 1872.)

Le Dauphin de France, qui déjà portait le nom de Charles VII, allait quitter le château de Chinon (février

1429), désespérant de pouvoir désormais soutenir la lutte contre les Anglais devenus maîtres de la France depuis le traité de Troyes.

Une jeune fille du peuple, la bergère de Domrémy, Jeanne d'Arc, que les Français désignèrent sous le nom de la *Pucelle d'Orléans* quand elle eut fait lever le siège de cette ville, se présenta subitement devant le jeune prince.

Le comte de Vendôme ayant introduit Jeanne d'Arc dans la grande salle du château de Chinon, où la curiosité avait attiré tout ce qui restait de notables personnages autour de Charles VII, le roi, pour éprouver la pucelle, s'était retiré à l'écart sous des vêtements modestes, et lui montrant un de ses courtisans, lui dit : Voilà le roi ! — « *En nom Dieu, gentil prince*, répondit Jeanne d'Arc, qui venait d'embrasser ses genoux, *c'est vous et non autre !...* » Elle lui déclara que *des voix* lui avaient donné mission de délivrer la France du joug odieux de ses ennemis et de le placer sur le trône.

On sait trop que, pour venger leurs revers, les Anglais firent brûler vive cette héroïne sur la place publique de Rouen en 1431, elle était alors à peine âgée de 21 ans.

Autour des deux figures principales, on distingue, au milieu de la foule, Marie d'Anjou, assise sur un siège recouvert d'un dais, le duc d'Alençon, de Rieux et le célèbre Dunois, couverts de leurs armures, qui furent toujours au premier rang dans les assauts à côté de la vierge de Vaucouleurs.

Fig. 1/3 de grandeur naturelle.

17. — 459. Portrait de G. Spurzheim.

T. H 1,20. — L. 0,90. — (Don de Madame veuve Bruyères en 1878.)

Gaspard Spurzheim, collaborateur du célèbre docteur Gall, créateur des études phrénologiques, naquit à Longvick, près Trèves, en 1776 et mourut du typhus à Boston, en 1783 ; toute sa vie fut absorbée par des études médicales, ayant principalement pour objet l'anatomie, la phylologie et la pathologie du cerveau. Elles lui valurent le grade de docteur de la Faculté de Paris en 1821.

Dans ce portrait, le docteur, une main appuyée sur un crâne humain, semble indiquer au spectateur quelles furent ses études de prédilection ; un peu en arrière, on aperçoit, en outre, un buste modelé d'après le système de Gall fixant le siège de telle ou telle Faculté, ou penchant, sur telle ou telle protubérance du crâne.

Fig. grandeur naturelle.

18. — 493. Sainte Famille.

T. H. 1,10 — L. 80. — (Don de Mme Bruyères en 1878.)

La Vierge est assise tenant l'Enfant-Jésus debout sur ses genoux ; derrière elle, dans la demi-teinte, on aperçoit saint Joseph.

Fig. grandeur naturelle.

19. — 329. Jésus-Christ et les petits enfants.

T. H. 2,75 — L. 3,57. — (Don de Mme Bruyères en 1878.)

Jésus est assis sous un arbre ; derrière lui sont ses apôtres ; en avant, au premier plan, des groupes de femmes et d'enfants l'entourent ; ciel gris, montagnes à l'horizon.

Fig. grandeur naturelle.

20. — 355. Le Calvaire.

T. H. 1,60. — L. 2. — (Don de Mme Bruyères, 1878.)

Au second plan, sur le sommet d'une montagne, le Christ et les deux larrons sont attachés chacun sur une croix ; les personnages légendaires sont au pied de celle de Jésus ; au premier plan, au bas de la montagne, se voit une foule immense composée de femmes et d'enfants, de vieillards et de soldats ; à gauche, dans le lointain, sur une montagne, la silhouette noire d'une ville ; tout cela se détachant sur un ciel sombre troué par un rayon lumineux au-dessus du Christ.

Fig. de petite dimension.

BURTHE (LÉOPOLD), *peintre, d'origine américaine. (Pas de renseignements.) Elève de Ingres.*

21. — 313. Hercule et Omphale.

T. H. 1^m 13. — L. 0,93. — (Legs de Circé, 1881.)

Hercule, fils de Jupiter et d'Alcmène, femme d'Amphytrion, naquit à Thyrinthe ou à Thèbes, dans la Béotie, vers 1350 avant J.-C. Ce fut le plus célèbre des héros de l'antiquité pour sa valeur. Il s'éprit d'Omphale, reine de Lydie, qui répondit à sa passion, parce que, selon la fable, il tua près du fleuve Sangaris un serpent qui désolait le pays de cette princesse. Hercule fut tellement sous l'empire des charmes d'Omphale, qu'il abandonna sa massue pour prendre la quenouille et filer aux pieds de sa maîtresse. Ce tableau rappelle l'Ecole de Ingres.

Fig. 1|4 grandeur naturelle (Signé : Burthe.)

22. — 314. Saint Sébastien.

T. H. 2^m. — L. 1^m. — (Legs de Circé, 1881.)

Saint Sébastien, surnommé le défenseur de l'Eglise romaine, fut martyrisé le 20 janvier 288. Il est représenté debout les mains liées derrière le dos, le corps percé de flèches et attaché à un arbre ; la silhouette d'une ville se dessine à l'horizon ; derrière lui sont des figures vues de profil. (Signé : Burthe.)

Fig. presque de grandeur naturelle.

23. 318. Jeune fille à la fontaine.

T. H. 1ᵐ 50. — L. 0,66. — (Legs de Circé, 1881.)

Une jeune fille grecque, le torse nu, est assise près d'une fontaine, les mains appuyées sur une urne qu'elle emplit d'eau ; une draperie, d'un bleu pâle, est jetée sur ses jambes ; paysage dans le fond.

Fig. 1|2 grandeur naturelle. (Signé : Burthe.)

24. — 310. Ophélie.

T. H. 0,60. — L. 1ᵐ. — (Legs de Circé, 1881.)

L'artiste s'est évidemment inspiré de ce passage du drame d'Hamelet, acte IV, scène VII, par Shakespeare.
« Au bord du ruisseau voisin s'élève un saule, dont le
» blanchâtre feuillage se mire dans le cristal de l'onde.
» Elle s'était rendue en cet endroit apportant de bizar-
» res guirlandes de renoncules, d'orties, de marguerites
» et de ces longues fleurs pourpres auxquelles nos ber-
» gers impudents donnent un nom grossier, mais que
» nos chastes filles appellent *doigt de mort*. Au moment
» où elle cherchait à suspendre sa sauvage couronne aux
» rameaux inclinés, la branche sur laquelle elle posait
» le pied s'est rompue, et tous ses trophées de verdure
» sont tombés avec elle dans l'onde éplorée. Ses vête-
» ments, se déployant autour d'elle, l'ont quelque temps
» soutenue sur les flots comme une sirène, et alors elle
» s'est mise à chanter des fragments de vieux airs,
» comme si elle n'eût pas eu le sentiment du danger
» qu'elle courait, ou comme si elle fût née dans cet élé-
» ment ; mais cette situation ne pouvait longtemps
» durer, et bientôt ses vêtements, chargés de l'eau qu'ils
» avaient bue, ont interrompu le chant mélodieux et
» entraîné l'infortunée au fond des flots, où elle est
» morte. » Ce tableau a figuré au Salon de 1842 ou 1843.

Fig 1|3 de grandeur naturelle. (Signé : Burthe.)

CARPENTIER, *peintre poitevin, élève de l'École royale académique de peinture, sculpture, architecture de Poitiers, en 1756. (Pas de renseignements.)*

25. — 325. Portrait de Thérèse Charrault.

    T. H. 1,50. — L. 0,80. — (Don de M. Mauduyt fils en 1877.)

Ce portrait est celui de Mme Thérèse Charrault, ascendante du donateur ; il fut peint en 1776 à la demande de Laurence, prieur de Rohan-Rohan et de Saint-Paul de Poitiers, ainsi que le relate une inscription placée au revers de la toile. Cette personne est représentée debout, appuyée sur le dossier d'une chaise. Elle porte le costume des femmes de la fin du XVIIIe siècle. Ce portrait a figuré à une exposition des tableaux et dessins faite par MM. les académiciens et les élèves de l'Ecole royale académique de Poitiers, le 26 août 1776, dans un salon de Messieurs de la Faculté de Droit. Cette exposition, autorisée par lettre du 2 juin 1776 de M. d'Angevillier, directeur général des bâtiments, jardins, arts et académies, etc., du roi, dura quinze jours. (Signé : Carpentier.)

CHASSERIAU (THÉODORE), *peintre-graveur, né à Sainte-Barbe de Samana (Amérique espagnole), le 20 septembre 1819, de parents français, décédé à Paris, le 8 octobre 1856.*

    Elève de Ingres; il entra à l'Ecole des Beaux-Arts le 5 octobre 1833; obtint une médaille de 3e classe en 1836; une médaille de 2e classe en 1844; fut nommé chevalier de la Légion d'honneur le 3 mai 1849, et remporta une médaille de 2e classe à l'Exposition universelle de 1855.

    En dehors d'un grand nombre de toiles remarquables, on doit à Chassériau des peintures murales dans plusieurs églises de Paris : à Saint-Rémy, à Saint-Roch, à Saint-Philippe-du-Roule et au Palais du Conseil d'Etat.

    Comme graveur, il a fait entre autres une suite de scènes tirées d'Othello.

26. — 528. Tête d'étude.

    T. H. 0,75. — L. 0,33. — (Legs Babinet, 1882.)

Ebauche de tête de grandeur naturelle pour l'un de ses tableaux. (Acheté à la vente de son atelier.)

27. — 611. Etude de négresse.

T. H. 0,75. — L. 0,52. — (Legs Babinet, 1882.)

Ebauche de négresse pour l'un de ses tableaux, fig. au 1/3 de la grandeur naturelle. (Acheté à la vente de son atelier.)

CONSTANTIN (JEAN-ANTOINE), *peintre-graveur, né à Bonneveine, près Marseille (Bouches-du-Rhône), le 21 janvier 1756, décédé à Aix, le 9 janvier 1844.*

Il fut élève de Kapeller père et de David de Marseille; directeur de l'Ecole de dessin d'Aix (1787-1799); il obtint une médaille d'or en 1817 et fut nommé chevalier de la Légion d'honneur en 1833. Les œuvres de cet artiste ont figuré à plusieurs Salons et sont éparses dans plusieurs Musées; celui d'Aix possède une grande quantité de dessins dont il est l'auteur.

28. — 642. Paysage.

B. H. 0,28. — L. 0,16. — (Legs Babinet, 1882.)

A l'horizon, lac avec une ville sur ses bords; au second plan, bouquets d'arbres se détachant avec vigueur sur le ciel; au premier plan, terrain avec monticule sur lequel sont placés des personnages; effet du matin, ciel bleu avec nuages gris. (Signé : J. Constantin.)

COURTOIS (JACQUES, dit le BOURGUIGNON), *peintre-graveur, né à Saint-Hippolyte (Doubs), en 1621, décédé à Rome, d'une attaque d'apoplexie, au noviciat des Jésuites, le 14 novembre 1676.*

Fils et élève de Jean Courtois, ensuite élève du peintre lorrain Gérôme : il partit fort jeune pour l'Italie, visita les écoles de Milan, de Venise, de Bologne et de Rome; se lia avec le Guide et l'Albane; il se mit pendant trois ans à la suite d'une armée pour mieux étudier le genre qu'il préférait ; il se maria, devint veuf subitement, et entra dans l'ordre des Jésuites, comme frère-lai. Ses ennemis ont prétendu, qu'étant malheureux en ménage, il avait empoisonné sa femme et qu'il s'était fait religieux pour se soustraire à la vengeance de ses parents et au châtiment de la justice. Il mourut à Rome, dans la maison de son ordre. Ses œuvres se distinguent par une imagination brillante, des figures bien mouvementées, un coloris chaud et vigoureux, une touche facile et habile.

29. — 694. Bataille.

T. H. 0,40. — L. 0,30. — (Legs Babinet, 1882.)

Esquisse d'une bataille : au premier plan, terrain sur lequel gisent des cadavres de chevaux et d'hommes ; au second plan, mêlée de cavaliers dont l'un fait feu sur ses adversaires ; nuages de fumée et de poussière, ciel sombre, et dans le lointain manœuvres de troupes s'apprêtant au combat. Composition mouvementée, costumes Louis XIV. (Attribué à Courtois.)

COYPEL (NOEL), *peintre et graveur, né à Paris, le 25 décembre 1628, mort dans la même ville, le 24 décembre 1707.*

Il débuta à Orléans chez un peintre nommé Poncet, élève de Vouet ; il le quitta au bout de peu de temps pour aller à Paris, dans l'atelier de Quillérié. En 1646, il travailla aux décorations de l'opéra d'Orphée et, en 1665, Charles Errard l'employa avec lui aux peintures qu'il exécutait au Louvre Il orna les plafonds de l'appartement de la reine, au mariage de Louis XIV. Il fit des peintures aux Tuileries et à Fontainebleau.

Il fut reçu, en 1663, à l'Académie ; nommé adjoint à professeur en 1664 ; adjoint à recteur le 2 juillet 1689 ; recteur, le 1er juillet 1690 ; directeur, le 13 août 1695 - 7 avril 1699. Il avait été nommé directeur de l'École française de Rome en 1672, et membre de l'Académie de St-Luc, à Rome, le 13 avril 1473.

Coypel a fait un grand nombre d'œuvres remarquables, qui dénotent une imagination féconde, un pinceau habile et gracieux, un coloris plein de vie.

30. — 347. Mademoiselle de Montpensier.

T. H. 1,50. — L. 1ᵐ. — (Ancien fonds du Musée.)

Figure de grandeur naturelle, assise, coiffée en cheveux à la Ninon, corsage en satin blanc et enveloppée d'un large manteau de velours bleu doublé d'hermine.
Anne-Marie-Louise d'Orléans (1627-1685), dite Mademoiselle, fut célèbre par sa haine contre Mazarin, qui lui avait fait manquer de brillantes alliances ; par son rôle actif dans les troubles de la Fronde et ses relations avec Lauzun ; elle était fille de Gaston d'Orléans, frère de Louis XIII. Elle a laissé des mémoires sur les évènements de son temps. (Attribué à Coypel.)

CROY ou CROUY-CHANEL (Comte ANDRÉ-RODOLPHE-CLAUDE-FRANÇOIS-SIMÉON, dit RAOUL DE), *peintre et écrivain, né à Amiens (Somme), le 8 février 1806, mort à Poitiers, en 1879.*

Elève de Valenciennes et de Vafflard. Ses œuvres ont figuré au Salon de 1869. Il a fourni un grand nombre de vues d'Auvergne, une série de vues du littoral de l'Océan, depuis Rochefort jusqu'au bassin d'Arcachon. Il est auteur de plusieurs ouvrages relatifs à l'histoire et à la littérature ; il a fourni des articles à *l'Artiste*, au *Journal des Artistes*, au *Conservateur* et au *Nain jaune*.

31. — 348. La Vallée de Thun (Suisse).

T. H. 1,40. — L. 1. — (Don de l'auteur, 1878.)

Site copié dans l'Oberland (Suisse). De beaux rochers, des sapins, une usine rustique en bois, un filet d'eau sorti du fond boisé de la vallée et mouillant à peine son lit de cailloux, tel est le sujet peint par l'artiste. (Signé : de Croy.)

CURZON (MARIE-ALFRED DE), *peintre poitevin, né à Migné (Vienne), le 7 septembre 1820.*

Elève de Drolling et de M. Cabat ; il entra à l'Ecole des Beaux-Arts le 1ᵉʳ avril 1840. En 1849 il remporta le 2ᵉ prix

— 40 —

au concours pour Rome (paysage historique, *Mort de Milon de Crotone*). Sur la demande de l'Académie, M. le Ministre décida que M. de Curzon jouirait de la pension de Rome pendant quatre ans. Il obtint une médaille de 2ᵉ classe en 1857 ; un rappel en 1859, 61 et 63 ; le 15 avril 1865, il fut nommé chevalier de la Légion d'honneur, et, à l'Exposition universelle de 1867, le jury lui décerna une médaille de 3ᵉ classe. Il est hors concours.

Le Musée de Poitiers possède dix toiles et trois aquarelles de cet éminent artiste poitevin. M. de Curzon, aussi habile pour la figure que pour le paysage, a fait un grand nombre d'œuvres remarquables, dont la plupart ont figuré avec honneur aux Salons annuels depuis 1843 jusqu'à ce jour. Nous avons la bonne fortune de posséder quatre toiles ayant été exposées aux Salons de 1853, 1855, 1857 et 1867.

32. — 188. Diane enlevant Andymion.

T. H. 3. — L. 1,50. — (Don de M. de Curzon, 1877.)

Figures plus grandes que nature sur fond d'or ; original d'après lequel a été composée la mosaïque correspondante du plafond de l'avant-foyer au Grand-Opéra. A côté de chacune des figures sont écrits leurs noms en grec : ΑΡΤΕΜΙΣ-ΕΝΔΥΜΙΩΝ. (Signé : de Curzon.)

33. — 202. Mercure enlevant Psyché.

T. H. 3. — L. 1,59. — (Don de M. de Curzon, 1877.)

Mercure enlève Psyché pour la conduire dans l'assemblée des dieux qui assistèrent à son mariage avec Cupidon. Leurs noms grecs, ΕΡΜΗΣ et ΨΥΧΗ, sont inscrits à côté d'eux. Original d'après lequel a été composée la mosaïque correspondante du plafond de l'avant-foyer au Grand-Opéra. (Signé : de Curzon.)

Fig. plus grande que nature.

34. — 213. Orphée ramenant Eurydice des enfers.

T. H. 3. — L. 1,50. — (Don de M. de Curzon, 1877.)

Touchant épisode célébré par tous les poètes. Symbole

de la toute-puissance de la poésie et de la musique, venues en aide à une profonde affection : ΟΡΦΕΥΣ-ΕΥΡΙΔΙΚΗ. Original d'après lequel a été composée la mosaïque correspondante du plafond de l'avant-foyer au Grand-Opéra. (Signé : de Curzon.)

Fig. plus grande que nature.

35. — 176. L'Aurore enlevant Céphale.

T. H. 3. — L. 1,50. — (Don de M. de Curzon, 1877.)

Céphale, fils de Mercure et de Hersé, était l'époux de Procris, fille d'Erechtée roi d'Athènes. ΕΩΣ-ΚΕΦΑΛΟΣ. Aurore éprise de Céphale l'enleva vainement à sa femme qu'il aimait passionnément. Original d'après lequel a été composée la mosaïque correspondante du plafond de l'avant-foyer au Grand-Opéra. (Signé : de Curzon).

Fig. plus grande que nature.

Ces quatre toiles, d'une composition remarquable, d'un dessin savant et plein de style, ont un grand caractère.

36. — 296. Les ruines de Pestum.

T. H. 1. — L. 1,50. — (Don de l'Etat, 1858.)

En arrière d'un beau massif d'arbres, sur un ciel chaudement éclairé par un soleil couchant, se détache, dans une demi-teinte, la silhouette d'un temple de l'ancienne colonie grecque de Pestum, aujourd'hui Pesti ou Pesto, petite ville napolitaine, à huit lieues au sud de Salerne. Cette toile est d'un grand sentiment poétique. Elle a figuré au Salon de 1853. (Signé : de Curzon.)

37. — 324. Au bord d'un ruisseau.

T. H. 1, — L. 1,40. — (Don de l'Etat, 1874.)

Sous le couvert d'un vallon boisé des environs de Poitiers, coule une petite rivière à l'eau transparente et calme; site frais et mélancolique, où pénètrent à peine quelques rayons de soleil indiscrets; nature pleine de poésie et consciencieusement étudiée. (Signé : de Curzon.)

38. — 321. Naïades au bain.

T. H. 1. — L. 0,70. — (Fonds du Musée, 1843.)

C'est une des premières études du même maître. Un rayon lumineux du meilleur effet traverse le massif de feuillage d'un groupe d'arbres, baignés par l'eau, où se jouent des nymphes au milieu des nénuphars. Effet d'automne solidement peint. (Signé : de Curzon.)

39. 596. Paysage, vue d'Italie.

T. H. 0,54. — L. 0,45. — (Legs Babinet, 1881.)

Ciel gris sur lequel se détache, dans le fond, le sommet aride d'une montagne ; à droite, sur le sol incliné, un rideau de grands arbres peu éclairé; au premier plan des roches grises peu saillantes, et à gauche, dans l'ombre projetée par un bouquet de feuillage, un Italien étendu sur le dos et dormant ; sous les grands arbres, dans le lointain, une traînée lumineuse ; terrain éclairé par un rayon de soleil. (Signé : de Curzon.)

40. — 247. L'Acropole d'Athènes, vue prise du Pirée.

T. H. 0,72. — L. 1,08. — (Don de l'État, 1878.)

Sur le sommet d'un mamelon gris cendré, en avant d'une chaîne de montagnes se perdant à l'horizon, se détachent en tons chauds, sur un ciel d'un bleu intense et sans nuages, les majestueuses et pittoresques ruines de l'Acropole d'Athènes. C'est dans cette ville supérieure, espèce de citadelle imprenable, que se trouvait le Parthénon, ce temple fameux élevé à Minerve, divinité protectrice d'Athènes, par *Ictius et Callicrate*, qui s'immortalisèrent par cette construction.

— 43 —

Les Vénitiens en 1687, et les Anglais dans ces derniers temps, ont fait plus de mal aux restes du Parthénon que ne lui en avaient fait les Goths et les Vandales. (Signé : de Curzon.)

41. — 258. Dante et Virgile sur le rivage du Purgatoire.

T. H. 1,57.— L. 2,40. — (Acquisition de la ville en 1882.)

L'aurore commence à poindre à l'horizon, quelques étoiles scintillent encore au firmament, une barque mystérieuse, chargée de groupes de femmes, d'hommes et d'enfants, conduite par un ange debout à l'arrière, s'avance lentement vers le rivage sur lequel, au premier plan, se trouvent Dante et Virgile; le premier à genoux, penché vers la barque, les mains croisées; le second debout, la tête inclinée ; l'un et l'autre contemplent silencieusement cette barque qui transporte des âmes dans un séjour plus heureux. Tableau plein de poésie qu'on ne se lasse pas de regarder. Cette toile a appartenu à la collection privée de Napoléon III, et pendant dix ans elle a figuré au Musée du Luxembourg. En 1882, cette collection ayant été vendue publiquement, la ville de Poitiers a eu l'heureuse idée d'acquérir l'œuvre remarquable de l'un des artistes poitevins les plus éminents. (Signé : de Curzon.)

DEHODENCQ (EDME-ALFRED-ALEXIS), *peintre d'histoire*, *né à Paris, le 23 avril 1822.*

Elève de M. E. Cogniet ; il entra à l'Ecole des Beaux-Arts le 4 avril 1839 : il obtint une médaille de troisième classe en 1846 et 1853; une médaille en 1865, et la croix de la Légion d'honneur en 1870; il est hors concours. Ses œuvres ont figuré à un grand nombre de Salons où elles ont toujours été remarquées.

42. — 194. Une Fête juive à Tanger (Maroc). (Salon de 1865.)

T. H. 4. — L 3. — (Don de l'État, 1869.)
Figures de grandeur naturelle.

Dans la cour intérieure d'une maison mauresque, des musiciens, accroupis sur des nattes, exécutent un concert sur leurs instruments, à la grande satisfaction d'une foule d'invités groupés autour d'eux dans les attitudes et les costumes les plus variés.

La maîtresse du logis, entourée de ses amies, préside à cette fête du haut d'une galerie supérieure, et des serviteurs font circuler des rafraîchissements dans l'assistance.

Toile d'un coloris brillant rappelant Eugène Delacroix. (Signé : Dehodencq.)

Fig. de grandeur naturelle.

DEROGES, *peintre français. (Pas de renseignements.)*

43. — 177. Église de campagne.

T. H. 0,20. — L. 0,23. — (Legs Charbonnel, 1880.)

Petite étude de paysage d'après nature, représentant une église de campagne entourée d'arbres, avec son cimetière près d'elle, et une colline à l'horizon. (Signé : Deroges.)

DOYEN (GABRIEL-FRANÇOIS), *peintre d'histoire et de portraits, né à Paris, en 1726, mort en 1806, à Saint-Pétersbourg.*

Elève de Vanloo, auquel une étroite amitié l'unissait ; il obtint à vingt ans le grand prix de l'Académie, et partit pour l'Italie en 1748. Il revint s'établir à Paris après avoir visité Naples, Venise, Bologne, Parme, Plaisance et Turin. Il fut reçu à l'Académie en 1758. Il étudia les grands maîtres de l'Ecole flamande, et ayant été appelé en Russie, il fut nommé professeur à l'Académie de Saint-Pétersbourg Il orna les palais de la czarine Catherine II, après la mort de laquelle Paul Ier le protégea et lui donna beaucoup de marques d'honneur.

On a de lui : la Peste des ardents, la Mort de saint Louis, des fresques aux Invalides. On retrouve dans ses compositions une ordonnance savante, un dessin habile, une chaude et brillante couleur.

44. — 249. Mars blessé par Diomède.

T. H. 3,30. — L 4,20. — (Prêt du Louvre, 1873.)

Ce tableau est la mise en scène d'un épisode du Ve chant de l'Iliade. Minerve, qui protège le héros grec, tient elle-même les rênes des fougueux coursiers de son char, et le couvre de son égide ; grâce à cette assistance puissante, Diomède a pu lutter avec avantage contre le dieu de la guerre lui-même et l'atteindre au flanc d un coup de lance.

Mars, renversé sur le sol, arrache le fer de sa blessure en jetant un cri épouvantable, tel que celui de toute une armée chargeant l'ennemi. C'est ce moment de la lutte qu'a choisi l'artiste, opposant par un habile contraste le calme superbe de Pallas et de Diomède à la fureur de Mars et des sauvages guerriers groupés autour de ces figures principales. Composition mouvementée et brillante de couleur. (Signé : Doyen.)

Figures plus grandes que nature.

DESCHAMPS (PIERRE-HILAIRE-ANDRÉ), *peintre de portraits, né à Poitiers, le 28 novembre 1784, décédé dans la même ville, le 15 janvier 1867.*

Elève de M. Hivonnait, de Poitiers. Deschamps était un artiste amateur qui n'a jamais pris part aux Salons officiels ; on lui doit les portraits de plusieurs évêques placés dans la salle des prélats, à la sacristie de la cathédrale de Poitiers ; il a fait un très grand nombre de portraits et exécuté diverses copies pour l'église métropolitaine de sa ville natale.

45. — 381. Portrait de vieille femme, ébauche d'après nature, acquis en 1879. (Signé : Deschamps.)

T. H. 0,27. — L. 0,22.

46. — 289. Autre portrait d'une jeune femme, par le même artiste. (Signé : Deschamps.)

T. H. 0,27. — L. 0,22. — (Don de M. Eustache Barrault, en 1877.)

DESPORTES (François), *né le 24 février 1661, au village de Champigneul (en Champagne), mort à Paris, le 15 avril 1745.*

Son père, riche laboureur, l'envoya à l'âge de douze ans chez un de ses oncles, à Paris. Il fut placé chez Nicasius, artiste flamand, peintre d'animaux. A la mort de Nicasius, qui eut lieu le 16 septembre 1678, Desportes ne voulut prendre pour guide que la nature. Ami de C. Audran, il peignit avec lui au château d'Anet et à la ménagerie de Versailles. Il se rendit ensuite en Pologne où il exécuta les portraits du roi, de la reine et de presque toute la cour. Rappelé en France par Louis XIV, il fut reçu à l'Académie en 1699. Il accompagnait le roi à ses chasses dont il peignit les principaux épisodes. Le roi lui accorda une pension et un logement au Louvre. Le 17 mars 1704, il fut nommé conseiller de l'Académie à la place de Parocel. Il visita l'Angleterre en 1712.

Il fut protégé par le régent, travailla pour Louis XV et pour tous les grands seigneurs de la cour.

Doué d'une grande facilité, il a énormément produit.

47. — 373 Combat d'animaux.

T. H. 0,60. — L. 0,70. — (Ancien fonds du Musée.)

Deux panthères sont aux prises dans une vallée solitaire. (Attribué à Desportes.)

48. — 371. Animaux fuyant effrayés.

T. H. 0,60. — L. 0,70. — (Ancien fonds du Musée.)

Renards, loups, fouines, courant dans le même sens, vers un site sauvage, vont rencontrer deux ours dans le lointain, qui leur ménagent une surprise désagréable. Toile fatiguée. (Attribué à Desportes.)

DESVAUX, *peintre poitevin. (Pas de renseignements.)*

49. — 394. Saint Jean-Baptiste enfant.

C. H. 0,19. — L. 0,15.

Saint Jean, assis près d'une source, y puise de l'eau dans une coquille. Son agneau est à côté de lui. Ce pourrait être la copie d'un tableau flamand. (Signé: Desvaux.)

Fig. de 0,12.

FRANÇAIS (FRANÇOIS-LOUIS), *peintre paysagiste, né à Plombières (Vosges), le 17 novembre 1814.*

Elève de MM. Gigoux et Corot; entra à l'Ecole des Beaux-Arts le 12 avril 1834. Il a obtenu une médaille de 3e classe en 1841; une médaille de 1re classe en 1848; la croix de chevalier de la Légion d'honneur le 26 juillet 1853; une médaille de 1re classe à l'Exposition universelle de 1867; il a été nommé officier de la Légion d'honneur le 1er juillet 1867; il est hors concours. Cet artiste a produit une grande quantité de tableaux qui ont figuré avec honneur aux différentes expositions, et reproduits par la gravure à l'eau-forte, la gravure sur bois ou la lithographie, dans les recueils et les journaux.

50. — 639. Paysage.

T. H. 0,20. — L. 0,24. — (Legs Babinet, 1832.)

Sous un beau massif d'arbres, situés au premier plan, on aperçoit, dans le lointain, la silhouette de quelques monuments de Paris noyés dans la lumière. (Signé: Français.)

FROMENTIN (EUGÈNE), *peintre, né à La Rochelle (Charente-Inférieure), en décembre 1820, mort à Saint-Maurice, près La Rochelle, le 25 août 1876.*

Elève de M. Labat; il obtint une médaille de 2e classe en 1849; un rappel en 1857; une médaille de 1re classe en 1859; fut nommé chevalier de la Légion d'honneur le 12 juillet 1859; obtint une médaille de 1re classe à l'Exposition universelle de 1867; fut nommé officier de la Légion d'honneur le 11 août 1869. Presque tous les tableaux de Fromentin représentent des scènes arabes qui ont figuré à un grand nombre de Salons.

51. — 360. Arabes chassant au faucon. Copie d'après Fromentin, par M. Fau, artiste poitevin.

T. H. 1,60. — L. 1,16. — (Don de l'auteur.)

A gauche, au premier plan, deux Arabes sont agenouillés sur le sol, près d'un énorme lièvre que des faucons, après l'avoir capturé, commencent à dépecer.

A droite, un groupe de cavaliers arabes, dont les deux principaux personnages, tenant des faucons de la main droite, sont montés, l'un sur un cheval blanc, l'autre sur un cheval bai clair; derrière eux, dans le lointain, des rochers arides; dans le fond au dernier plan, des chevaux tenus en main par un arabe. Bonne copie. (Signé : Fau.)

Fig. 1/4 grandeur naturelle.

GUERITHAULT (PIERRE-EUGÈNE), *peintre, né à la Haye-Descartes (Indre-et-Loire), en 1829.*

Elève d'Horace Vernet et de Ingres. Il s'est beaucoup occupé de peinture sur verre; les églises de Montierneuf, de Saint-Hilaire-le-Grand, la chapelle de la Grand-Maison, à Poitiers, l'église de Saint-Benoît, près Poitiers, etc, possèdent des verrières remarquables exécutées dans ses ateliers. Il a fait aussi un certain nombre de portraits.

Il a été nommé professeur à l'Ecole municipale des Beaux-Arts de la ville de Poitiers en 1879.

52. — 229. Portrait d'enfant.

T. H. 0,40. — L. 0,30. — (Don de l'auteur en 1884.)

Fillette en buste, vue de trois quarts, grandeur naturelle.

GRILLON, *peintre poitevin, né à Blois, le 11 septembre 1851.*

Ancien élève de l'Ecole municipale des Beaux-Arts de Poitiers. Les œuvres de cet artiste ont figuré à plusieurs Salons. En 1880, il a envoyé trois études de paysage. En 1881, la Vallée du Mont-Dore. En 1882, une Mare aux Chailloux (Deux-Sèvres). En 1883, les Bords du Clain en octobre.

53 — 372. Vue prise au Mont-Dore.

   T. H. 0,49. — L. 0,67. — (Don de l'auteur, 1880.)

Etude de ferme. (Signé : Grillon.)

GROSLEY, *peintre français. (Pas de renseignements.)*

54. — 252. Un torrent.

   T. H. 0,85. — L. 1,80. — (Don de l'Etat, 1852.)

Site pittoresque et sauvage, probablement pris dans une vallée de la Suisse ; un torrent précipite ses eaux écumantes dans un ravin, à travers de beaux rochers ; dans le fond est une haute montagne bleuâtre aux flancs dénudés. (Signé : Grosley.)

HOUSEZ (CHARLES-GUSTAVE), *peintre, né à Condé (Nord) le 17 décembre 1822.*

  Elève de l'Ecole de Valenciennes et de M Picot ; il entra à l'Ecole des Beaux-Arts le 7 avril 1838.
  Depuis 1845 jusqu'à ce jour, ses œuvres ont figuré à près de vingt-deux Salons.

55. — 256. Marie Stuart et Châtelard. (Salon de 1859.)

   T. H. 0,65. — L. 0,75. — (Don de l'Etat, 1859.)

L'infortunée Marie Stuart, fille de Jacques V, roi d'Ecosse, et de Marie de Lorraine, fut successivement mariée à François II, roi de France, à Darnley, son cousin, en 1565, à Bothwel, en 1567, et décapitée par ordre d'Elisabeth, reine d'Angleterre, en 1587. Sa grande beauté l'exposa aux entreprises les plus téméraires et c'est un des épisodes de sa vie accidentée que le peintre a mis sous nos yeux. Châtelard, épris de la belle reine d'Ecosse, s'est caché sous son lit ; le chien favori de cette princesse le dénonce par ses aboiements et le force à se montrer, couvert de confusion et implorant son pardon.

Marie Stuart est debout au milieu de ses dames d'atours, à demi-déshabillée ; la dignité de son attitude, son froid dédain contrastent avec le désarroi et l'effarement des dames qui l'assistent en ce moment critique. Composition charmante, bon dessin, couleur harmonieuse, figures finement modelées, petit drame intime bien rendu. (Signé : Housez).

Fig. de petite dimension.

HUBERT, *peintre, décédé rue de la Tixerendrie, inhumé à Saint-Jean en Grève.*

Il exposa au Salon de la Correspondance en 1779 : le portrait de la reine, émail ; le portrait de feu le baron Haller, président de la Société royale de Gattingue, émail. Il a pris part à l'Exposition de la Jeunesse, sur la place Dauphine, en 1788. Cet artiste est peu connu et les détails manquent. On sait qu'il peignit Louis, Dauphin de France et la famille de Louis XV.

56. — 363. Portrait de Necker. ?

T. H. 0,70. — L. 0,55. — (Ancien fonds de Musée.)

Le célèbre Necker, né à Genève en 1732, fut successivement directeur général, puis ministre des finances sous Louis XIV, de 1776 à 1780, et mourut exilé en Suisse en 1804.

Cette figure, d'une exécution habile, est peinte de grandeur naturelle ; elle est pleine d'intelligence et de décision. (Signé : Hubert, 1779.)

INGRES (JEAN-AUGUSTE-DOMINIQUE), *né à Montauban (Tarn-et-Garonne) en 1780, mort à Paris en 1867.*

Fils de Jean-Marie-Joseph Ingres, peintre et sculpteur, professeur de dessin à Montauban.

Ingres fut élève de David ; il obtint le 2° grand prix pour Rome en 1799, sur : *Anthiochus renvoyant à Scipion l'Africain son fils fait prisonnier sur mer ;* le 1er grand prix en 1801, sur : *Achille recevant dans sa tente les députés d'Agamemnon* ; il fut nommé chevalier de la Légion d'honneur en 1824 ; membre de l'Institut en 1825 ; officier

en 1826; commandeur en 1845; grand officier en 1852;
il obtint une grande médaille d'honneur à l'Exposition
universelle de 1855, et fut nommé sénateur en 1862.

Ingres est une de nos plus grandes illustrations artistiques. Peu d'artistes ont poussé aussi loin que lui la perfection du dessin dans leurs œuvres.

57. — 485. Etude de bras.

T. H. 0,18. — L. 0,34. — (Legs Babinet, 1882.)

Etude de bras tenant un livre pour un des tableaux exécutés par le grand artiste. (Signé : Ingres.)

Grandeur demi-nature.

ISABEY (EUGÈNE-LOUIS-GABRIEL), *né à Paris le 22 juillet 1803.*

Fils de Jean-Baptiste Isabey, célèbre miniaturiste du commencement du siècle. Elève de son père ; il se consacra surtout aux marines et aux paysages, tout en cultivant avec succès les sujets de genre. Ses œuvres commencèrent à figurer au Salon de 1824, et depuis elles y ont toujours paru avec un grand succès.

Isabey a remporté des médailles de 1re classe aux Salons de 1824, de 1827 et à l'Exposition universelle de 1855; nommé chevalier de la Légion d'honneur en 1832, il a été promu officier en 1852.

58. — 640. Marine.

T. H. 0,16. — L. 0,25. — (Legs Babinet, 1882.)

Barques de pêche, mer agitée, ciel orageux. Peinture énergique et habilement faite. (Signé : Isabey.)

JOYANT (JULES), *peintre, né à Paris le 16 avril 1803, mort dans la même ville le 6 juillet 1854.*

Elève de Bidault, de Le Thière et de l'architecte Huot; il est connu surtout pour des vues de villes. On a de lui la place Saint-Marc; la Tour du Palais du Doge à Venise et une grande quantité de vues de monuments d'Italie. Il obtint une médaille de 2e classe en 1835; une médaille de 1re classe en 1840 et 1848; fut nommé chevalier de la Légion d'honneur le 7 août 1852. Ses œuvres ont figuré à un grand nombre de Salons.

59. — 257. Vue du Rialto.

T. H 0,56. — L 0,80. — (Don de l'Etat, 1849.)

Le Rialto est un pont couvert jeté sur le grand canal à Venise. Il réunit, comme beaucoup d'autres encore, les îlots sur lesquels s'élèvent les maisons et les palais qui constituent cette singulière ville, entièrement construite sur pilotis, au milieu d'une lagune communiquant avec l'Adriatique.

Au milieu de la toile, apparait le grand canal encadré de chaque côté par les hautes maisons et les palais de ses deux rives. Dans le fond, le pont avec sa galerie, enjambant le canal, et, au premier plan, des embarcations et des gondoliers.

Ce tableau d'un coloris un peu sévère et froid pour ce beau ciel d'Italie, est cependant d'une exécution très habile. (Signé: Joyant.)

LALLEMAND (MARTIN-JACQUES-CHARLES), *peintre-dessinateur, né à Strasbourg le 30 novembre 1826.*

Elève de Félix Haffner. A, comme dessinateur, collaboré de 1850 à 1870 à l'*Illustration*, au *Monde illustré*, au *Magasin pittoresque*, au *Musée des Familles* et à plusieurs publications étrangères, notamment à l'*Illustrated-London-News*. Il a publié ou illustré un grand nombre d'ouvrages illustrés. Il est chevalier de la Légion d'honneur.

60. — 215. Les Voliers des environs de Civray, paysage, peinture à l'huile.

T. H. 0,76. — L. 0,92 — (Don de l'auteur, 1884.)

LANTARA (SIMON-MATHURIN), *né à Oucy (Seine-et-Oise), le 24 mars 1729, mort à Paris, à l'hôpital de la Charité, le 22 décembre 1778.*

Fils d'un tisserand, il commença par garder les bestiaux. Ses dispositions pour le dessin ayant été remarquées par son maître, il le plaça chez un peintre à Versailles qu'il surpassa bientôt. Il vint ensuite à Paris se mettre au service d'un artiste qui lui payait ses gages en leçons de peinture Les documents sur la vie de Lantara manquent presque complètement. Il acquit cependant du talent, et ses œuvres eurent une certaine vogue dont il ne sut pas profiter. N'étant point de l'Académie, ses ouvrages ne furent point admis aux Expositions. Peu d'écrivains ont parlé de lui. D'un caractère gai et insouciant, il ne travaillait que lorsque le besoin l'y forçait; aussi mourut-il dans la pauvreté, à l'hospice de la Charité.

Il rappelle Claude Lorrain dans quelques parties de ses œuvres.

61. — 664 Paysage.

B. H. 0,11. — L. 0,12. — (Legs Babinet, 1882.)

Effet du matin; premier plan avec rochers dans la demi-teinte; au second plan, groupe d'arbres assez vigoureux; dans le lointain, silhouettes de maisons et d'arbres; ciel gris et fin. (Signé : Lantara.)

LAPIERRE (LOUIS-EMILE), *peintre paysagiste, né à Paris en 1817.*

Élève de V. Bertin; il obtint une médaille de 2ᵉ classe en 1848; un rappel en 1863; fut nommé chevalier de la Légion d'honneur le 11 août 1869. Ses œuvres ont figuré à un grand nombre de Salons.

62. — 541. Paysage.

T. H. 0,26. — L. 0,41. — (Legs Babinet, 1882.)

Effet du soir; silhouettes d'arbres et ciel avec nuages lumineux se réflétant dans l'eau. Cette petite toile rappelle Decamps. (Attribué à Lapierre.)

LARGILLIÈRE (NICOLAS de), *peintre de portrait et d'histoire, né à Paris le 10 octobre 1656 (paroisse Saint-Berthélemy), mort dans la même ville le 20 mars 1746 (paroisse Saint-Remy).*

Élève d'Antoine Gœbon d'Anvers; il fut reçu membre de l'Académie de peinture le 30 mars 1686, sur : le portrait de Charles Lebrun assis et peignant (Musée du Louvre); adjoint à professeur le 4 juillet 1699; professeur le 30 juin 1705; adjoint à recteur le 24 avril 1717; recteur le 10 janvier 1722; directeur du 5 juillet 1738 au 7 juillet 1742; chancelier le 30 mai 1743. Les Musées de Versailles, du Louvre, d'Arras, de Besançon, de Chartres, de Dijon, de Grenoble, de Lille, de Metz, de Nancy, de Nantes, d'Orléans, de Rouen, de Strasbourg, d'Avignon, de Nîmes, de Niort, de Toulon, de Toulouse, de Carlsruhe, de Brunswick, de Darmstadt, de Berlin, de Dresde, de Copenhague, de Florence, de l'Ermitage (en Russie) ont des œuvres de Largillière.

63. — 683. Portrait d'un membre du Parlement.

T. H. 1 43. — L. 1,12. — (Legs Massé, 1882.)

Personnage assis, de grandeur naturelle, perruque Louis XIV, manteau de velours rouge doublé de satin, derrière lui, draperie relevée près d'une colonne; à gauche une grande fenêtre avec un coin de ciel et une silhouette d'arbres. Bon portrait attribué à Largillière.

LEBAS (GABRIEL-HIPPOLYTE), né à Paris, fils de Jacques Philippe Lebas, graveur.

Elève de Granet; il obtint une médaille de 3ᵉ classe en 1845. Ses œuvres ont figuré à une quinzaine de Salons.

64. — 308. Une forêt.

Tableau ovale de 0,65 sur 0,40. — (Don de l'État, 1855.)

Charmante et lumineuse étude, empruntée probablement à l'un des sites de la forêt de Fontainebleau, si aimée des artistes de notre Ecole moderne; à l'ombre des grands arbres une source jaillit d'un beau rocher, et forme au pied un petit bassin où viennent s'abreuver les biches et les chevreuils, échappée lointaine sous un ciel lumineux. (Signé : Lebas.)

LECOINTE (CHARLES-JOSEPH), peintre, né à Paris, le 23 février 1824.

Elève de MM. Picot et Daligny; il obtint une médaille de 3ᵉ classe en 1834; le grand prix de Rome en 1849 (paysage historique : *Mort de Milon de Crotone*); une médaille de 3ᵉ classe en 1855; un rappel en 1861. Le Musée d'Angers, celui du Luxembourg, possèdent des tableaux de lui. On lui doit en outre deux paysages historiques de la vie de sainte Geneviève pour l'église Saint-Roch ; une vue de l'île de Saint-Denis pour l'Hôtel-de-Ville de Paris. (Ce paysage a été détruit dans l'incendie du monument pendant la Commune de 1871.)

65. — 293. Le jeu de la Ruzzica à Rome. (Salon de 1861.)

T. H. 1,20. — L. 1,60. — (Don de l'Etat.)

Ce paysage des environs de Rome représente, dans le fond, la porte de Saint-Paul ou d'Ostie à l'extrémité des murs d'enceinte de la ville, et la piramyde de C. Sextius. Sur le devant, à l'ombre d'un beau groupe d'arbres qui abrite une fontaine monumentale, des paysans romains se livrent au jeu de la Ruzzica, qui consiste à lancer un disque vers un but déterminé malgré l'opposition méditée par les adversaires pour le faire échouer. Ce jeu semble être une réminiscence de celui des discoboles grecs dans l'antiquité. (Signé : Lecointe).

LEFEBVRE (CLAUDE), *peintre de portrait, né à Fontainebleau (Seine-et-Marne) le 17 septembre 1632, mort à Paris le 25 avril 1675.*

Elève de Lesueur et de Lebrun ; il fut reçu membre de l'Académie de peinture les 31 mars et 30 octobre 1663, sur : *le portrait de Colbert* (Musée de Versailles). Il a été gravé en 1709 par Benoît Andron. Les Musées de Versailles, du Louvre, de Metz, possèdent plusieurs portraits de cet artiste. Le Musée de Saint-Pétersbourg possède également un tableau de lui, *Esther devant Assuérus*. Ses portraits se faisaient remarquer par une grande ressemblance et un coloris vrai. Il était aussi graveur à l'eau forte.

66. — 666. Portrait d'homme.

T. H. 0,50. — L. 0,40. — (Legs Babinet, 1882.)

Buste de grandeur naturelle, tête avec longs cheveux à la Louis XIV, cravate blanche. Excellent portrait comme dessin et comme couleur. Toile collée sur panneau de bois. (Attribué à Lefébure.)

LE NATUR (JULES-MAURICE, *artiste poitevin, né à Poitiers (Vienne), le 10 février 1851.*

Il débuta à l'Ecole municipale des Beaux Arts de cette ville; puis il fut continuer ses études à Paris, dans les ateliers de MM. Gérôme, Brosick et Palmaroli; il exposa au Salon de 1874: *Bouquet de fleurs*, faïence; en 1879. *Biblots*; en 1880 *Plaisirs champêtres*, dessin à la plume.

On doit encore à M. Le Natur les ouvrages suivants : *les Mathématiques appliquées aux Beaux-arts ; le Calcul des surfaces et des cubes.*

Comme dessinateur, il a illustré les ouvrages suivants : *le Directoire, Joyeux Devis, Doux Larcins, les Contes de La Fontaine, Trois dizains de Contes gaulois, l'Evadé, Broussailles, Ménages Parisiens, Plaids et Bosses, la Meunière du Moulin-Galant*, etc.

Il a collaboré : *aux Hommes d'épée, Panurge, Paris s'amuse.*

Les éditeurs de ses dessins sont: à Londres, la maison Goodal; à Paris, MM. Monnier, Rouveyre, Blond, Ollendorf, Roy-Baillère, Ménager, etc.

Comme perspecteur, il a eu de fréquentes relations avec MM. Munkacty, Palmaroli et Messonnier père.

Le Musée de Douai possède une œuvre de cet artiste.

67. — 230. Portrait de M. Le Natur père.

(Don de l'auteur, 1884.)

LUMINAIS (EVARISTE-VITAL), *peintre, né à Nantes (Loire-Inférieure) le 14 décembre 1822.*

Elève de MM. Troyon et L. Cogniet; il obtint une médaille de 3e classe en 1852 et en 1855, à l'Exposition universelle; un rappel en 1857 et 1861, et la croix de la Légion d'honneur en 1869. Ses œuvres ont paru à un grand nombre de Salons; il est hors concours.

68. — 250. Les Braconniers.

T. H. 0,90. — L. 1,20. — (Don de l'État en 1868.)

A la pointe du jour, au milieu d'une lande sauvage couverte d'ajoncs et de bruyères, deux braconniers bretons, reconnaissables à leurs vestes courtes et à leurs brayes traditionnelles, s'enfuyent à toutes jambes, leur fusil à la main et leur gibier sur l'épaule, un superbe lièvre, que leur complice, un beau basset à jambes torses, aura fait lever devant eux. Tandis que le porteur du butin gagne du terrain le nez au vent, son camarade jette en arrière un regard craintif et soupçonneux pour s'assurer s'ils ne sont pas suivis de trop près par le garde ou le gendarme éveillé, peut-être par leur coup de feu. On ne saurait mieux saisir la nature sur le fait ni la mieux rendre. Toile largement peinte (Signé : Luminais.)

MAGNE (DÉSIRÉ ALFRED), *peintre poitevin*, né à Lusignan (Vienne) le 27 février 1855.

Il commença ses premières études artistiques à l'Ecole municipale des Beaux-Arts de Poitiers ; il eut ensuite à Paris, comme professeur, MM. Cabanel et James Bertrand ; il exposa au Salon de 1879 : *Rebecca à la fontaine*, faïence, d'après M. A. Thirion ; *Mignon*, faïence, d'après M. J. Lefebvre ; en 1880 : *Un Coin de desserte*, peinture ; *Rougets*, faïence ; en 1881 : *Un Envoi intelligent*, peinture ; en 1882 : *Les Brioches*, faïence ; en 1883 : *Petit gagne-pain*, peinture ; *Ma fermeture de chasse*, peinture ; ce dernier tableau a eu l'honneur d'être admis à l'Exposition triennale de 1883.

M. Magne a obtenu une médaille en 1882 à l'Exposition artistique de Niort (Deux-Sèvres), et une autre médaille en 1883, à l'Exposition artistique de Rochefort (Charente-Inférieure).

69. — 231. Une bonne chasse, nature morte, gibier. (Salon de 1882.)

(Don de l'auteur, 1884.)

70. — 232. Les Brioches, peinture sur faïence. (Salon de 1882.)

(Don de l'auteur, 1883.)

MAUFLATRE, *artiste amateur poitevin*. [Pas de renseignements.]

71. — 313. Ruines du château de Bressuire (Deux-Sèvres).

T. H. 0,67. — L. 1,05. — (Don de l'auteur 1873.)

Magnifiques ruines d'un château féodal composé de deux enceintes ; la première date du XII° siècle, la seconde et les bâtiments d'habitation furent construits vers 1470. On y remarque une grosse tour ronde, des galeries, la tour carrée du trésor, haute de vingt mètres. Au XI° siècle les comtes du Poitou eurent à lutter contre les seigneurs de Bressuire dont ils étaient suzerains. Ce domaine appartint pendant plusieurs siècles aux seigneurs de Beaumont qui figurèrent dans les épisodes importants du moyen âge. (Signé : Mauflâtre.)

MARLET (LAURENT-JULES), *peintre, né à Moulins (Allier), mort à Poitiers (Vienne).*

    Elève de MM. Lethière et de Lafond. Ses œuvres ont figuré aux Salons de 1848, 1849, 1850, 1853, 1857, 1861, 1863, 1864, 1865, 1868.
    Il est mort professeur de dessin au Lycée de Poitiers. Il avait été nommé officier d'académie.

72. — 400. Bataille d'Alesia. (Salon de 1864.)

    T. H. 0,37. — L. 1. — (Don de l'auteur, 1879.)

L'artiste s'est inspiré de ce passage des commentaires de César (Guerre des Gaules) :
    « Ceux d'Autun donnèrent dans la cavalerie romaine » qui en fit grand carnage » (Signé : Marlet.)

MARTINET (LOUIS), *peintre, né à Paris.*

    Elève de Gros. On a de lui des paysages et des portraits qui ont figuré aux Salons de 1833, 1834, 1835, 1838, 1839, 1876, 1877, 1879, 1882.

73. — 336. Vase et Corbeille remplis de fleurs et de fruits.

    Toile ovale de 1,39 sur 1,20. — (Don de l'Etat, 1856.)

Groupe de fleurs et de fruits d'un coloris brillant, mais d'une exécution un peu molle, qui contraste avec celle du groupe de fleurs de Verbruggen. (Signé : Martinet.)

MIGNARD (PIERRE), *né à Troyes en novembre 1610, mort à Paris le 13 mai 1695.*

Son père le destinait d'abord à l'état de médecin, mais son penchant pour les arts changea la direction qu'on avait donnée à ses études. A l'âge de 12 ans il fut à Bourges chez un peintre nommé Boucher, chez lequel il resta peu de temps, et de là il se rendit à Fontainebleau étudier les œuvres d'art que renfermait ce palais. Il entra chez Vouet, premier peintre du roi, qui voulut lui faire épouser sa fille; malgré les avantages que lui offrait cette union, Mignard refusa et partit pour Rome en 1635. Là, il rencontra son ancien condisciple Dufresnoy, avec lequel il se lia étroitement. Il fit les portraits des plus célèbres personnages d'Italie, entre autres celui du pape Urbain VIII. Le cardinal de Lyon, Louis Duplessis, frère de Richelieu, lui commanda la copie de la galerie du Palais Farnèse, peinte par Annibal Carrache. A la même époque, il fit le portrait d'Innocent X, et plus tard celui du pape Alexandre VII. Mandé à Fontainebleau par le cardinal Mazarin, il fit le portrait de Louis XIV. Il fut chargé de peindre à fresques le dôme du Val-de-Grâce. En 1664 on le nomma chef de l'Académie de Saint-Luc. Mignard succéda à Lebrun, le 1er mars 1690, comme premier peintre du roi. Dans une seule séance, le 4 mars, l'Académie, la première fois qu'il s'y présenta, lui conféra les grades d'académicien, de professeur, de recteur, de directeur et de chancelier. Il fut encore nommé directeur des Manufactures.

Dans ses dernières années, il peignit Mme de Maintenon en Sainte Françoise, Louis XIV pour la dernière fois et la famille royale d'Angleterre. Il mourut à l'âge de 84 ans.

Le roi l'annoblit en 1687.

Les œuvres de Mignard se font remarquer par une grande fraîcheur de coloris, la grâce de leur composition, leurs carnations vraies. Sa gloire et sa fortune lui firent des envieux, et après sa mort il eut beaucoup de détracteurs; il n'en fut pas moins regardé comme le meilleur coloriste du siècle de Louis XIV.

74. — 312. Un fils de Louis XIV.

T. H. 0.60. — L. 0.48. — (Ancien fonds du Musée.)

Portrait d'enfant à mi-corps, de grandeur naturelle, coiffé d'une toque en drap d'or surmontée de plumes rouges, portant en sautoir le grand cordon bleu sur un riche vêtement orné de bijoux et tenant une petite lance à la main. Touche habile, tons frais, fini parfait. (Attribué à Mignard.)

MONNOYER (JEAN-BAPTISTE, dit BAPTISTE), *peintre de fleurs, né à Lille (Nord) le 19 juillet 1634, mort à Londres le 16 février 1699.*

Il fut reçu académicien le 14 avril 1663 sur : *des fleurs et des fruits* (Musée de Montpellier); conseiller le 1ᵉʳ juillet 1679. Cet artiste n'a exposé que sous le nom de Baptiste.

(Voir à l'Ecole italienne, nᵒˢ 89 et 90. Copies d'après l'Albane.)

MONGINOT (CHARLES), *peintre, né à Brienne-Napoléon (Aube) le 24 septembre 1825.*

Elève de Couture; il débuta au Salon de Paris, en 1850, avec deux tableaux : *l'Ogre et le Petit Poucet* et *le Petit Musicien*. Depuis, cet artiste a figuré à un grand nombre de Salons. Il a obtenu deux médailles : l'une en 1864 et l'autre en 1869.

75. — 364. Après la chasse. (Salon de 1869.)

T. H 3ᵐ. — L. 2ᵐ. — (Don de l'Etat, 1869.)

Dans un parc, au bas d'un escalier, une belle châtelaine de XVIᵉ siècle regarde un groupe de gibier sur lequel un seigneur attire son attention. Un personnage en costume de fou (un Triboulet quelconque), assis sur les marches d'un escalier en pierre, joue d'une main avec un beau lévrier blanc, et tient de l'autre un faucon encapuchonné.

Toile brillante de couleur dont les figures sont de grandeur naturelle. (Signé : Monginot.)

NAUTRÉ, *peintre poitevin en 1619. [Pas de renseignements.]*

76. — 872. Le siège de Poitiers par l'amiral de Coligny.

T. H. 2,20. — L 4ᵐ. — (Ancien fonds du Musée.)

Sur cette vue naïve à vol d'oiseau de Poitiers, assis sur la colline située au confluent de la Boivre et du Clain, l'artiste a disposé, d'après les indications des historiens, les troupes et l'artillerie de l'armée protestante, ainsi que celles de la garnison assiégée; les flammes dévorent l'ancienne abbaye de Saint Cyprien, les faubourgs de Rochereuil et de Saint-Lazare, mais après sept semaines d assauts, Coligny ne fut pas moins obligé de lever le siège.

L'intérêt de cette grande toile consiste surtout dans la réminiscence de la physionomie de cette vieille cité alors entourée de remparts flanqués de nombreuses tours, et se développant depuis la porte fortifiée de la Tranchée, du côté du midi, jusqu'au château-fort de Jean de Berry, qui se dresse du côté du nord, au contact même du confluent des deux rivières. Cette vue panoramique a été prise du haut des Dunes, escarpements de la rive droite du Clain, en arrière du rocher désigné depuis sous le nom de *bouclier ou cuirasse de Coligny*.

Le large cadre qui entoure la toile a lui-même un grand intérêt, en ce qu'il est orné sur tout son pourtour des écussons des anciens maires et échevins qui étaient en fonction à l'époque du siège (1569), et au moment (1619), où le corps de ville ordonna de consacrer, par ce tableau, le souvenir de cette glorieuse résistance. Beaucoup de ces écussons sont malheureusement effacés.

Suivant l'usage de ces réminiscences, des inscriptions dispersées sur la toile précisent les noms des monuments représentés, et indiquent les différents corps et batteries des assiégeants et des assiégés, le rôle qu'ils jouèrent pendant l'action et à quels jours précis ils furent en jeu.

Nous donnons ci-dessous les différentes inscriptions qui ont été placées dans le haut et dans le bas de cette toile:

FIGVRE ET PLAN DE LA VILLE DE POICTIERS, ASSIEGÉE 1569 PAR GASPARD DE COLIGNI ADMIRAL DE FRANCE, ESTANT LORS MAIRE SIRE JOSEPH LE BASCLE; LA D^{te} FIGVRE LEVÉE PAR COMMADEMENT DE SIRE JAN PIDOVX MAIRE ET DE MESSIEVRS LES PAIRS ET ESCHEVINS, L'AN 1619.

HOC ŒTERNITATI CONSECRAT PICTAVIVM IN
DEI OPTIMI MAXIM, VINDICI SVI, QVO PROPVGNATE
CESSIT INANIS HOSTIVM OBSIDIO, PER SESQVI-
MENSE, AB ANTE IX CAL SEXTIL, VSQ AD VII
SEPTEB, CD D^{IXIX}.

CES PORTAVX DEMOLIS CES MVRS QVE JE REDRESSE,
SERVENT DE MONVMENT A LA POSTERITÉ,
DE LA REBELLION, ET DE L'IMPIETÉ,
QVI DV PRINCE ET DE DIEV MEPRISA LA HAVTESSE.
MAIS DV GRAND DIEV LA MAIN JVSTEMENT VENGERESSE
DESNVA DE POVVOIR SON INFIDELITÉ :
ET COMME VN FIER TORRENT D'VN ROC EST LIMITÉ,
J'ARRESTAY LE DESSEIN DE LA BANDE TRAISTRESSE.
VOILA POVRQVOY J'APPENS TRES HVMBLEMENT CE VŒV
A L'IMMORTEL HONNEVR DE CE TOVT-PVISSANT DIEV,
QVI FEIT MA SAVVETE LA SAVVETE COMMVNE,
AFIN DE TESMOIGNER QVE PAR SON BON SECOVRS,
DE L'ENNEMY COMMVN J'AI ARRESTÉ LE COVRS,
ET QV'EN ROMPANT MES MVRS IL ROMPIT SA FORTVNE.

Pictavensis Antiquissimæ celeberrimæ que metropolis civitatis Pictavorum. Poli. longitudo 20 graduum 9 minutor latitud. 46. gr. 39. m.

PAJOU (JACQUES-AUGUSTIN), *né à Paris en 1766, mort en 1820 ; peintre d'histoire et de portrait.*

Il était fils du célèbre sculpteur Pajou et élève de Vincent. Parmi ses œuvres les plus remarquables on cite ; *Œdipe maudissant Polynice,* autrefois à Fontainebleau et aujourd'hui figurant au Musée de Poitiers à titre de prêt par l'Etat; *la consécration de Sainte-Geneviève,* à Paris.

77. — 353. Œdipe maudissant Polynice.

T. H. 2,60. — L. 3,30. — (Prêt du Louvre en 1873.)

Cette scène dramatique, empruntée à la tragédie d'Œdipe à Colonne de Sophocle, peint le moment où Polynice, chassé à son tour de Thèbes par son frère Etéocle, implore le pardon de son père.

Œdipe le repousse du geste, et malgré les supplications d'Antigone, sœur de ce fils coupable, lui adresse en malédiction ces paroles :

« Perfide, c'est toi seul, c'est toi qui m'as banni
» Tu m'as chassé de Thèbes, et les dieux t'ont puni......
» Je rends grâce à ces mains, qui, dans mon désespoir
» M'ont d'avance affranchi de l'horreur de te voir (1).
» J'ai prononcé sur toi, en présence du ciel,
» Les imprécations du courroux paternel ;
» Je les prononce encore ! ma voix, ma voix funeste,
» Appelle encore sur toi la vengeance céleste ! »

LA HARPE, *Œdipe à Colonne.*

(Signé : Pajou.)

PATEL (PIERRE), *né en Picardie vers 1620, mort vers 1676.*

D'après une liste manuscrite des maîtres peintres possédée par Mariette, il fut reçu maître de cette communauté en 1635; passa dans les charges en 1650, et fut un des anciens qui, en 1651, signèrent le contrat de jonction de l'Académie avec les maîtres peintres.

On croit que Patel fut élève de Vouet. Il fut contemporain de Le Sueur et de Lebrun et travailla avec eux à la décoration de l'hôtel du président Lambert. Il fut aussi employé au Louvre, ainsi que Romanelli, à l'embellissement des appartements de la reine Anne d'Autriche. Patel fut un imitateur de Claude Lorrain. Sa touche est légère et fière; il se plaisait à introduire des ruines et des monuments dans ses compositions, qui se font remarquer par une couleur généralement brillante. On prétend qu'il fut tué en duel. Il eut un fils, Pierre Patel, qui fit exactement son genre et avec lequel on le confond souvent.

78. — 248. Palais en ruine.

T. H. 0,70. — L. 0,90. — (Don de M. Durand du Pessau.)

Dans une jolie vallée arrosée par une large rivière, le peintre a figuré à droite les belles ruines d'un portique

(1) Œdipe, pour se punir de son inceste involontaire avec sa mère et du meurtre de son père Laïus, se creva lui-même les yeux.

d'ordre corinthien en pleine lumière, opposé à un massif d'arbres vigoureusement accusé sur la gauche, avec une échappée de vue sur une colline. Cette toile, signée : Patel, est d'un bon effet et bien conservée.

PERRAULT (JEAN-BAZILE), *né à Poitiers (Vienne).*

Il commença ses premières études à l'École municipale des Beaux-Arts de Poitiers où il obtint du succès. La ville lui accorda une subvention annuelle pour aller à Paris continuer ses études artistiques; il entra d'abord chez Picot, et plus tard chez Bouguereau. Il fut admis à l'Ecole des Beaux-Arts comme élève ; obtint une médaille en 1864 et une médaille de 2ᵉ classe en 1876. Les œuvres de cet artiste ont figuré au Salon en 1861, 1863, 1864, 1865, 1866, 1867, 1868, 1869, 1870, 1872, 1873, 1874, 1875, 1876, 1877, 1878, 1879, 1880, 1881, 1882, 1883.

M. Perrault a produit un grand nombre de toiles, toutes remarquables par une exécution habile, la fraîcheur du coloris, le sentiment et la grâce de ses figures, qui rappellent celles de son éminent maître Bouguereau.

En 1882, il a exposé *le Triomphe de l'hyménée*, plafond de grande dimension destiné à la salle des Mariages de l'Hôtel-de-Ville de Poitiers. Cette toile est certainement une des œuvres capitales de notre habile artiste poitevin, elle est fort remarquable.

79. — 291. Le Vieillard et les trois Jeunes hommes. (Salon de 1861.)

T. H. 1,12. — L. 1,45. — (Don de l'artiste.)

Au premier plan, à gauche, trois jeunes hommes se tiennent debouts devant un vieillard qui leur adresse la parole. Il a un genou à terre et de la main gauche tient un jeune arbre qu'il plante; près de lui est une bêche ; au second plan et dans le lointain des rochers se découpent sur un ciel gris. Figures bien dessinées, bien peintes et d'un coloris brillant. (Signé: Perrault.)

Cette scène se rapporte à la fable du *Vieillard et les trois jeunes hommes.*

80. — 685. Portrait de M. S...

T. H. 0,80. — L. 0,60. — (Don de M. H. Hivonnait.)

Personnage assis, coiffé d'un chapeau gris à larges bords, longue barbe noire, la main gauche appuyée sur une basse. Œuvre de jeunesse, faite en 1840, alors que l'artiste poitevin débutait dans la peinture.

(Grandeur naturelle.)

81. — 166. Mort de Velléda. Esquisse représentant l'épisode de la mort de la prêtresse gauloise.

T. H. 0,31. — L. 0,40. — (Don de l'auteur.)

« Dans ce moment un char paraît à l'extrémité de la
» plaine, penchée sur les coursiers, une femme échevelée
» excite leur ardeur, et semble vouloir leur donner des
» ailes. Velléda n'avait point trouvé son père. Elle avait
» appris qu'il assemblait les Gaulois, pour venger l'honneur
» de sa fille. La druidesse voit qu'elle est trahie, et con-
» naît toute l'étendue de sa faute. Elle vole sur les traces
» du vieillard, arrive dans la plaine où se donnait le
» combat fatal, pousse ses chevaux à travers les rangs,
» et me découvre gémissant sur son père étendu mort
» à mes pieds. Transportée de douleur, Velléda arrête
» ses coursiers, et s'écrie du haut de son char : Gaulois,
» suspendez vos coups. C'est moi qui ai causé vos maux;
» c'est moi qui ai tué mon père. Cessez d'exposer vos
» jours pour une fille criminelle. Le Romain est innocent,
» la vierge de Sayne n'a point été outragée : elle s'est
» livrée elle-même, elle a violé volontairement ses vœux.
» Puisse ma mort rendre la paix à ma patrie ! »
« Alors, arrachant de son front la couronne de verveine,
» et prenant à sa ceinture sa faucille d'or, comme si elle
» allait faire un sacrifice à ses dieux : « Je ne souillerai
» plus, dit-elle, les ornements d'une vestale. » Aussitôt
» elle porte à sa gorge l'instrument sacré, le sang jaillit.
» Comme une moissonneuse qui a fini son ouvrage, et
» qui s'endort fatiguée au bout du sillon, Velléda s'af-
» faissa sur le char, la faucille d'or échappe à sa main
» défaillante et sa tête se penche doucement sur son
» épaule. » (Les Martyrs, livre X, par Châteaubriand.)
(Signé : L. Perrault.)

PERVINQUIÈRE (baron HENRY) *né à Poitiers (Vienne), mort dans la même ville, en 1883, rue des Buissons, 13.*

<small>Peintre amateur de talent ; a exposé au Salon de 1880 : une chienne d'arrêt du Poitou (peinture) ; chevaux de relai attendant la chasse (fusain).</small>

82. — 361. Chienne d'arrêt du Poitou.

<small>T. H. 0,92. — 0,72. — (Don de l'auteur, 1880.)</small>

Chienne mouchetée noir et blanc, de grandeur naturelle. (Salon de 1880.)

PICAUT (J.), *peintre amateur poitevin. (Pas de renseignements.)*

83. — 319. Un pont sur un ruisseau, paysage.

<small>T. H. 0,24. — L. 0,32. — (Acquis en 1878.)</small>

Ebauche à l'huile représentant, au fond d'un vallon encaissé, un pont d'une seule arche jeté sur un ruisseau, et se détachant en vigueur sur le ciel et sur des collines boisées inondées de lumière. Très harmonieux de ton et d'un joli effet d'ensemble, quoique un peu froid. (Signé : Picaut.)

PIERRE (JEAN-BAPTISTE-MARIE), *peintre et graveur, né à Paris en 1713, mort dans la même ville le 15 mai 1789.*

<small>Dès son enfance, il montra de grandes dispositions pour les arts ; ce fut à l'Ecole de Natoir qu'il fit ses premières études. Il remporta le premier prix à l'Académie en 1734, ce qui lui permit d'aller en Italie comme pensionnaire du roi, où il continua ses études guidé par De Troy, alors directeur de l'Ecole de Rome.

Il fut reçu à l'Académie le 31 mars 1742 ; élu adjoint à professeur le 6 juillet 1748 ; adjoint à recteur le 30 janvier 1768 ; directeur le 7 juillet 1770.

Il succéda à Coypel comme premier peintre du duc d'Orléans, et à Boucher comme premier peintre du roi.</small>

Doué d'une grande facilité d'exécution, d'un coloris brillant, d'un caractère aimable, cet artiste se fit de bonne heure une réputation qu'il ne soutint pas par la suite, et les honneurs dont il fut comblé pendant sa vie excitèrent l'envie de ses confrères dont les attaques ne lui manquèrent pas.

Un certain nombre de ses œuvres principales ont été reproduites par plusieurs graveurs.

84. — 192. L'aurore et Tithon.

T. H. 2^m. — L. 2^m. — Fig. grandeur naturelle. — (Prêt du Louvre en 1873.)

Tithon, fils de Laomédon et frère de Priam, roi de Troye, fut le premier époux de l'Aurore, fille de Titan et de la Terre, déesse chargée d'ouvrir les portes du jour et de précéder le char du Soleil. Le peintre a représenté le moment où la déesse quitte sa couche afin de s'acquitter de sa tâche de chaque matin, malgré les efforts de son époux pour la retenir auprès de lui. Des zéphyrs voltigent dans les airs autour d'elle. Composition gracieuse, d'un coloris brillant. (Signé : Pierre.)

POTIER (JOSEPH-HUBERT), *né à Paris, le 24 août 1803.*

Elève de Belle et de Granet ; il débuta au Salon de 1831 avec *un Intérieur en ruines* et *un Intérieur de cloître.* Depuis, il a pris part à seize expositions annuelles des Beaux-Arts et à un grand nombre d'expositions de province et de sociétés des amis des arts, où il a obtenu diverses mentions. Comme graveur, il a exposé un certain nombre d'eaux fortes, d'après des tableaux de J. Vernet, Granet, Bouton, Poussin, etc. ; indépendamment de ses travaux de peinture, M. Potier s'est livré durant plus de trente années à l'enseignement du dessin et de la peinture. Il a aussi écrit un livre sur la perspective, ainsi qu'un cours de dessin linéaire et un petit traité sur l'étude du paysage d'après nature.

85. — 326. Elisabeth et Leicester.

T. H. 0.70. — L. 0.90. — (Don de l'Etat, 1857.)

Cette scène est tirée du roman de Kenilworth, de Walter-Scott. Robert Dudley, comte de Leicester, était le favori de la reine d'Angleterre Elisabeth. Dans l'espoir d'épouser sa souveraine, la chronique prétend qu'il eut la cruauté de donner commission à ses séides de le débarrasser d'Amy Robsart avec qui il était secrètement marié. Avant l'accomplissement de ce crime, et pendant une fête donnée à Elisabeth dans le château de Kenilworth, la reine découvrit ce mariage qu'on lui avait caché et accabla son favori d'amers reproches.

C'est cet épisode que le peintre a choisi pour la composition de son tableau en donnant aux courtisans qui assistent à cette scène de jalousie et de colère les expressions variées qu'ils ressentent selon leurs rapports avec le favori. (Walter-Scott, le château de Kenilworth.) (Signé : Potier.)

PRUDHON (PIERRE), *né à Cluny (Saône-et-Loire) le 4 avril 1758, mort à Paris le 16 février 1823.*

Il était le treizième enfant d'un maçon, qui mourut peu de temps après la naissance de son fils. Ce furent des moines qui se chargèrent de son éducation. La vue des tableaux qui décoraient le monastère firent naître en lui, de bonne heure, le génie des arts. Il entra dans l'atelier du peintre Desvoges, professeur dirigeant l'Ecole de peinture de Dijon, puis il vint à Paris en 1780, remporta le prix de Rome en 1782 et, en 1816, entra à l'Institut.

Prudhon a été surnommé le Corrège de la France. L'une de ses toiles les plus remarquables est *le Crime poursuivi par la Justice et la Vengeance*, destiné à la Cour criminelle (au Palais de Justice de Paris) qu'il exposa en 1808 en même temps que *l'Enlèvement de Psyché par les Zéphirs*. Ces deux toiles éminentes lui valurent la croix de la Légion d'honneur.

86. — 367. Tête de jeune fille, par ou d'après Prudhon.

T. H. 0,45. — L. 0,36. — (Ancien fonds du Musée.)

Etude en buste de jeune femme, de grandeur naturelle, la tête inclinée. (Attribué à Prudhon.)

RICHARD (Mme HORTENSE), *peintre de miniature, née à Paris le 24 juin 1859, épouse de M. Alfred Magne, peintre poitevin.*

Elève de MM. James Bertrand et Jules Lefebvre; cette artiste de talent a obtenu une grande médaille d'argent, en 1879, à Paris, à l'Exposition des Arts appliqués à l'Industrie. Ses œuvres ont figuré aux Salons suivants: 1875, *Mignon*, d'après W. Bouguereau, *Portrait de Mlle R. J.*, miniatures sur porcelaine; 1876 *Madeleine*, d'après A. Cot, *Portrait de Mme C. C...*, miniatures sur porcelaine; 1877, *La Mort de Virginie*, d'après James Bertrand, *Portrait du comte P. A...*, miniatures sur porcelaine; 1878, *Marguerite*, d'après James Bertrand, *l'Aurore*, d'après le même, *la Cigale*, d'après Voillemot, *la Chaste Suzanne*, d'après Henner, *Portrait de Mlle E. De la Haye*, miniatures sur porcelaine; 1879, *Betsabée*, d'après Gabriel Ferrier, *Echo*, d'après James Bertrand, *Roméo et Juliette* d'après le même, *Chloé*, d'après Jules Lefebvre, *Portrait de Mlle P...*, miniatures sur porcelaine; 1880, *Portrait de Mlle B.*, *Choris à la Fontaine* (original), *Portrait de Mlle D.*, miniatures sur porcelaine; 1881, *Diane surprise*, d'après Jules Lefebvre, *Portraits de M. et Mme A. M...*, *Chloris*, d'après James Bertrand, *le Vertige*, d'après Emile Lévy, miniatures sur porcelaine; 1882, *la Jeunesse et l'Amour*, d'après Bouguereau, *la Vérité*, d'après Jules Lefebvre; *Portrait de Mlle Jeanne D...*, *l'Amour entraînant la Nuit sur la Terre*, d'après James Bertrand, miniatures sur porcelaine; 1883, *la Sainte Famille*, d'après W. Bouguereau, *la Cigale*, d'après James Bertrand, *Madeleine*, d'après le même, *Fatma*, d'après Jules Lefebvre, miniatures sur porcelaine.

87. — 233 Roméo et Juliette, d'après James Bertrand, miniature sur porcelaine. (Salon de 1879.)

(Don de l'auteur, 1884.)

BERTRAND (JAMES), *peintre, né à Lyon (Rhône).*

Elève de M. A. Périn; il obtint une médaille de 3e classe en 1861; un rappel en 1863; une médaille en 18 9; la croix de la Légion d'honneur en 1876. Il est hors concours. Ses œuvres ont figuré à un grand nombre de Salons.

RIGAUD, *né à Perpignan le 30 juillet 1659, mort à Paris le 27 décembre 1743.*

Fils de Mathias Rigaud, peintre et fils de peintre. A 14 ans il fut à Montpellier chez Pizet, peintre sans renom, il y resta quelques années, vint à Paris en 1681, suivit les cours de l'Académie, et au bout d'un an remporta le premier prix de peinture; le sujet du concours était : *Caïn bâtissant la ville d Enoch*. De 1681 à 1682, il exécuta trente-trois portraits Sur l'avis de Lebrun, il renonça à la pension de Rome pour se livrer exclusivement au portrait.

Il fut admis à l'Académie, le 2 janvier 1700; fut adjoint à professeur le 24 juillet 1702; professeur le 27 septembre 1710; adjoint à recteur le 10 janvier 1733; recteur le 28 novembre de la même année En 1709, les consuls de Perpignan l'admirent au nombre des citoyens nobles de la ville, et un arrêt du Conseil d'Etat, du 8 novembre 1723, confirma cette décision. Le 22 juillet 1727, le roi le nomma chevalier de l'ordre de Saint-Michel.

Rigaud a peint cinq rois, tous les princes du sang et les personnages les plus distingués de l'Europe. Il fut surnommé le Van Dick français.

88. — 330. Portrait d'un personnage sous Louis XIV.

T. H. 0.70. — L. 0.50. — (Acquis en 1863.)

Belle figure d'homme, coiffée d'une ample perruque à la Louis XIV, buste largement drapé d'un manteau de velours vert-olive. Grandeur naturelle. (Attribué à Rigaud.)

ROQUEPLAN (CAMILLE-JOSEPH-ÉTIENNE dit ROCOPLAN), *peintre et lithographe, né le 29 pluviôse an VIII, 18 février 1800 à Mallemort (Bouches-du-Rhône), mort à Paris le 20 septembre 1855.*

Élève de Gros et d'Abel de Pujol; entra à l'École des Beaux-Arts le 14 février 1818; il obtint une médaille de 2e classe en 1824; une médaille de 1re classe en 1828; fut nommé chevalier de la Légion d'honneur le 15 janvier 1832, officier le 15 juillet 1852.

Les Musées de Versailles, de Bordeaux, de Chartres, de Grenoble, du Havre, de Lille, possèdent de ses toiles.

89. — 315 Portrait de Pèdre de Circé.

T. H. 1,60. — L. 0,87. — (Legs de Circé, 1881.)

Enfant de trois à quatre ans, assis sur le gazon en robe blanche et tenant des fleurs dans les mains. Fond de paysage ; dans le ciel au-dessus de lui, un groupe d'anges ou d'enfants portés par des nuages tiennent des instrumen:s de musique dont ils jouent.

Composition allégorique, fig. de grandeur naturelle. (Signé : Camille Roqueplan.)

SANTERRE (JEAN-BAPTISTE), *né à Magny, près Pontoise, en 1650, mort à Paris le 21 novembre 1711.*

> Après avoir été l'élève de François Lemaire, il entra dans l'atelier de Boulogne l'aîné, où il étudia avec soin l'anatomie et la perspective. Il fut reçu à l'Académie le 18 octobre 1704, et donna pour sa réception : *une Suzanne* et le *portrait de Coypel*, directeur de l'Académie. Il fut protégé par Louis XIV, qui lui commanda une Sainte-Thérèse pour la chapelle de Versailles. Cet ouvrage lui valut une pension et un logement au Louvre. Plusieurs de ses ouvrages ont été gravés par un certain nombre d'artistes.
> Il excellait à peindre les jeunes filles.
> Dessin correct, coloris brillant et sage.

90. — 356. Une dame peignant.

T. H. 1,16. — L. 0,88. — (Ancien fonds du Musée, 1828.)

Figure de grandeur naturelle ; une jeune femme, assise devant une toile placée sur un chevalet, tient d'une main sa palette et de l'autre un pinceau.

Bon dessin, jolie couleur et peinture habile. (Attribué à Santerre.)

SARTONIS, *peintre poitevin, né à la Roche-sur-Yon (Vendée).* (Pas de renseignements.)

91. — 1473. Saint Sébastien.

T. H. 2. — L. 0,96. — (Don de M. Correillier père en 1877.)

Le Saint est debout, appuyé contre un arbre auquel il est attaché. Saint Sébastien naquit à Narbonne ; il embrassa la profession des armes; obtint un grade très élevé, et devint même le favori de Dioclétien en 285 ; mais trois ans plus tard, le cruel empereur ayant découvert qu'il professait la doctrine du Christ et encourageait ses frères à accepter le martyr en témoignage de leur foi, donna l'ordre de l'attacher à un poteau et de le percer de flèches.

Figure de grandeur naturelle. (Signé : Sartonis.)

SEBRON (Hyppolite), *né à Caudebec (Seine-Inférieure) en 1801.*

Il fut élève de Daguerre et de Léon Cogniet. Il a fait le paysage et des intérieurs d'église, une vue d'Amsterdam, effet de nuit, les stalles de l'église de Vilvorde, etc. Il a obtenu une médaille de 3e classe en 1838; une médaille de 2e classe en 1840; une médaille de 1re classe en 1844; une médaille de 2e classe en 1848 ; la croix de la Légion d'honneur en 1857. Il est hors concours.

92 — 1474. Pie IX officiant à Saint-Pierre de Rome.

T. H. 2,25. — L. 3,40. — (Don de l'Etat en 1863.)

Sous le grand baldaquin armorié, que soutiennent des colonnes torses en bronze, ornées de feuillages dorés, hautes de 27 mètres (1), œuvre du chevalier Bernin (1626-1633), le Saint-Père, entouré de ses camériers, encense l'autel avant de célébrer la messe pontificale de Saint Pierre.

Devant la colonne de gauche, en robe rouge et or, se tient le sénateur marquis Cavaletti, maire de Rome, portant dans une aiguière d'or l'eau destinée à laver les doigts de l'officiant.

Au-dessous de la grande statue de Sainte-Hélène, tenant la croix qu'elle a découverte, on aperçoit la garde-noble du Pape, en habits de cérémonie; les deux personnages placés de chaque côté du baldaquin, en habits noirs, sont les massiers, et sur une note accompagnant l'envoi

(1) *Les églises de Rome*, par Mgr Barbier de Montault.

du tableau, se trouve cette indication, qu'au premier plan, à droite, le moine imberbe et vêtu de blanc qui se détache de profil sur le groupe d'assistants, serait le célèbre père Hyacinthe.

Tout au fond on aperçoit encore, sous un baldaquin rouge, la statue de bronze de Saint Pierre, objet d'une vénération particulière à Rome, et dont une reproduction figure aujourd'hui dans la cathédrale de Poitiers.

On sait que la basilique de Saint-Pierre commença à être construite principalement sur les plans du Bramante, de Michel-Ange et de Maderne en 1506, sous le pontificat de Jules II, et fut continuée sous ses successeurs jusqu'au moment où elle fut définitivement consacrée sous Urbain VIII, au milieu du XVIIe siècle (1). Une photographie de ce tableau existait autrefois dans le cabinet du maire de Poitiers; elle a été donnée par M. le sénateur Bourbeau. (Toile signée : Hip. Sébron.)

TAYTAUD (ALPHONSE), *peintre d'histoire et de paysage, né à Lubersac (Haute-Vienne), élève de Picot, en 1843.*

93. — 212. Nymphes au bain.

T. H. 2,00 — L. 3^m. — (Don de l'Etat, 1850.)

Ce grand et lumineux paysage représente une belle rivière entourée de montagnes qui se mirent dans ses eaux profondes. Sur le rivage et au premier plan divers groupes de nymphes se livrent au plaisir du bain ; l'une d'elles, plus majestueuse que ses compagnes, ne serait-elle pas Diane elle-même, s'apercevant de la grossesse de Calisto, fille de Lycaon, que surprit Jupiter et qui fut mère d'Arcas ?

M. Taytaud a peint *Diane surprise au bain par Actéon,* ce qui justifie l'attribution précédente pour la toile du Musée de Poitiers. (Signé : Alp. Taytaud.)

---

(1) *Les églises de Rome,* par Mgr Barbier de Montault.

VERNET (Claude-Joseph), *né à Avignon le 14 août 1714, mort le 3 décembre 1789, aux galeries du Louvre.*

Son père, Antoine Vernet, décorateur habile, fut son premier professeur. En 1732 il partit pour Rome et entra à l'atelier de Bernardino Fergioni, peintre de marine, qu'il dépassa bientôt. Il fut reçu à l'Académie de Saint-Luc en 1743, et revint en France sur l'invitation du roi Louis XV après une absence de vingt ans. A son arrivée à Paris, il fut reçu membre de l'Académie de Peinture le 23 avril 1753 et conseiller en 1766. Il fut chargé de représenter tous les ports de France et s'en acquitta avec un talent remarquable.

Il a peint, en outre, une grande quantité de paysages et de marines. Son génie fut apprécié de son vivant et rien ne troubla sa gloire. Il eut même la satisfaction, deux ans avant sa mort, de voir son fils, Carle Vernet, prendre place à ses côtés à l'Académie. Ses ouvrages ont été gravés par un grand nombre d'artistes.

94. — 302. Pêcheurs au bord de la mer.

T. H. 0.65. — L. 0.80. — Cadre ovale. — (Ancien fonds du Musée.)

A droite, un beau massif de rochers d'où s'échappe une source, et des pêcheurs groupés à leur pied ; au milieu de la toile, les eaux d'une large baie encadrée par des collines noyées dans la vapeur, à gauche, d'autres collines au pied desquelles s'étagent des monuments et les tours d'une forteresse. (Attribué à Vernet Joseph.)

ÉCOLE ITALIENNE

AUTEURS CONNUS.

ALBANI (Francesco, dit L'ALBANE), *né en 1578, à Bologne, mort en 1660, peintre d'histoire, de portrait, de paysage, et architecte.* (Ecole Bolonaise)

Il eut pour maître Denis Calvart (peintre flamand) ; fut l'ami du Dominiquin et le rival du Guide. Il eût une nombreuse école à Rome ainsi qu'à Bologne. Il excellait dans les peintures des femmes et des amours. On le surnomma l'Anacréon de la peinture, parce qu'il peignait surtout les sujets les plus séduisants de la fable

95. — 305. Bacchus et Ariane, d'après l'Albane, panneau décoratif

T. H. 2,70. — L. 0,80. — (Prêt du Louvre en 1873.)

Ariane, fille de Minos, roi de Crète, abandonnée dans l'île de Naxos par l'ingrat Thésée, qu'elle aida à sortir du labyrinthe du Minautaure, est endormie sur un rocher dans une pose gracieuse. Au second plan, Bacchus, guidé par l'amour, accourt auprès de cette infortunée et va lui faire partager son immortalité en l'épousant.

Le vase de fleur qui occupe la partie supérieure de ce panneau est de MONNOYER dit *Baptiste* Ecole française) (1). Ce panneau décoratif provient du château d'Eu, au prince d'Orléans.

96. — 306. Les Amours désarmés, d'après l'Albane, panneau décoratif.

H. 2,70. — L. 0,80. — (Prêt du Louvre en 1873.)

Un groupe d'amours endormis dans les attitudes les plus gracieuses et d'une couleur très harmonieuse, sont désarmés pendant leur sommeil par une jeune nymphe.

Comme dans l'autre panneau, la partie supérieure est ornée d'une élégante corbeille peinte également par MONNOYER Baptiste (1).

Cette toile provient également du château d'Eu.

ALLORI (ANGE, dit le BRONZINO), *né à Florence vers 1501, mort vers 1570, peintre d'histoire et de portrait.*

Il fut élève du Pontorino. Guidobaldo, duc d'Urbain, lui fit exécuter des travaux à Pise. Il cultiva la poésie avec un certain succès ; il chercha à imiter Michel-Ange. On reproche à sa manière trop de dureté, malgré la correction de son dessin. Son neveu, Allori Alexandre, dit le Bronzino, né à Florence en 1535, et qui mourut en 1609, fut son élève. Comme son oncle, il fut un grand

(1) Voir à la peinture, École française, la notice concernant Monnoyer.

imitateur de Michel-Ange, savant dans l'anatomie, et qui estimait plus le dessin que la couleur ; il fit également avec talent l'histoire et le portrait. Son coloris, en général, manque de vérité et de délicatesse.

Alexandre Allori eut un fils, Christophe dit le Bronzino, qui vécut de 1577-1619, à Florence. Il fut élève de Cigali, qu'il égala s'il ne le surpassa pas et mourut d'une blessure au pied. Il fit, comme son père et son oncle, l'histoire, le portrait et le paysage. Il fut excellent coloriste.

97. — 481. Portrait d'homme.

T. H. 1,20. — L 0,88. — (Legs Massé, 1882.)

Personnage à mi-corps, en costume Henri II, debout, donnant un ordre, ou indiquant quelque chose de la main gauche. La main droite relève le pan de son manteau et laisse voir une riche garde d'épée. Devant lui est une belle tête de chien qui le regarde. (Attribué au Bronzino.)

BARBIERI (GIAN-FRANCESCO, dit le GUERCHIN ou GUERCINO), *né à Cento, près de Bologne en 1590, mort en 1666.*

Un accident qui, dans son enfance, le priva d'un œil, lui valut le surnom de *Guercino*. Ses premières études se firent avec des peintres sans valeur ; il les quitta pour étudier les Carrache et le Caravage. Le duc de Mantoue le nomma chevalier, et la reine Christine, de Suède, vint le visiter. Ne voulant point quitter l'Italie, il refusa les offres qui lui furent faites par les rois de France et d'Angleterre. Bienfaisant, il aida de sa fortune les artistes pauvres ; il fut universellement aimé pour ses talents et ses vertus.

98. — 365. Esther et Assuérus, d'après le Guerchin.

T. H. 0,72. — L. 1,04. — (Ancien fonds du Musée.)

Artaxercès Longuemain, roi de Perse, désigné dans la Bible sous le nom d'Assuérus, ayant répudié la reine Vasthi, qui avait refusé de paraitre devant lui et sa cour, pendant une grande fête qu'il donna dans Suze sa capitale, fit rechercher dans toutes ses provinces, les plus belles filles pour choisir dans le nombre celle qui, désormais, partagerait le trône avec lui.

Esther, jeune orpheline juive, d'une admirable beauté, de la tribu de Benjamin, nièce de Mardochée, qui l'avait élevée, et dont la famille avait été emmenée en captivité avec le roi Jechonias par Nabuchodonosor, fut présentée à Assuérus qui lui donna la préférence sur toutes ses compagnes.

C'est le moment où Esther paraît devant Assuérus, descendant de son trône pour la recevoir, que le peintre a choisi comme sujet de son tableau.

Copie attribuée, dans l'ancien catalogue, à Couteau, peintre poitevin.

BERRETTINI (PIÉTRO dit PIERRE de CORTONE), *né en 1596 ou 1609, à Cortone, mort en 1669.* (École italienne.)

> Peintre d'histoire et de portrait; il commença ses études à Rome, y peignit une chapelle de l'église Sainte-Bibienne pour le Pape Urbain VIII, et exécuta de grands travaux au célèbre palais Barberini : cet ouvrage est cité comme le chef-d'œuvre du maître. Il voyagea en Lombardie, dans l'État de Venise, revint à Florence, et enfin retourna à Rome où il exécuta quelques tableaux de chevalets, quand la goutte, dont il était atteint, l'empêcha de monter sur ses échafaudages; il acquit surtout de la célébrité dans ses fresques.
> Dessin gracieux, couleurs harmonieuses, figures bien groupées.

99.—178. L'Aurore semant des fleurs. (École italienne.)

T. H. 0m80. — L. 0m62. — (Ancien fonds du Musée, de 1823.)

La déesse, portée par un nuage et entourée de zéphirs qui se jouent dans les airs, sème des roses sur son passage ; ingénieuse allusion aux riches couleurs, dont les premiers rayons du jour teignent le ciel et les nuages. (Attribué à Pierre de Cortone.)

CANAL (Antoine dit CANALETTO), *né à Venise en 1697, mort en 1768. (Vues de villes.)*

> Élève de son père, peintre médiocre, il suivit d'abord le même genre; puis étudia à Rome. Il peignit un grand nombre de vues de cette ville, de Venise, de Naples, etc. Le premier il appliqua l'usage de la chambre obscure à la peinture. Ses tableaux sont savamment peints, avec une grande finesse, une belle couleur.

100. — 679. Vue d'une ville d'Italie.

> T. H. 0,67. — L. 0,90. — (Legs Babinet, 1882.)

Place publique d'une ville d'Italie ; à gauche, façade de palais en perspective éclairée par le soleil ; à droite, autres façades de constructions en perspective et dans l'ombre. Dans le fond, grand monument avec rue fuyant à gauche. Sur la place, à différents plans, on aperçoit des groupes de personnages en costumes du XVII° siècle. (Attribué à Canaletto.)

CARRACCI (Louis, dit CARRACHE), *né à Bologne, en 1555, mort en 1619. (Ecole Bolonaise.)*

> Élève de Fontana et du Tintoret; puis il fut à Florence, y reçut les conseils du Pasignano, étudia le Corrége à Parme et revint à Bologne. Il a été l'un des membres de cette nombreuse famille d'artistes que protégea le cardinal Farnèse. Louis Carrache se donna principalement au portrait et à l'histoire. Il réforma l'Ecole lombarde, et se distingua surtout par un dessin correct, une imitation parfaite de la nature.

101. — 338. Saint Sébastien, d'après l'original de Carrache.

> T. H, 1,30. — L. 0,85. — (Fonds du Musée de 1828.)

Cette figure à mi-corps est de grandeur naturelle ; elle a été copiée sur l'original du Musée du Capitole ; elle faisait partie des toiles existant au Musée de Poitiers en 1843, et provient de la collection de l'ancienne école de dessin dirigée par M. Hivonnait père, en 1828. (Copiste inconnu.)

FRA DIAMENTE, *né à Prato (Toscane) en 1840.*

> Elève de frère Philippe Lippi, qui lui portait une très grande affection. Il imita avec succès la manière de son maître. Il était religieux carmélite. (Ecole Florentine.)

102. — 281. Vierge tenant l'Enfant-Jésus.

> B. H. 0,63. — L. 0,47. — (Prêt du Louvre en 1873.)

Peinture sur bois d'une exécution peut-être plus naïve que celle de Lippi. (Attribuée à Fr. Diamente.)

> Figure 3/4 grandeur naturelle.

GUARDI FRANCESCO, *né en 1712, mort en 1793. (Vues de villes.)*

> Elève de Canaletto; il chercha à imiter les belles lignes des fabriques de son maître, mais ses œuvres manquent d'exactitude et d'harmonie. (Ecole italienne.)

103. — 661. Marine, paysage.

> T. H. 0,23 — L. 0,14. — (Legs Babinet, 1882.)

Au premier plan, un monticule avec pêcheur sur le bord d'une rivière ; au second plan, à droite, tour et constructions sur la rive opposée, à gauche pont et terrain; dans le lointain des arbres. (Attribué à Guardi.)

GUIDO (RENÉ dit LE GUIDE), *né en 1575, à Bologne, mort en 1642.*

> Élève de Calvart, puis de Carrache. Il suivit l'Albane à Rome où il fut en butte à la haine et aux menaces du Caravage. Le pape Paul V le protégea, mais ayant eu à se plaindre du trésorier pontifical, il partit pour Bologne d'où le Pape le fit revenir à grand'peine. A son retour à Rome il fut comblé d'honneurs. Après y avoir terminé un grand nombre d'ouvrages, il retourna à Bologne; fut à Mantoue et à Naples; inquiété par ses rivaux dans cette dernière ville, il revint encore une fois à Rome, où il s'adonna au jeu et y perdit sa fortune; il y

mourut oublié et malheureux. Les œuvres du Guide se distinguent par un coloris brillant et vrai, une touche habile, remplie d'expression, un dessin correct et savant, des draperies disposées avec goût, des airs de tête admirables. Il fut aussi graveur à l'eau-forte.

104. — 655. Tête de Sainte. Toile collée sur panneau de bois.

H. 0,32. — L. 0,25. — (Legs Babinet, 1882.)

Tête de sainte ou de martyre avec cheveux blonds, les yeux levés vers le ciel, tenant une palme à la main gauche. Délicieuse figure de jeune fille, de grandeur naturelle. (Attribué au Guide.)

LANFRANC (JEAN), *peintre d'histoire et de portrait, né à Parme en 1581, mort en 1647.*

Il fut élève d'Annibal Carrache qu'il suivit à Rome, y travailla pour les ducs Farinèse, puis pour la maison Borghèse de Saint-Calixte. Il exécuta également plusieurs ouvrages à Naples.

D'un caractère malheureux et jaloux, il fut un des plus grands persécuteurs du Dominiquin. Il forma son style d'après les maîtres, et étudia le Corrège avec ardeur.

Ses figures sont hardies et noblement posées, d'un coloris harmonieux.

105. — 292. Le prophète Elie et la veuve de Sarepta.

T. h. 2,50. — L. 2,50. — (Don de M. de Marçay.)

Elie étant en exil sur les bords du torrent desséché de Carith, au voisinage du Jourdain, le Seigneur lui dit : Lève-toi et va à Sarepta ; j'ai ordonné à une femme veuve de te nourrir. Elie se leva, et lorsqu'il fut venu à la porte de la ville, il aperçut une femme veuve qui ramassait du bois, et il lui dit : Donnez-moi un peu d'eau dans un vase afin que je boive et apportez moi un peu de pain en votre main. Elle lui répondit : Je n'ai pas de pain, j'ai seulement dans un vase autant de farine que ma main peut en contenir et un peu d'huile dans un autre petit vase. Voilà que je ramasse des morceaux de bois pour que mon fils et moi nous mangions, et nous mourrons ensuite.

Elie lui dit : Ne craignez point; préparez-moi un petit pain cuit sous la cendre et autant pour vous et votre fils. La farine de ce vase ne diminuera pas et l'huile ne décroîtra pas, jusqu'au moment où le Seigneur répandra la rosée et la pluie sur la terre. (Les Rois, livre III, chapitre XVII.)

Telle est la scène biblique dans toute son antique simplicité qu'a traitée l'artiste. Le prophète, debout, parle à la veuve, agenouillée et ramassant du bois qui l'écoute, l'étonnement peint sur son visage : son jeune enfant, nu et debout auprès d'elle, tient une cognée à la main et semble désintéressé de ce qui se passe. C'est la plus belle figure de ce groupe; l'attitude du prophète est digne et naturelle. C'est là une bonne et sérieuse toile.

Fig. plus grande que nature. (Signé : Lanfranc.)

LIPPI (FRÈRE PHILIPPE), *né en 1412 et mort en 1469, à Florence.*

Il fut recueilli par charité chez les Carmes de Florence. Côme de Médicis, gonfalonnier de Florence, le protégea. Il eut néanmoins une vie fort accidentée. Ses figures sont belles et fines, d'un frais coloris, les draperies un peu raides, mais accusant le nu.

Son fils (1460-1505), élève de Boticelli, eut une réputation plus grande encore que celle de son père et fut protégé par Laurent le Magnifique, petit-fils de Côme de Médicis. A un dessin gracieux, à un beau coloris, à une imitation exacte de la nature, il joignit encore le mérite d'avoir été le premier qui ait ramené dans ses compositions l'exactitude des costumes et des accessoires.

106. — 272. La Vierge tenant l'Enfant Jésus.

B. H. 0,63. — L. 0,47. — (Don de l'Etat en 1876.)

Ce tableau, peint sur bois, est un type curieux de l'ancienne école Florentine du XVe siècle. Les figures sont empreintes de naïveté et d'un peu de roideur. Un ange se tient à côté de la Vierge.

Fig. 2/3 de nature.

LIPPO MEMMI, *né à Florence en 1347, mort assassiné en 1354.*

Il travailla dans les principales villes d'Italie. Belle composition, beau coloris ; il imita le Giottino.

107. — 282. Saint Marc.

B. H. 0,49. — L. 0,26. — (Don de l'Etat, 1863.)

Buste peint sur bois à fond d'or, peinture extrêmement fatiguée, cadre en forme de pignon gothique.

LOCATELLI (JACQUES), *né à Vérone en 1580, mort en 1628, peintre d'histoire.*

Il appartient à l'Ecole du Guide et de l'Albane. Les documents manquent sur cet artiste.

108. — 545. Paysage.

T. H. 0,34. — L. 0,44. — (Legs Babinet, 1882.)

Magnifique ciel avec nuages éclairés par un soleil couchant ; montagnes à l'horizon ; au second plan, à droite, colline boisée et accidentée avec construction ; au premier plan, rivière à droite, avec tours rondes et carrées bâties sur les bords ; à gauche, chemin avec un arbre et des personnages. Toile remarquable d'effet et de couleur.

MASSACCIO (dit MASO ou THOMAS GUIDI DI SAN GIOVANNI), *né à San Giovanni, près de Florence, en 1401, mort en 1443.*

Elève de Masolino da Panicale ; il se lia par ses talents avec les personnages les plus illustres de Florence, et notamment avec Côme de Médicis, gonfalonnier de Florence, qui fut son protecteur et son ami. Boniface VIII le chargea de travaux importants pendant le séjour qu'il fit à Rome. Après le retour d'exil de Côme de Médicis, il retourna à Florence, près de ce prince, qui lui fit faire de nombreux ouvrages ; il mourut subitement et encore jeune, ce qui fit croire que ses ennemis l'avaient empoisonné.

Expression des têtes, raccourcis savants, coloris vrai et harmonieux sont les qualités de ses œuvres ; il fut aussi sculpteur.

109. — Prise d'habit d'un moine. (Ecole florentine.)

B. H. 0,25. — L. 0,70. — (Don de l'Etat en 1869.)

Dans l'intérieur d'une église, dix personnages diversement groupés assistent à la prise d'habit d'un religieux à laquelle préside un évêque, ou abbé consécrateur ; quatre de ces figures sont nimbées en signe de sainteté. Ce curieux spécimen des œuvres florentines du XVe siècle faisait partie du Musée Campana. (Attribué à Massaccio.)

ROMANELLI (JEAN-FRANÇOIS), *né à Viterbe en 1617, mort en 1662.* (Ecole romaine.)

Elève du Dominiquin, puis de Philippe de Cortone, il fut protégé par le cardinal Barberini, et se lia avec le chevalier Bernin, d'après les conseils duquel il modifia sa manière ; le cardinal Mazarin l'appela en France, le présenta au roi et à la reine, et le chargea de travaux considérables. Louis XIV le décora de l'ordre de Saint-Michel.

Il mourut dans son pays natal, au moment où il songeait à venir se fixer définitivement en France.

110. — 269. Sainte Cécile.

T. H. 0,95. — L. 0,70. — (Ancien fonds du Musée.)

Sainte Cécile, vierge et martyre, mourut, suivant saint Fortunat, de 176 à 180 de l'ère chrétienne, en Sicile, sous Commode ou Marc-Aurèle. Elle a été choisie comme patronne des musiciens, parce que la tradition veut qu'elle chantât les louanges de Dieu en s'accompagnant d'un instrument. Sa figure a été souvent reproduite par les peintres avec des instruments de musique de formes très variées

Fig. de grandeur naturelle. (Attribué à Romanelli.)

ROSA SALVATOR, *né en 1615, à Renella ou Arenella, près Naples, mort en 1673.*

Il fut élève de son oncle Greco, qui lui donna les premières notions du dessin, et du peintre Fracanzano, qui avait épousé une de ses sœurs; plus tard, il se lia avec le Falcone dont il reçut les conseils. Lanfranc, ayant admiré son talent, commença sa réputation; il l'engagea à aller à Rome perfectionner ses études. Il entra dans la maison du cardinal Brancaccio, qu'il suivit à Rome, à Viterbe, à Bologne, et pour lequel il exécuta de nombreux travaux. Il le quitta pour aller à Naples. Sa réputation ayant grandi, ce fut à Florence qu'il trouva une existence riche et brillante. Satirique et audacieux, il eut une existence agitée, un talent original, une touche heurtée, vigoureuse et fière. Il affectionna surtout les sites sauvages et les scènes dramatiques qui répondaient à la fougue de son imagination et à l'énergie de son caractère. Ami de la liberté, aigri par la misère qu'il avait endurée au début de sa carrière, par la jalousie et l'injustice de ses rivaux, il eut plus d'une lutte à soutenir. Salvator fut aussi bon poète que grand peintre et cultiva avec succès tous les arts.

111. — 276. Soldats au tombeau du Christ.

T. H. 0,63. — L. 0,45. — (Legs Charbonnel, 1870.)

Les soldats préposés à la garde du tombeau du Christ s'aperçoivent avec effroi qu'il est ressuscité pendant leur sommeil, et, remplis d'épouvante, tombent comme morts. (Évangile selon saint Mathieu.) Effet vif, et touche vigoureuse. (Attribué à Salvator Rosa.)

112. — 254. Ruines d'un temple antique.

T. H. 0,25. — L. 0,45. — (Legs Charbonnel, 1870.)

L'élégante silhouette d'un palais, ou temple antique, se dessine sur le ciel à droite, tandis qu'on voit fuir à gauche, vers l'horizon, une chaîne de collines dont le pied est baigné par la mer.

La couleur de ce paysage est douce et harmonieuse. (Attribué à Salvator Rosa.)

ROBUSTI JACOPO (dit LE TINTORET), *né à Venise en 1512, mort en 1594.* (École vénitienne.)

Il doit son surnom à la profession de teinturier qu'exerçait son père. Elève du Titien, qui le renvoya de son école par jalousie, il continua à étudier d'après les œuvres de Vecelli et de Michel-Ange ; il travailla beaucoup l'anatomie et d'après l'antique ; aussi fit-il de belles choses dans les premières années de sa carrière artistique ; plus tard, il ne fut pas toujours aussi consciencieux.

Il exécuta l'Apothéose de saint Roch, pour les membres de la communauté de Saint-Roch.

Une imagination puissante et féconde, un beau coloris, une grande entente du clair-obscur, des draperies savamment étudiées, telles furent les qualités qui se remarquent dans ses premières œuvres ; plus tard, il négligea son coloris et ses draperies, abandonna la manière du Titien, employa de mauvaises toiles, groupa mal ses figures, enfin fut bien au-dessus de ce qu'il avait été dans sa jeunesse.

113. — 268. Le miracle de saint Marc. (Copie par Rottenhamer, peintre allemand.)

T. H. 0,70. — L.0,90. — (Don de M. Durand du Pessau.

Un soldat vénitien fait prisonnier et devenu esclave des Turcs avait été condamné à mort. Il allait être exécuté, quand il eut l'heureuse pensée d'invoquer saint Marc avec confiance, dit une tradition populaire ; aussitôt le patron de Venise lui apparut dans les airs, et au même instant ses liens tombèrent et les instruments de supplice furent brisés.

Le Tintoret a rendu avec la magie de la couleur du Titien cette scène qui témoigne de la confiance du peuple vénitien dans la protection efficace de son patron. L'un des bourreaux montre, à celui qui présidait à l'exécution de l'arrêt de mort, l'instrument brisé entre ses mains.

L'original de ce tableau fut peint en 1548, et au bas on lit le nom du maître : *Jacopo Tentor, F.*

114. — 686. Portrait d'homme.

T. H. 1,14. — L. 0,95. — (Legs Massé, 1882.)

Personnage de grandeur naturelle, assis, vêtu de noir, costume du XVIe siècle, figure sévère et expressive ; les mains sont appuyées sur les bras du fauteuil ; à droite et à gauche est une draperie relevée ; dans le fond, une fenêtre ouverte laisse voir un paysage avec monument et personnages ; au-dessous de la fenêtre existe une inscription en lettres capitales à demi-effacée.

Ce portrait est une des toiles les plus remarquables de notre Musée. (Attribué au Tintoret.)

SANZIO-RAPHAEL (ou DEL SANTO, ou DE SANTI), *né en 1483, mort en 1520.*

Élève du Perugin (P. Vannucci) ; aussi grand architecte que grand peintre, il fit construire et décorer la Cour des Loges au Vatican.
Dessin d'une correction admirable, expression des figures que nul n'a compris avec autant de chasteté et de vérité que lui, savante étude de l'antique, imagination forte et poétique, exécution supérieure ; telles sont les grandes qualités de cet illustre maître qui, dans l'espace de 14 ans, en partant de la maturité de son génie (1506), a laissé plus de 140 tableaux.

115. — 339. Sainte Famille. (Copie d'après Raphaël.)

T. H. 1,50. — L. 1,15. — (Ancien fonds du Musée de 1843.)

La Vierge, à demi agenouillée, reçoit dans ses bras l'Enfant Jésus sorti de sa couche ; pose gracieuse, dessin savant, couleur puissante. Figures de grandeur naturelle. Le copiste n'a pas reproduit toutes les figures du tableau original.

116. — 1475. Jeanne d'Aragon. (Copie d'après l'original du Louvre.)

T. H. 0,95. — L. 0,88. — (Ancien fonds du Musée.)

Bonne copie, d'un coloris agréable et fin.

Figure à mi-corps et de grandeur naturelle.

VANNUCHI (dit ANDREA del SARTO), *peintre d'histoire, né à Florence en 1488 et mort en 1530.*

Son père, qui était tailleur, le plaça d'abord chez un orfèvre, mais il abandonna bientôt le métier de ciseleur pour celui de peintre. Il débuta chez Jean Barile, homme de peu de valeur ; il le quitta bientôt et fut étudier sous la direction de Pierre Cortone. François Ier l'appela à Paris, le combla de bienfaits et l'engagea à quitter Florence ; mais Andrea ne voulut point se rendre au désir du roi et resta à Florence, où il mourut de la peste.

117. — 273. L'Annonciation. (Provenant de la collection Campana.)

B. H. 0,48. — L. 0.62. — (Don de l'Etat en 1863.)

L'ange Gabriel, une tige de lys à la main, se présente devant la Vierge Marie agenouillée devant un prie-Dieu et lui dit : « Je te salue, Marie, pleine de grâce, le Seigneur est avec toi et tu es bénie entre toutes les femmes », et la Vierge répondit : « Je suis la servante du Seigneur, qu'il me soit fait selon sa parole. » Au-dessus de ces deux personnes, le Saint-Esprit, sous la figure d'une colombe, plane dans un nuage lumineux. (Attribué à Andrea del Sarto).

VINCELLI TIZIANO (dit le TITIEN), *né en 1477, à Pièvede-Cadore, mort en 1576.*

D'abord élève de Gentile Bellini, il le quitta pour se rapprocher du Giorgione, dont il fut le rival et le vainqueur. Premier peintre de la République vénitienne, protégé par Alphonse d'Est, qui l'employa à Ferrare, il refusa l'hospitalité que lui offrirent Léon X à Rome, et François Ier en France; admiré de ses compatriotes, il fut l'ami de l'Arioste et de Larétin, qui lui obtint l'honneur de peindre Charles-Quint à Bologne. Ce monarque le combla d'honneur, lui accorda le titre de chevalier et le diplôme de comte palatin. En 1545, cédant aux instances du pape Paul III, il se rendit à Rome où il travailla pour les Farnèse; il y connut Michel-Ange et Raphaël, dont il admira les chefs-d'œuvre. Il excella dans le portrait et l'histoire. Il est regardé comme le premier coloriste d'Italie. Il mourut de la peste âgé de près de cent ans.

Sept autres peintres de la même famille et du même nom, la plupart ses élèves, figurèrent, de 1545 à 1620, parmi les artistes de l'Ecole vénitienne.

118 — 255. Portrait du Titien, peint par lui-même. (Ecole vénitienne.)

T. H. 0,62. — L. 0,45. — (Don de l'Etat en 1863.)

Cette toile a fait partie de la collection Campana acquise par l'Etat. Buste grandeur naturelle. (Attribué au Titien.)

119. — 328. Jésus et les disciples d'Emmaüs, copie d'après le Titien, par Léon Perrault, artiste Poitevin.

T. H. 1,20. — L. 1,30. — (Don de l'auteur en 1855.)

Jésus, assis au milieu d'une table, entre les deux disciples d'Emmaüs, est reconnu par eux au moment où il bénit le pain qu'il vient de rompre en deux; des serviteurs en costume du XVIe siècle s'apprêtent à servir les convives.

Figures 1/2 grandeur naturelle.

Ce sont les débuts d'un artiste aujourd'hui fort remarqué à toutes les expositions.

ÉCOLE ESPAGNOLE.

AUTEURS CONNUS.

MURILLO (Barthélemy-Estéban), *né à Séville en 1618, mort en 1671, peintre d'histoire, de portrait et de genre.*

Son penchant pour les arts se manifesta dès sa plus tendre enfance. Il commença avec Jean del Castillo, son parent, qui lui enseigna le dessin. La vue des œuvres de Pierre de Maya détermina sa vocation. Il fut à Madrid trouver Vélasquez qui l'accueillit dans son atelier; puis, en 1645, il revint dans son pays, où ses chefs-d'œuvre lui firent bientôt une grande réputation. L'indépendance de son caractère lui fit dédaigner la protection des grands. Il obtint des autorités une partie du bâtiment de la Bourse, pour y fonder une Académie de dessin, qui fut solennellement ouverte le 11 janvier 1660, et dont il fut nommé le premier directeur. A la suite d'une chute d'échafaudage, faite à Cadix en 1681, il fut atteint d'une grave maladie qui amena sa mort prématurée.

Murillo est considéré comme le chef de l'École espagnole. Doué d'une imagination brillante et d'une fécondité inépuisable, il excella dans tous les genres. Toutes les qualités d'un grand artiste sont réunies dans ses œuvres : génie, sentiments nobles, dessin savant, coloris inimitable, voilà les qualités de ce grand peintre.

120. — 369. Le Petit Mendiant, copie d'après Murillo, par Penchaud artiste poitevin. — Figure grandeur naturelle.

T. H. 1,12. — L. 1,36. — (Don de l'auteur en 1878.)

Le tableau original est au Louvre.

PENCHAUD (Gaston-Charles), *artiste poitevin, né à Poitiers (Vienne), le 7 octobre 1856.*

Ancien élève de l'Ecole municipale des Beaux-Arts de cette ville, où il obtint des succès. La municipalité de

Poitiers lui accorda une subvention annuelle pour aller à Paris continuer ses études artistiques dans l'atelier de Gérôme. On lui doit les figures décoratives de la chapelle du Cercle catholique des Dunes, à Poitiers, qui sont des reproductions de peintures religieuses de Flandrin, à Paris. M. Penchaud a exposé à différents Salons; en 1881, il a envoyé un portrait de fillette; en 1883, le portrait de M l'abbé B..., de Poitiers. On a de lui plusieurs portraits remarquablement exécutés.

ÉCOLE FLAMANDE.

AUTEURS CONNUS.

BRIL (PAUL), *peintre et graveur, né à Anvers en 1554, mort à Rome, en 1626.*

Il débuta avec Daniel Wortelmans ou Oortelman, peintre de la confrérie de Saint-Luc d'Anvers; mais il se rendit bientôt à Rome, près de son frère Mathieu, dont il avait appris les succès. Il se mit sous sa direction et ne tarda pas à le dépasser. Le pape Grégoire XIII l'employa beaucoup, et après la mort de son frère, il fut chargé d'exécuter les travaux qui leur avaient été confiés à tous les deux. Il étudia beaucoup les peintres italiens à Rome. Il peignait bien la figure, mais il fit surtout des paysages et des marines dans lesquels Annibal Carrache plaçait souvent des personnages.
Plusieurs flamands portent le même nom.

121. — 274. Jésus prêchant la multitude. (XVIe siècle.)

B. H. 0,52. — L. 0,70. — (Ancien fonds du Musée.)

Jésus, monté sur une barque, adresse la parabole du semeur à la multitude réunie sur le bord de la mer pour l'écouter. Personnages avec costumes orientaux. (Attribué à Paul Bril.)

FRANCK (FRANZ dit le VIEUX), *né à Anvers en 1544, mort dans cette ville, le 6 octobre 1616.*

Elève de Frans Floris et d'Adam Van Noort; il fut membre de la confrérie de Saint-Luc en 1566, et doyen de 1588 à 1589.

Les Franck forment une nombreuse famille d'artistes dont on confond souvent les ouvrages exécutés à peu près dans le même genre, et très répandus en Europe. On trouve des peintres de cette famille dans l'Ecole allemande, l'Ecole hollandaise et l'Ecole flamande aux XVIᵉ et XVIIᵉ siècles.

122. — 270. Le Festin de Balthazar. (XVIᵉ siècle.)

B. H. 0,75. — L. 1ᵐ. — (Ancien fonds du Musée.)

Type très curieux des vieux maîtres flamands ; fouillis de figures bizarrement costumées à l'orientale et rangées le long de deux grandes tables, fuyant vers le fond d'une immense galerie à colonnes massives ornées d'amples draperies ; scène magiquement éclairée par de nombreuses lumières d'un effet très réussi ; perspective régulière.

Cette composition se rapporte au passage suivant du livre du prophète Daniel :

« Le roi Balthazar donna un grand festin à mille de
» ses grands et il fit apporter les vases d'or et d'argent
» que Nabuchodonosor, son père, avait enlevés du
» temple de Jérusalem ; et le roi, ses grands, ses femmes,
» et ses concubines y burent, et ils buvaient le vin et
» louaient leurs dieux d'or, d'argent, d'airain, de fer, de
» bois et de pierre. A la même heure apparurent des
» doigts, comme d'une main d'homme, écrivant sur la
» muraille de la salle les mots : *Mane, thecel, phares*...
» et Daniel leur expliqua ainsi : *Dieu a compté votre*
» *règne ; pesé dans la balance, il vous a trouvé trop*
» *léger ; votre royaume est donné aux Mèdes et aux*
» *Perses*... En la même nuit, Balthazar, roi de Chaldée,
» fut tué, et Darius le Mède lui succéda sur le trône ».
(Attribué à Franck.)

MEEL (JEAN), óu MIEL, dit BICKER, ou bien encore GIOVANNI DELLA VITE, *peintre et graveur, né à Anvers en 1599, mort à Turin en 1664 ou 1656.*

Elève de G. Seghers ou Zeegers, en Flandre, et d'Andrea Sacchi, à Rome ; il fut peintre du duc de Savoie et membre de l'Académie de Saint-Luc, à Rome.

Il fit surtout des paysages, des chasses et des scènes comiques; cependant il exécuta de grandes peintures dans les églises de Rome.

123. — 278. Troupeau à l'abreuvoir.

T. H. 0,21. — L. 0,32. — (Legs Charbonnel, en 1870.)

Joli paysage; rivière traversée par un pont, près duquel un troupeau vient se désaltérer. (Attribué à Méel.)

OOST (LE VIEUX JACOB VAN), *né à Bruges vers 1600, mort dans la même ville, en 1671.*

Le nom de son maître est inconnu. En 1619 il était inscrit sur le registre des peintres à Bruges, et en 1633, il était élu chef de la corporation. Il a beaucoup copié Van Dick et Rubens; en 1621, il exécuta un tableau qui commença sa réputation. Il fut en Italie, où il étudia les maîtres pendant plusieurs années, et surtout Annibal Carrache. Il revint à Bruges en 1630, où il fut chargé d'importants travaux. Il a beaucoup fait de tableaux d'histoire et de portraits. Ses œuvres les plus remarquables sont celles qu'il fit vers la fin de sa vie.

Son coloris et sa manière rappellent beaucoup les peintures de Carrache.

124. — 675. Portrait de femme.

T. H. 0,78. — L 0,65. — (Legs Babinet, 1882.)

Buste de femme assise, vue à mi-corps, manteau à fourrures sur les épaules, voile noir sur la tête, guimpe blanche sur la poitrine avec corsage noir. Figure en pleine lumière, tons chauds et brillants, excellent portrait.

POURBUS ou PORBUS (FRANÇOIS dit LE VIEUX) *né en 1540, à Bruges, mort en 1580.*

Il fut élève de son père et de François Floris; fut reçu à l'Académie d'Anvers en 1564; on a de lui un grand nombre de portraits.

125. — 657. Portrait de femme.

B. H. 0,49. — L. 0,35. — (Legs Babinet, 1882.)

Portrait de femme en buste avec coiffe et colerette du xvi° siècle, manteau avec fourrures, voile noir sur la tête. Figure en pleine lumière, toile habilement peinte.

RUBENS (PETER-PAUL), *né à Siégers, le 29 juin 1577, mort à Anvers, le 30 mai 1640.*

Rubens entra d'abord à l'atelier d'Adam Van Noort qu'il quitta bientôt après pour celui d'Otto Van Veen, appelé aussi Otto Venius, maître habile et érudit, qui lui fit faire de rapides progrès. Il fut reçu franc-maître de l'Académie de Saint-Luc en 1598. Quelques années après, en 1600, il passa par la France se rendant à Venise, où il étudia le Titien et Paul Véronèse. Son talent ayant été apprécié par Vincent Ier, duc de Mantoue, auquel il avait été présenté, ce prince le nomma gentilhomme et peintre de sa cour. En 1608, chargé par le duc de Mantoue d'une mission diplomatique près de Philippe III, roi d'Espagne, il fut reçu avec distinction et comme artiste et comme ambassadeur. Il fit un grand nombre de portraits et de tableaux d'histoire qui lui valurent des sommes immenses. Le duc de Bragance le fit venir à Villa-Viciosa où il résida, puis l'envoya à Rome y copier les principaux tableaux des grands maîtres. De retour à Mantoue, il obtint du duc la permission de retourner à Rome, où il exécuta d'excellents tableaux. De là, il fut à Florence, à Bologne, à Venise, à Milan, à Gênes, étudiant partout les maîtres. La maladie de sa mère le rappela à Anvers, mais il y arriva trop tard, sa mère n'existait plus. Voulant faire diversion à son chagrin, il résolut de retourner à Mantoue; mais l'archiduc Albert et l'infante Isabelle l'engagèrent à rester en Flandre, l'attachèrent à leur service en le nommant chambellan, et en lui assurant une pension considérable. Vers 1620 sa gloire était dans tout son éclat. Marie de Médicis, voulant faire décorer la grande galerie du palais du Luxembourg qu'elle avait fait construire, chargea Rubens de retracer sur toile les principaux évènements de son histoire. Les esquisses de ces compositions furent peintes à Paris vers 1621, mais les tableaux furent exécutés à Anvers, à l'exception de deux. De retour à Paris en 1625, il mit la dernière main à son œuvre, et la compléta par les portraits de Marie de Médicis en Bellone, et ceux de François de Médicis et de Jeanne d'Autriche; puis il retourna à Anvers, où il vécut au milieu des honneurs et des richesses. En 1631, il fut nommé doyen de l'Académie d'Anvers. Fatigué par la goutte et par l'âge, il renonça aux grands travaux pour ne faire que des toiles de petites dimensions.

Rubens fut un des plus grands peintres de son époque ; plein de fougue et d'imagination, son dessin fut toujours savant et accentué ; son coloris d'une richesse de tons éblouissants ; son exécution large et d'une habileté surprenante semble se jouer des plus grandes difficultés ; aussi cet artiste a-t-il produit une immense quantité de peintures et de dessins.

Il expira le 30 mai 1640, âgé de 63 ans. Ses obsèques furent splendides ; son corps fut déposé dans l'église Saint-Jacques, à Anvers.

Deux siècles plus tard, la ville d'Anvers honora la mémoire du grand peintre en lui élevant une statue colossale de bronze.

126. — 663. Groupe allégorique. Esquisse attribuée à Rubens.

B. H. 0,26. — L. 0,21. — (Legs Babinet, 1882.)

Une femme assise, aux cheveux blonds, une couronne murale sur la tête, vêtue d'une tunique blanche, une draperie rouge jetée sur l'épaule et la cuisse, tient de la main droite une espèce de spectre qu'elle appuie sur une sphère. La main gauche repose sur un aviron. Au premier plan, près d'elle, à droite et debout, se trouve une autre femme vêtue d'une tunique jaune et d'un manteau bleuâtre, tenant dans la main droite un glaive abaissé, dans la main gauche une balance ; elle semble fouler aux pieds un animal dont la tête ressemble à celle de l'aigle, on dirait même un aigle à deux têtes. Au troisième plan, dans le fond du tableau, est une autre femme soutenant au-dessus de la tête de la figure assise une couronne qu'apporte un amour ou un ange descendant du ciel.

La couleur, le dessin, la facture de cette esquisse rappellent parfaitement le genre de Rubens, et certainement elle est de lui.

SAUVAGE (M.), *né à Tournay, en 1744, mort en 1818.*
(Bas-relief, fruits et fleurs.)

Il fut élève de l'Académie d'Anvers et de M. J. Geeraerts pour les bas-reliefs. D'abord établi à Paris, il revint ensuite à Tournay, où il fut professeur à l'Ecole de dessin.

127. — 150. Enfant moissonnant.

 T. H. 0,50. — L. 0,80. — (Don de M. de Longuemar).

Grisaille imitant un bas-relief attribuée à Sauvage.

SPERWER (PIERRE), *peintre flamand, peu connu, a laissé à Anvers quelques beaux tableaux d'histoire. (Les renseignements manquent sur cet artiste.)*

128. — 345. Jésus remettant les clefs à saint Pierre.

 T. H. 1,20. — L. 0,90. — (Ancien fonds du Musée).

Jésus remet en présence de trois apôtres les clefs du paradis à saint Pierre, en le constituant ainsi chef de la nouvelle Eglise qu'il vient de fonder sur terre.

 Fig 1/2 grandeur naturelle, par ou d'après Sperwer

STOCK (IGNACE VAN DEN), *peintre et graveur, reçu franc-maître, à Bruxelles, en 1660.*

 Il jouissait d'une bonne réputation. Plusieurs peintres du même nom appartiennent aux Ecoles flamandes et hollandaises.

129. — 304. Marine.

 T. H. 0,26. — L. 0,35. — (Ancien fonds du Musée.)

Vue d'un port de mer, avec des vaisseaux à l'ancre sous pavillon hollandais.

 Toile fatiguée (XVIIe siècle), attribuée à Stock.

TENIERS (DAVID LE JEUNE), *né à Anvers, en 1610, mort à Perk, village entre Malines et Vilvorde, en 1694.*

 Son père fut son premier maître; puis il fut élève d'Adriaan Brauwer et enfin celui de Rubens.
 En 1672-1633, il fut reçu à la maîtrise de Saint-Luc

d'Anvers. L'archiduc Léopold fut son premier protecteur; il le nomma peintre de la Cour, chambellan et directeur de sa galerie de tableaux. Le roi d'Espagne fut un des admirateurs de son talent. La reine Christine de Suède voulut avoir de ses œuvres. Accablé de commandes, il acquit bientôt une fortune considérable avec laquelle il fit bâtir à Perk un château, qui fut le rendez-vous de tous les hommes distingués de la noblesse, des arts, des sciences et des lettres de la Belgique.

Les petits tableaux de Teniers sont supérieurs aux grands; ses figures sont d'une touche fine et spirituelle, pleines d'originalité et de caractère, son coloris frais et harmonieux.

Il excella dans les compositions de petites dimensions représentant des tabagies, des fêtes de villages, des kermesses, des joueurs, des buveurs, des paysages, etc.

130. — 246. Paysans jouant aux quilles. (Copie d'après Teniers.)

T. H. 0,60. — L. 0,75. — (Don de M. Durand Du Pessau, 1867).

Au milieu d'une place de village, occupée par des groupes divers, des paysans flamands jouent aux quilles; les uns fument et les autres boivent.

Quatre peintres flamands, nés à Anvers, ont porté le nom de Teniers de 1582 à 1685. Ils ont peint principalement des scènes populaires, et surtout des kermesses ou fêtes de villages; leurs tableaux authentiques atteignent des prix élevés dans les ventes. Celui que possède le Musée de Poitiers pourrait être de Teniers le vieux (1582 à 1649). On sait que plusieurs toiles de cette école ayant été mises sous les yeux de Louis XIV, le grand roi les goûta si peu qu'il s'écria : *Otez-moi ces magots !*

VANDYCK (ANTOINE), *peintre et graveur, né à Anvers, le 22 mars 1599, mort à Black-Friars, près Londres, le 9 décembre 1641.*

En 1610, il entra chez Van Balan, y resta deux ans, ensuite fut chez Rubens, où ses progrès furent très rapides. Reçu franc-maître de la confrérie de Saint-Luc, le 11 février 1618, il partit pour l'Italie le 30 octobre 1621. Arriva à Gênes au mois de novembre, y fit beaucoup de portraits ; puis parcourut successivement Rome, Florence, Bologne, Venise et Mantoue; partout li étudia avec passion les chefs-d'œuvre des maîtres. Le vice-roi de Sicile, Emmanuel-Philibert de Savoie, l'appela à sa cour, et le chargea de travaux importants. Après un séjour de trois ans en Italie, il vint à Paris, y séjourna peu et retourna à Anvers. Rappelé par Charles 1er, il se rendit à Londres où il fut comblé de richesses et d'honneurs. Le roi lui fit une pension considérable, le créa chevalier le 5 juillet 1632, et le nomma premier peintre l'année suivante.

Vandyck passa le reste de sa vie en Angleterre où il mourut, âgé de 42 ans, épuisé par le travail et les plaisirs.

131. — 662. Tête d'homme.

T. H. 0,39. — L. 0,31. — (Legs Babinet, 1882.)

Tête posée de trois quarts, figure très expressive, bien dessinée et bien modelée, tons chauds ; personnage du XVIe siècle de grandeur naturelle. (Attribué à Vandyck.)

132. — 676. Portrait d'homme.

T. H. 0,61. — L. 0,45. — (Legs Babinet, 1882.)

Personnage du XVIIe siècle, de grandeur naturelle, tête posée de trois quarts, grande colerette blanche sur pourpoint foncé, tons chauds et vigoureux. (Attribué à Vandyck.)

133. — 660. Portrait d'homme.

B. H. 0,73. — L. 0,56. — (Legs Babinet 1882.)

Beau portrait du XVIIe siècle, à mi-corps, de grandeur naturelle. Buste drapé d'un manteau bleu, relevé par la main gauche. (Attribué à Vandyck.)

134. — 342. Le Christ descendu de la croix.

T. H. 2. — L. 1,10. — (Ancien fonds du Musée.)

Copie d'un tableau attribué à Vandyck. Le corps de Jésus, descendu de la croix, est soutenu par la vierge

Marie assistée de Magdeleine et de saint Jean. Toile en mauvais état et qui semble avoir été inachevée.

Figure un peu plus que demi-nature.

VERBRUGGEN (Gaspard-Pierre), *né à Anvers, en 1668, mort en 1720 (peintre de fleurs et de fruits).*

Élève de son père, Pierre Verbruggen; il fut directeur de l'Académie d'Anvers en 1691; en 1706, il quitta sa ville natale pour aller s'établir à la Haye, où il fut accablé d'ouvrages. Malgré ce succès il retourna pauvre à Anvers, où il devint domestique de la même Académie dont il avait été directeur.

135. — Vase rempli de fleurs. (Signé : G Verbruggen.)

T. H. 1,10. — L. 0,72. — (Prêt du Louvre en 1873.)

Au milieu de ce groupe de fleurs peintes avec un fini remarquable, mais peut-être un peu sèches de contours, l'artiste n'a pas oublié de faire figurer quelques variétés de ces tulipes cultivées avec tant de soin par les horticulteurs du nord, et qui atteignirent des prix si élevés sur le marché européen.

ÉCOLE HOLLANDAISE.

AUTEURS CONNUS.

BOL (Ferdinand), *peintre et graveur, né à Dordrecht vers 1610, mort à Amsterdam en 1681.*

Il fut élève de Rambrand, dont il imita la manière avec talent. Il a beaucoup fait de tableaux d'histoire et de portraits. Des travaux importants, exécutés par lui à la chambre du conseil d'Amsterdam, à celle de Ganda, et dans les principaux établissements de Hollande, lui acquirent une grande fortune. Aussi, cet artiste, mourut-il riche et considéré. On croit qu'il ne quitta jamais sa patrie.

136. — 684. Portrait d'homme.

T. H. 0,75. — L. 0,67. — (Legs Babinet, 1882.)

Personnage à mi-corps, grandeur naturelle, époque Louis XIII, figure de trois quarts, main droite gantée et appuyée sur une canne. Bon portrait. (Attribué à Bol.)

DUJARDIN (KARL), *peintre de paysages, de figures, d'animaux et d'histoire, né à Amsterdam, en 1635, mort en 1678.*

Il fut élève de N. Berchem; par suite d'un ménage malheureux, il quitta son pays et vint en Italie. La vente de ses tableaux, bien que considérable, fut insuffisante à ses besoins fastueux. Il vint à Lyon, où les dettes qu'il contracta l'obligèrent à épouser son hôtesse; enfin il vint mourir à Venise d'une indigestion.

Ses ouvrages sont très estimés; il aborda tous les genres et réussit dans tous.

137. — 280. Le Marchand d'esclaves.

B. H. 0,26. — L. 0,36. — (Don de M. Dubois-Bastien, en 1877.)

Vue prise dans un port de mer, groupes en costumes orientaux; nombreuses retouches. Le nom du peintre est gravé à la pointe sur le revers de ce panneau de bois. (Attribué à Dujardin.)

LOO JEAN-BAPTISTE VAN), *né en 1684, à Aix, mort en 1745.*

Il fut l'élève de Louis Van Loo, son père, et se rendit à Toulon en 1708, pour voir les sculptures du Puget; il y fit deux bons tableaux et épousa M{ll e} Lebrun qui, sous sa direction, devint une miniaturiste habile. Il a beaucoup peint de portraits.

Il fut agréé à l'Académie en 1722, et reçu le 23 février 1731, sur le tableau de *Diane et Andymion* (n° 325). On le nomma professeur le 10 janvier 1733. Il voyagea beaucoup et fut reçu avec une grande distinction dans les cours royales, surtout en Angleterre. Beau coloris, touche habile et spirituelle.

138. — 368. Portrait du duc d'Orléans.

T. H. 1,26. — L. 0,95. — (Ancien fonds du Musée.)

Le duc est représenté debout, de grandeur naturelle, jusqu'aux genoux ; il est couvert d'une cuirasse ; un ruban bleu est posé en sautoir autour du corps ; la tête est nue avec perruque poudrée ; une écharpe de soie blanche est nouée autour du corps ; du bras droit, il fait un geste de commandement. (Attribué à Van Loo.)

MAAS (NICOLAS), *peintre de portrait, né en 1632, à Dordrecht, mort en 1693.*

Il imita avec bonheur la manière de peindre de Rambrand dont il fut l'élève. Il fit une grande quantité de portraits qui se font remarquer par un beau dessin, une couleur vigoureuse, vraie et agréable. Cet artiste vécut dans l'opulence et ne quitta pas son pays.

139. — 678. Portrait de femme.

B. H. 0,39. — L. 0,29. — (Legs Babinet, 1882.)

Tête blonde, expressive, chairs fermes et lumineuses, corsage en velours noir, avec écharpe claire sur les épaules. Figure posée de face. Dans le fond, draperie relevée.

Figure demi-grandeur naturelle, exécution d'une habileté remarquable, touches larges, coloris brillant. (Signé : N. Maas.)

MOLENAER (JEAN), *peintre hollandais. On ignore la date de sa naissance et celle de sa mort.*

Ses tableaux représentent surtout des kermesses, des noces villageoises, des groupes de paysans buvant ou jouant. Ses œuvres se distinguent par beaucoup de vérité dans les caractères, une ordonnance riche, un fini précieux et une couleur brillante.

Berlin possède de lui trois tableaux : l'atelier du peintre ; paysage, groupe de paysans ; et une fête villageoise.

140. — 696. Paysage, effet d'hiver.

 B. H. 0,27. — L. 0,21. — (Legs Babinet, 1882.)

Au premier plan, différents groupes de personnages en traîneaux se promènent sur la glace d'une rivière. Sur l'autre rive, des bâtiments et des arbres couverts de neige se détachent sur un ciel gris. Exécution fine et habile. (Signé : J. Molenaer.)

141. — 641. Joueurs et Buveurs.

 B. H. 0,23. — L. 0,17. — (Legs Babinet, 1882.)

Trois personnages, parmi lesquels est une femme à la figure rieuse tournée vers le spectateur, sont assis sur des bancs, autour d'un tonneau placé debout et jouent aux cartes. La dame paraît avoir beau jeu, car son partenaire se gratte l'oreille de dépit. Petite scène bien rendue, bien peinte et très expressive. (Signé: J. Molenaer.)

OSTADE (ADRIAAN VAN), *peintre et graveur, né à Lubek en 1610, mort à Amsterdam en 1685.* (École hollandaise.)

 Il se rendit fort jeune à Harlem, chez Franz Hals, où il se lia avec Adriaan Brauwer. Effrayé, en 1662, par l'approche de l'armée française, il quitta Harlem pour se rendre à Lubek; mais à Amsterdam il fit la rencontre d'un nommé Constantin Senneport, amateur, qui lui offrit l'hospitalité, et l'engagea à se fixer dans une ville où son talent était apprécié. Ses œuvres furent très recherchées; elles se distinguaient par un coloris fin et puissant, la naïveté et la bonhomie de ses personnages.

142. — 643. Voyageurs en voiture arrêtés par un mendiant.

 B. H. 0,27. — L. 0,20. — (Legs Babinet, 1882.)

Un homme et une femme dans une voiture sont arrêtés par un mendiant. Ciel gris; à droite, un arbre penché sur le chemin; dans le lointain, derrière la voiture, un

cavalier tourne le dos et chemine en sens inverse.
(Attribué à Van Ostade.)

RUYSDAEL ou RUISDAEL (JACOB), *peintre et graveur, né à Harlem, vers 1630, mort dans la même ville, le 16 novembre 1681.*

On ignore le nom de son maître; mais ses relations avec Berghem, Adriaan Van del Velde, Philippe de Wouwermann et Lingelback, font supposer qu'il trouva près de ces grands artistes des conseils dont il sut profiter. Dès l'âge de 12 ans, il produisit des peintures qui étonnèrent les artistes, et qui faisaient pressentir le talent qu'il eut plus tard. Son père, ébéniste, lui avait fait étudier la médecine qu'il exerça d'abord avec succès; mais son penchant pour les arts lui fit abandonner cette profession pour celle de peintre.

La vérité et la perfection des vues de Suisse et d'Allemagne qu'il a représentées, prouvent qu'il visita ces pays et que c'est sur les lieux même qu'il prit les croquis de ces sites pittoresques si habilement rendus.

Doué d'un esprit poétique, d'une imagination vive, Ruysdael recherchait les sites sauvages et agrestes, des paysages couverts de rochers ou de forêts, des chutes d'eau bouillonnante, des mers agitées par la tempête, enfin tout ce qui impressionne, tout ce qui porte à la rêverie, aussi fut-il surnommé le Salvator Rosa du Nord.

143. — 665. Paysage.

B. H. 0,31. — L. 0,23. — (Legs Babinet, 1882.)

A gauche, au premier plan, groupe de grands arbres; à droite, une rivière; au second plan, un coteau avec arbres au bas; ciel nuageux. Bonne peinture.

RAVESTEIN (JEAN VAN), *peintre de portrait, né à La Haie en 1572, mort en 1657.*

Cet artiste excella dans le portrait. Berlin, Bruxelles, Dresde et Munich possèdent des portraits de Ravestein. On manque de renseignements sur lui. Sur une requête de 1655, faite par des peintres d'histoire, des sculpteurs et des amateurs demandant leur séparation d'avec les peintres peu renommés qui faisaient partie de la corporation de Saint-Luc, se trouve le nom de Jean Van Ravestein.

144. — 671. Portrait de femme.

B. H. 0,48. — L. 0,36. — (Legs Babinet, 1882.)

Buste de grandeur naturelle, tête de face avec coiffe et colerette, plastron blanc avec petits boutons dorés; figure en pleine lumière, bien modelée. Bon portrait, tête expressive et vivante.

VELDE (ADRIAAN VAN DEN), *peintre et graveur, né à Amsterdam, en 1639, mort à 33 ans, dans la même ville, le 21 janvier 1672.*

Son père, Willem Van den Velde le vieux, le plaça chez Wynants, à Harlem, qui lui donna d'excellents conseils. Prenant la nature pour modèle, le jeune peintre fit de rapides progrès, et arriva à une grande perfection dans ses copies de la nature. Ami et condisciple de Wouwerman, il apprit de lui à dessiner la figure avec un tel talent qu'il put le remplacer près de Wynants; plus tard il peignit également de belles figures et des animaux dans les paysages d'Heiden, d'Hobbéma et de Mouchéron, etc.

On lui doit aussi des tableaux d'histoire ; mais c'est surtout comme paysagiste et peintre d'animaux qu'il eut un talent supérieur. Ses eaux-fortes, peu nombreuses et faites dans sa jeunesse, sont très recherchées des connaisseurs.

145. — 659. Tête de femme.

B. H. 0,10. — L. 0,08. — (Legs Babinet, 1882.)

Petite tête de femme inclinée sur l'épaule gauche, les yeux levés vers le ciel. (Attribué à Van den Velde.)

ÉCOLE ALLEMANDE.

AUTEURS CONNUS

BURGKMAY (JEAN), *né en 1473, à Augsbourg, mort en 1559.*

Il était en grande réputation vers 1529 à Augsbourg. Il peignit le portrait, l'histoire et des batailles; fut l'élève et l'ami d'Albert Durer, qu'il égala pour la gravure sur bois. Ses toiles ont de l'énergie et de l'expression, mais elles ont trop de dureté et de sécheresse.

146. — 267. Tête du Christ, couronné d'épines.

Cuivre de 0,45 sur 0,35. — (Legs Charbonnel, 1870.)

Cette tête du Sauveur est empreinte d'une douloureuse résignation. Le ton des chairs est violacé, l'exécution un peu sèche et dure. (Attribué à Burgkmay.)

DIETERICH ou DIETRICH (CHRISTIAN - WILHELM - ERNEST), *peintre et graveur, né à Weimar, le 30 octobre 1712, mort à Dresde, en 1774.*

Son père, après avoir été son premier maître, l'envoya bientôt chez Alexandre Thièle, paysagiste de talent, chez lequel il resta trois ans. Il étudia ensuite Bercheim, Van Ostade, et plusieurs autres artistes de valeur; puis il partit pour la Hollande afin d'étudier Rambrand, pour lequel il avait une prédilection. Il entra au service du roi de Pologne en 1743; visita Rome et Venise, et revint à Dresde. Il fut premier peintre d'Auguste II et d'Auguste III, rois de Pologne. Il jouit d'une grande réputation que la postérité n'a pas consacrée, mais qui lui valut, de son vivant, une grande quantité de commandes de la part des princes et des amateurs de l'Europe.

147. — 677. Portrait de vieille femme.

B. H. 0,29. — L. 0.22. — (Legs Babinet, 1882.)

Tête vigoureusement éclairée, couverte d'une draperie et rappelant les Rambrand. Bonne peinture, coloris brillant. (Attribué à Diéterich.)

Fig. 1/4 de grandeur naturelle.

ROTTENHAMMER (JOHANN), *né à Munich, en 1564, mort à Augsbourg, en 1623.*

Élève de son père Thomas et de J. Donnauer, artiste médiocre, qu'il abandonna pour aller en Italie étudier les grands maîtres. Il fut à Rome, puis à Venise où il devint l'élève du Tintoret. Il vint ensuite s'établir à Augsbourg où, malgré ses nombreux travaux, il mourut dans la plus grande misère; ses amis durent se cotiser pour payer les frais de son enterrement.

Il a peint des tableaux d'histoire, mais surtout des petites compositions sur cuivre. Il chercha à imiter le Tintoret dont il avait été l'élève. Breughel de Velours et Paul Bril ont souvent fait les paysages et les fonds de ses tableaux.

148. — 295. Sainte famille.

Cuivre ovale de 0,13 sur 0,16 —(Legs Charbonnel, 1870.

L'enfant Jésus, sur les genoux de sa mère, accepte en souriant les fleurs que lui offre saint Jean. Scène gracieuse et finement peinte. (Attribué à Rottenhammer.)

SCHWIND, *peintre allemand. (Pas de renseignements.)*

149. — 683. Portrait du comte d'Herlon, maréchal de France.

T. H. 2^m. — L. 1,45. — (Don de Mme la vicomtesse Hurault de Gondrecourt, née Farran, 1882.)

Portrait en pied, grandeur naturelle, en costume de maréchal de France, peint sur un fond de paysage avec bataille et mouvements de troupes à l'horizon. (Signé: Schwind.)

ÉCOLE ANGLAISE.

RAYNOLDS (SIR JOSUÉ), *né à Plymton, en 1723, mort en 1792.*

Il fut l'élève de Hudson avec lequel il se brouilla. Il visita l'Italie en 1749. Sa maison fut, pendant longtemps, le rendez-vous de tout ce que l'Angleterre possédait de plus illustre dans les arts, les sciences, les lettres, l'armée. Il fut nommé président de l'Académie royale des arts. Aussitôt après son installation, le roi l'honora du titre de chevalier baronnet. En 1783 il visita la Flandre et la Hollande. Il succéda à Ramsay comme premier peintre ordinaire du roi en 1784. Il excella dans le portrait. Sa couleur était brillante, harmonieuse, et rendait d'une manière remarquable la ressemblance du modèle. Dans ses compositions d'histoire, le dessin laisse à désirer, il sacrifiait tout au coloris.

150. — 687. Portrait d'homme.

T. H. 0,70. — L. 0,57. — (Legs Babinet, 1882.)

Physionomie fine, touches larges et habiles. Personnage coiffé d'un feutre, couvert d'un manteau vert clair. Buste de grandeur naturelle. (Attribué à Raynolds.)

ÉCOLE FRANÇAISE.

AUTEURS INCONNUS

151. — 358. Albinus et les Vestales. (École du Poussin.)

T. H. 0,70. — L. 0,92. — (Don de M Lesauvage-Giraud.)

Le patricien Albinus fait descendre sa famille de son char, pour l'offrir aux Vestales. Il donne ainsi la mesure de la vénération des Romains pour ces vierges chargées d'entretenir le feu sacré, gage de l'empire du monde, devant l'autel de la déesse Vesta. Si, par leur négligence, il venait à s'éteindre, elles étaient punies du fouet et Rome était consternée, et si elles violaient leur vœu de chasteté, elles étaient enterrées vives.

Le peintre a sans doute représenté une des fêtes, dites

Vestalies, qui se célébraient le cinquième jour avant les ides de juin, en l'honneur de Vesta, et auxquelles présidait la grande Vestale, l'aînée de toutes ses compagnes.

152. — 151. Barques sous voiles. (Ecole française.)

T. H. 0,32. — L. 0,39.

Mauvaise ébauche à l'huile, achetée en 1878. Toile ovale avec trois grandes barques, les voiles déployées, en panne sur la mer en vue des côtes, et accostées par deux canots chargés de passagers.

153. — 283. Cardinal et deux Saints, xve siècle. (Ecole française.)

B. H. 0,68. — L. 0,53. — (Acquis en 1822, par l'abbé Gibault.)

Sainte Barbe est reconnaissable à la tour qu'elle tient à la main; souvenir de la prison d'où elle ne fut tirée par son père que pour être décapitée ; elle porte le costume des dames du xve siècle; à sa gauche est un saint évêque nimbé comme elle, et curieux à étudier pour les détails de son costume. A sa droite, un cardinal agenouillé paraît implorer leur intercession. Serait-ce Simon de Cramaud, cardinal-évêque de Poitiers et patriarche d'Alexandrie, qui eut l'insigne fortune, aussitôt après la nouvelle de la mort de Charles VI (27 octobre 1422), de poser sur la tête de Charles VII la couronne de France, dans l'église cathédrale de Saint-Pierre de Poitiers, prélude du sacre solennel auquel devait assister Jeanne d'Arc dans la cathédrale de Reims (17 juillet 1425)?

Ce tableau porte le monogramme F. L. M.

Fig. 1/3 nature.

154. — 279. Catherine des Fontaines, portrait. (Ecole française.)

B. H. 0,25. — L. 0,18. — (Fonds du Musée, en 1843.)

Catherine des Fontaines était la femme de G. Thillier, échevin de Poitiers au XVIe siècle, selon l'inscription tracée au-dessus de la tête. Ce portrait rappelle ceux de Clouet et il pourrait bien être de lui.

155. — 331. Construction de Salente ? (Ecole française.)

B. H. 0,75. — L. 0,90. — (Don de M. Durand du Pesseau, 1867.)

Ce paysage représente, probablement, le moment où Télémaque, conduit par Minerve, sous la figure de Mentor, aborde dans le port de Salente et regarde avec admiration la ville que fait élever Idoménée, roi des Salentins, sur le bord de la mer : « Les monuments d'ar-
» chitecture s'élevaient jusqu'au ciel, toute la côte
» retentissait des cris des ouvriers et des coups de mar-
» teaux ; les pierres étaient suspendues en l'air par des
» grues avec des cordes. Tous les chefs animaient le
» peuple au travail dès l'aurore, et le roi Idoménée
» faisait avancer les ouvrages avec une incroyable dili-
» gence. » (Les aventures de Télémaque, livre V, Fénelon.)

La couleur de ce tableau rappelle beaucoup l'école de Rubens.

156. — 286. Dame du XVIe siècle, portrait. (Ecole française.)

T. H. 0,18. — L. 0,15. — (Fonds du Musée, en 1843.)

Petite toile représentant une dame du temps de Catherine de Médicis.

157. — 366. Dame du XVIIIe siècle. (Ecole française.)

T. H. 0,70. — L. 0,58. — (Acquis en 1863.)

Portrait à mi-corps, grandeur naturelle. Dame vêtue du costume traditionnel de Marie Leckzinska. Ovale.

— 109 —

158. — 644. Intérieur d'étable. (Ecole française.)

T. H. 0,40. — L. 0,30. — (Legs Babinet, 1882.)

Au premier plan, à droite et à gauche des harnais, des paniers, des instruments divers d'agriculture ; au milieu de la toile plusieurs vaches blanches tachetées de noir, les unes couchées, les autres debout, mangeant dans leur crèche.

Petit tableau charmant de détails, remarquable par sa couleur et son exécution extrêmement habile.

159. — 681. Jésus au jardin des Oliviers. (École française.)

T. H. 1,30. — L. 1. — (Don de M. l'abbé Fossin.)

Le Christ est à genoux, les bras étendus, les yeux levés vers le ciel ; un ange lui apporte le calice amer. Dans le fond les apôtres qui sont endormis.

Toile fatiguée par des retouches inhabiles.

160. — 221. La Vierge et l'Enfant Jésus. Ecole française.

B. H. 0.22. — L. 0,17.

La vierge, peinte à mi-corps, sourit à l'Enfant-Jésus tenant une banderolle sur laquelle on lit : ECCE AGNUS DEI ; peinture sur bois du XVIIe siècle, un peu avariée.

161. — 617. — La Cène ? Fragment de peinture sur pierre provenant de l'église Saint-Hilaire de Poitiers. (Ecole française.)

H. 0,35. — L. 0,40 + 0,15.

En arrière d'une longue table chargée de vases, de mets, de pains ronds, on aperçoit encore, bien que très fatiguées, les figures de Jésus, de saint Jean, et celles de cinq apôtres. Sur le devant quelques traits indiquent Judas portant la main au plat.

Cette curieuse fresque porte le cachet de l'art au xvi⁰ siècle ; elle a été publiée par M. de Longuemar dans son essai historique sur Saint-Hilaire-le-Grand de Poitiers. (Mémoires de la Société des Antiquaires de l'Ouest.)

162. — 285. La charité romaine, achetée en 1862. (Ecole française).

T. H. 0,30. — L. 0,40. — (Toile sans valeur.)

Le vieillard est assis et tète le sein de sa fille agenouillée près de lui.

163. — 1432. Le Miracle des Clefs. — Auteur inconnu. (Ecole française.) Œuvre poitevine.

T. H. 1,30. — L. 1ᵐ. — (Ancien fonds du Musée.)

Peinture sur toile du xvi⁰ siècle très fatiguée, et qui a trait à cette tradition poitevine : une troupe d'Anglais venue pour surprendre Poitiers est terrifiée par l'apparition de la vierge, de saint Hilaire et de sainte Radegonde, au sommet de la porte de la Tranchée. Les soldats, dans leur effroi, s'entretuent et la ville est sauvée.

Figure de petites dimensions.

164. — 1472. Le martyre de saint André. Acquis en 1853. (Ecole française.)

T. H. 1,70. — L. 2ᵐ.

Les bourreaux, groupés dans les attitudes les plus variées, s'apprêtent à attacher ce saint sur la croix en forme de X qui a porté son nom depuis son martyre. Le coloris des figures est très vigoureux, et leur anatomie étudiée avec soin.

Figures 1/3 nature.

165. — 216. Le petit pouilleux. Acheté en 1878. (Ecole française.)

T. H. 0,13. — L. 0,13. — Reminiscence du petit mendiant de Murillo. Peinture sans valeur.

166. — 148. Le retour de Tobie. (Ecole française.)

T. H. 0,76. — L 0,88. — Acquis en 1871.

Personnages en costume du XVIe siècle. Cette toile, très fatiguée, n'a d'autre mérite que la singularité de sa mise en scène. Mauvais dessin, mauvaise peinture.

Figure 1|3 de nature.

167. — 356. Moïse faisant jaillir l'eau du rocher. (Ecole française.)

T. H. 0,60.— L. 0,75. — (Ancien fonds du Musée de 1843.)

Nombreuses figures en costumes du XVIe siècle dans des attitudes variées. Toile en mauvais état.

168. — 175. Panneau emblématique. (Ecole française.)

T. H. 0,37. — L. 1,37. — (Don de M Dubois-Bastien, 1877).

Peinture décorative représentant deux écussons et des couronnes de fleurs entourant les lettres entrelacées I. P. T.
Souvenir d'une alliance entre des familles poitevines. Au centre, un médaillon ovale avec marine.

169. — 1066. Peintures à fresque sur pierre. (Ecole française.)

H. 0,30. — L. 0,45. — (Don du R. Père de la Croix, 1878.)

Panneau de pierre, avec figures polychromes peu distinctes, provenant de l'ancienne église de Saint-Savin de Poitiers.

— 112 —

170. — 658. Petite scène grotesque. (École flamande.)

B. H. 0,14.— L. 0,27. — (Legs Babinet 1882.)

Au milieu d'un groupe de cinq personnages debout, une jeune femme tient dans ses bras, comme si c'était un enfant, un chat enveloppé dans un maillot; à sa droite un homme, ayant une cuillère dans une main et un poêlon dans l'autre, semble préparer de la bouillie pour le chat; à sa gauche un jeune homme, d'un air naïf, chante en s'accompagnant avec un gril comme s'il jouait du violon; derrière ces trois personnages on en voit deux autres, dont l'un a la tête couverte d'un capuchon, tous regardent le chanteur en souriant.

Petite peinture d'un coloris frais et brillant, bien dessinée et d'une touche habile.

171. — 1022. Portrait du général de Sapinaud. (Ecole française.)

T. H. 0,30. — L. 0,23. — (Don de la famille de Sapinaud.)

Petite toile représentant M. de Sapinaud, en costume de général.

172. — 500. Portrait de Charles VII. (Ecole française.)

B. H. 0,59. — L. 0,49. — (Don de M. l'abbé Dauphin, 1880.)

Le monarque est représenté en buste de grandeur naturelle. Il est coiffé d'un chapeau bleu, orné de chevrons brisés en fil d'or. Le pourpoint ou robe est rouge. Il porte sur ses épaules le collier de l'ordre de Saint-Michel dont il fut le fondateur.

173. — 322. Portrait d'un personnage du temps de Louis XV. (Ecole française.)

T. H. 0,70. — L. 0,56.

Cheveux poudrés avec bourse, habit en velours vert, gilet bleu clair, largement ouvert et richement orné de galons et boutons d'or, jabot de dentelles ; posé de trois quarts.

174. — 242. Portrait d'un médecin du XVIIIe siècle. (Ecole française.)

C. H. 0,20. — L. 0,16.— (Ancien fonds du musée, 1845.)

Peinture sur cuivre, forme ovale, 1/4 de grandeur naturelle, vu de face.

175. — 1478. Portrait de Louis-Philippe, roi de France. (Ecole française.)

T. H. 0,70. — L. 0,48. — (Ancien fonds du Musée.)

Il est représenté en costume de garde national de 1830. Copie faite à Paris, à l'époque de son règne.

176. — 377. Portrait de Turenne, jeune. (Ecole française.)

T. H. 0,60. — L. 0,52. — (Acheté en 1863.)

Quand la nouvelle de la mort du grand homme de guerre, tué d'un coup de canon, à Saltzbach, parvint à la cour de Louis XIV, Louvois, ministre de la guerre, proposa au souverain de créer huit généraux pour compenser cette perte douloureuse.

Ce portrait est peint à mi-corps, de grandeur naturelle, tête nue, couvert d'une cuirasse d'acier, chevelure longue à la Louis XIII. Ce portrait a été retouché en plusieurs endroits.

177. — 331. Portrait du peintre de l'Argillière. (Ecole française.)

T. H. 0,72. — L. 0,60. — (Don de Mme la comtesse de Laurencey.)

Il est représenté à mi-corps, de grandeur naturelle, la tête un peu de trois quarts. Toile qui paraît avoir été retouchée.

178. — 370. Portrait de Charles Le Teneur. (Ecole française.)

T. H. 0,73. — L. 0,58. — (Ancien fonds du Musée.)

Charles Le Teneur fut recteur de l'ancien collège royal de Poitiers, créé par les jésuites en 1604-1605, grâce à la réunion des trois anciens établissements d'instruction publique, connus sous les noms de : *Collège Sainte-Marthe, Collège du Puygarreau et Collège de Montanaris*, et grâce aussi aux secours pécuniaires qui leur furent accordés par Henri IV et Louis XIV. Ils en conservèrent la direction jusqu'en 1762, époque à laquelle le corps de ville la leur retira.

L'inscription tracée dans le haut du tableau, en lettres d'or, constate que Charles Le Teneur fut le fondateur de la bibliothèque publique de Poitiers ; elle est ainsi conçue : CAROLUS LE TENEUR, BIBL. REGII. COLL. PICT. SOC. JESUS FONDATOR ANNO 1690. (Bonne toile.)

179. — 359. Portrait de Brilhac de Nouzières. (Ecole française.)

T. H. 0,84. — L. 0,62. — (Don de M. Dhomé, 1859.)

Pierre de Brilhac de Nouzières succéda, en 1589, à son père dans les fonctions de lieutenant criminel au présidial, et devint maire de Poitiers en 1614. Sa famille, qui eut le privilège de fournir trois maires à cette ville, avait contracté des alliances avec les de Thuder, les de Saint-Léger, les de Bernay et les de Gennes.

Au-dessous du portrait on lit en capitales l'inscription suivante : PETRUS DE BRILHAC EQUES DOMINUS DE NOUZIÈRES, COMES CONSISTORIANUS CAUSARUM CAPITALIUM IN FORO PICTAVIENSE COGNITOR. L'écusson de ses armoiries, peint sur la toile, montre : *Ecartelé au 1er et au 4e de France, au 2e et au 3e d'un chevron d'argent chargé* de 5 roses de gueules, accompagné de 3 molettes d'or, deux en chef, une en pointe, le tout timbré d'un casque de face à cinq grilles.

180. — 362. Portrait de femme, peinte sous le nom de sainte Barbe. (Ecole française.)

T. H. 0,65. — L. 0,55. — (Acheté en 1862.)

Buste de grandeur naturelle, du XVIIe siècle, posé de face.

181. — 320. Portrait du comte de Blossac. Copie par un peintre de Rennes. (Ecole française.)

T. H. 0,60. — L. 0,50. — (Ancien fonds du Musée.)

Paul-Esprit-Marie de la Bourdonnaye, comte de Blossac, fut intendant de la généralité du Poitou de 1751 à 1786. C'est à lui que Poitiers doit la création de la belle promenade qui domine le cours du Clain, à l'extrémité sud de la ville ; elle fut plantée sur le champ dit des Gilliers, le long des remparts de Tison, et les travaux de terrassements firent reconnaître que cet emplacement avait été jadis un champ des morts gallo-romains.

Cette promenade, d'un demi-kilomètre d'étendue, est fermée par une grille au sommet de laquelle figurent les armoiries parlantes de son créateur ; *de gueules à 3 bourdons de pèlerin d'argent.*

L'original de ce portrait est conservé dans la famille de la Bourdonnaye.

182. — 333. Portrait supposé d'Irland de Beaumont. (Ecole française.)

T. H. 0,65. — L. 0,50. — (Acheté en 1853.)

La tête encore juvénile de ce magistrat en costume officiel, mi-partie rouge et noir, se détache sur un large et blanc rabat à collerette à la mode du temps de Louis XIII.

A l'angle gauche supérieur du tableau figurent ses armoiries : *d'argent au chevron de sinople ? Accompagné de 3 molettes de gueules, deux en chef et une en pointe, à la bordure engrellée d'argent, timbré d'un casque de profil et de 2 licornes pour supports.* Au-dessous de l'écusson la date 1626.

Irland de Beaumont fut bien maire de Poitiers en 1626, date qui est rappelée sur la toile, mais les armoiries qui accompagnent ce portrait ne sont pas celles de la famille Irland, aujourd'hui éteinte, et qui portait : *d'argent à deux fasces de gueules et trois étoiles d'azur en chef.* Il y a peut-être dans l'ancien catalogue du Musée quelque erreur d'attribution.

183. — 692. Portrait de dame du xvi⁰ siècle. (Ecole française).

B. H. 0,29. — L. 0,21. — (Legs Babinet, 1882.)

Dame du xvi⁰ siècle, debout, vue jusqu'aux genoux, avec coiffe et collerette, manteau et robe noire, les mains jointes en prière ; derrière elle, massif de feuillage, et dans le lointain, vue d'un édifice, peut-être un monastère.

184. — 220. Rivière fuyant à l'horizon, paysage. (Ecole française).

H. T. 0,10 — L. 0,10. — (Legs Charbonnel, 1870.)

Sorte de miniature peinte à l'huile, représentant un joli petit paysage d'un bel effet, et habilement traité.

185. — 334. Tête de Christ. (Ecole française).

B. H. 0,30. — L. 0,25. — (Ancien fonds du Musée, 1843.)

Tête demi-grandeur naturelle, peinte sur bois, en bon état.

ÉCOLE ITALIENNE.

186 — 375. Débris d'un rétable italo-bizantin.

B. H. 0,45. — L. 0,70. — Acquis en 1851.

Panneaux en bois avec figure sur fond or.
Ces débris forment 14 panneaux portant chacun une figure distincte ayant en moyenne 0,20 sur 0,10. Ces figures peintes assez crûment ont la tête entourée d'un large nimbe tracé sur le fond d'or à l'aide de points en creux. Deux d'entre elles s'encadrent sous une arcade triblobée peinte au minium; savoir : S̄. NICOLAUS, en buste, tête nue, manteau rose à collet rabattu, avec orfrois, sur lequel une étroite banderolle chargée de croix grecques est jetée, un livre à fermoirs à la main, et S̄ LEON MARTYRUS, en buste, tenant à la main une croix recroisetée, une calotte à couronne sur la tête, robe rose et manteau bleu, orfrois aux manches et au cou. Quatre autres figures peintes à mi-corps, encadrées sous des arcades dorées à plein cintre, savoir : S̄. FRANCISCUS, avec une croix pareille à la précédente et un livre à fermoirs, vêtu d'une robe grise avec capuchon rabattu.

La vierge, M̄R̄Ō̄V̄, enveloppée d'un long voile bleu sur la tête et les épaules. S̄TRENÆVS, tête nue, robe bleuâtre, manteau rose fixé par un bouton d'or sur l'épaule gauche, orfrois au cou et aux manches, une palme verte à la main. S̄. IERONYMVS, drapé de rouge, le chapeau de cardinal sur la tête, un livre à fermoirs dans les mains.

187. — 383. Les huit autres personnages peints en pieds sous des arcades simulées au minimum, ne portent aucun nom. Les uns sont vêtus de robes bleues ou vertes avec manteaux roses, les autres en robes grises ou roses avec manteaux bleus ou gris. Quatre d'entre

eux, tenant des livres, sont peut-être des évangélistes ; un d'eux porte un glaive (saint Paul?) Tous reposent sur des terrasses verdâtres.

La raideur et l'allongement de ces figures semble leur assigner pour date le XIIe ou XIIIe siècle.

188. — 340. Ecce homo ?

T. H. 1,30. — L. 1. — (Fonds du Musée de 1828.)

Copie française très médiocre d'un tableau de l'Ecole italienne, représentant Jésus couronné d'épines, entre deux bourreaux ; figure à mi-corps de grandeur naturelle.

189. — La charité romaine. (Ecole de Carrache ?)

T. H. 1,30. — L. 0,90. — (Don de M. de Longuemar, 1877.)

Une jeune mère nourrit pieusement de son lait son vieux père condamné à mourir de faim dans sa prison. L'enfant qu'elle tient dans ses bras proteste énergiquement contre ce partage de sa nourriture avec son aïeul. Figure de grandeur naturelle, à mi-corps ; coloris chaud et vigoureux, retouches malheureuses.

190. — 271. Le Christ marchant sur les eaux. Peinture sur albâtre. (Ecole italienne.)

H. 0,13. — L. 0,18. — (Legs Charbonnel 1870.)

Petite composition finement exécutée, dans laquelle on voit Jésus se dirigeant vers la barque montée par ses disciples, suivant ce passage du texte de l'évangile de saint Mathieu : à la quatrième veille de la nuit, Jésus « vint à ses disciples qui étaient dans une barque, en » marchant sur la mer, et les voyant troublés comme par » la vue d'un fantôme, il leur dit : *rassurez-vous, c'est* » *moi, ne craignez point !* »

La plaque d'albâtre sur laquelle est peinte cette scène

est de l'espèce *dite ruinique*, parce que des taches naturelles imitent des édifices en ruines.

191. — 341. Nymphe et Amour (Ecole italienne.)

H. 1,30. — L. 1ᵐ. — (Prêt du Louvre en 1873.)

Cette toile, l'une des plus remarquables du Musée, représente une jeune femme assise, le torse nu gracieusement incliné en avant, une draperie bleue jetée sur ses cuisses, la main gauche placée sur son sein droit dont elle presse le bout entre ses doigts, comme si elle voulait le donner à un petit amour appuyé sur sa jambe droite, et tendant vers elle ses petits bras.

Elle incline amoureusement la tête en arrière près de celle d'un beau jeune homme penché vers elle, et dont elle serre tendrement la main qu'il lui tend sur son épaule droite.

Ce groupe est d'une belle couleur, d'un beau dessin ; les carnations sont chaudes de ton, la peinture d'une exécution habile, vigoureuse et savante. C'est certainement l'œuvre d'un grand peintre.

Fig. grandeur naturelle.

192. — 317. Portrait d'homme. (Ecole italienne.)

B. H. 0,80. — L. 0,69. — (Don de l'Etat, 1863.)

Personnage italien à la figure sévère, au regard dur et méchant.

Peinture très finie, d'un dessin correct, d'une exécution un peu sèche, sans indication de nom, ni de date. Ce beau portrait faisait partie de la collection Campana acquise par l'Etat.

193. — 673. Tête d'homme. (Ecole italienne.)

B. H. 0,31. — L. 0,25. — (Legs Babinet 1882.)

Toile collée sur panneau.

Cette figure, avec ses longs cheveux et sa barbe blonde, est probablement celle du Christ. Bonne peinture.

194. — 698. Tête de pâtre. (Ecole italienne.)

T. H. 0,33. — L. 0,26. — (Legs Babinet, 1882.)

Tête demi-grandeur naturelle, coiffée d'un chapeau de feutre à larges bords, peau de mouton sur les épaules, et bâton à la main.

195. — 667. Tête de sainte. (Ecole italienne.)

B. H. 0,16. — L. 0,13. — (Legs Babinet, 1882.)

Tête de sainte ou de vierge, les yeux levés vers le ciel, cheveux blonds tombant sur les épaules, couronne d'or sur la tête, tunique rose et manteau bleu, avec nimbe d'or autour de la tête.

ÉCOLE ESPAGNOLE

196. — 331. Saint François en prière. (Ecole espagnole.)

T. H. 1m. — L. 0,80. — (Don de M. de Longuemar.)

Figure à mi-corps, de grandeur naturelle. Le saint prie en extase à côté d'une tête de mort; retouches nombreuses.

197. — 309. Un chevalier de l'Annonciade. (Ecole espagnole?)

B. H. 0,63. — L. 0,62. — (Fonds du Musée de 1828.)

Ce magnifique portrait d'homme, l'une des meilleures

peintures du Musée, est représenté à mi-corps, de grandeur naturelle. Il est peint sur panneau de bois, et est attribué, par plusieurs personnes compétentes, à Velasquez. (Ecole espagnole.)

L'ordre de l'Annonciade fut créé, en 1362, par Amédée VI de Savoie, en souvenir de la défense de Rhodes contre les Turcs par son aïeul, Amédée V, en 1310. Les lettres F. E R. T., que l'on aperçoit sur le collier porté par ce personnage, sont les initiales des mots : *Fortitudo Ejus Rhodam Tenuit.*

ÉCOLE HOLLANDAISE

198. — 674. Marine. (École hollandaise.)

B. H. 0,52. — L. 0,69. — (Legs Babinet, 1882.)

La mer se perd à l'horizon; de nombreuses barques de pêche et quelques navires se voient de toute part; un groupe de pêcheurs est au premier plan sur le rivage.

199. — 668. Portrait de femme. (Ecole hollandaise.)

B. H. 0,64. — L. 0,50. — (Legs Babinet, 1882.)

Femme représentée en buste de grandeur naturelle; tête couverte d'une coiffe blanche, robe noire, grande collerette blanche sur les épaules.

ÉCOLE ALLEMANDE

200. — 680. Portrait d'homme du XVIe siècle. (Ecole allemande).

B. H. 0,30. — L. 0,20. — (Legs Babinet, 1882.)

Personnage en buste, avec toque et pourpoint de velours ou étoffe noire, chemisette blanche, collier d'or sur les épaules. Cette peinture rappelle celles d'Holbein. Demi-grandeur naturelle.

201. — 670. Vierge et l'Enfant Jésus. (Ecole allemande ?)

B. H. 0,25. — L. 0,18. — (Legs Babinet, 1882.)

La Vierge est debout et tient l'Enfant Jésus endormi dans ses bras. Composition d'une simplicité naïve. C'est un spécimen fort curieux des peintures du XVIe siècle.

202. — 646. Vue d'un canal ou d'une rivière avec construction sur ces bords. (Ecole allemande ?)

T. H. 0,32. — L. 0,24 (Legs Babinet, 1882.)

Soleil couchant; barques avec personnages pêchant; maisons sur le bord de la rivière.

AQUARELLES ET LAVIS

AUTEURS CONNUS.

BOILLY (LOUIS-LÉOPOLD), *né à la Bassée (Nord), le 5 juillet 1761, mort à Paris.* (Ecole française.)

Elève de son père, Armand Boilly, sculpteur sur bois, peintre de genre et de portrait. (Voir à la peinture, Ecole française, la notice qui le concerne, page 24.)

203 — 1154. Jolie petite aquarelle.

H. 0,30. — L. 0,39. — (Legs Babinet, 1882.)

Dans un appartement, richement meublé, époque Louis XIII, une jeune fille, debout, prend lecture d'une lettre que vient de lui remettre un jeune et joli page dont la pose et le geste de la main droite expriment de sa part une grande anxiété.

Une troisième personne, une femme, assise près du lit, les yeux fixés sur le groupe qu'elle a devant elle, semble chercher à lire sur leurs visages ce qui ce passe dans leurs cœurs.

COUTAUD, *artiste poitevin.* (*Pas de renseignements.*)
Ecole française.

204. — 153. Portrait de Coutaud, peintre poitevin. Etude de grandeur naturelle et en buste, faite au lavis par lui-même.

H. 0,50.— L. 0.40.— (Don de M. F. de Beauregard en 1844.)

CURZON (MARIE-ALFRED DE), *artiste poitevin.*

(Voir à la peinture, Ecole française, la notice qui le concerne, page 39.)

205. — 597. Intérieur d'une chaumière poitevine, aquarelle d'après nature.

H. 0.44. — L. 0,54. — (Legs Babinet, 1882.)

206. — 581. Jeune fille d'Eleusis, croquis à l'aquarelle, d'après nature.

H 0,49. — L. 0,36. — (Legs Babinet, 1882.)

207. — 539. Jeune garçon d'Hydra, croquis à l'aquarelle, d'après nature.

H. 0,49. — L. 0,36. — (Legs Babinet. 1882.)

DELACROIX (FERDINAND - VICTOR - EUGÈNE), *peintre, graveur, lithographe et écrivain, né à Charenton-Saint-Maurice (Seine), le 26 avril 1798, décédé à Paris le 13 août 1863.* (Ecole française.)

Elève de P. Guérin ; il entra à l'Ecole des Beaux-Arts le 23 mars 1816 ; obtint une médaille de 2ᵉ classe en 1824 ;

fut nommé chevalier de la Légion d'honneur le 4 mars 1831 ; promu officier le 5 juillet 1846 ; obtint une médaille de 1re classe en 1848 ; une grande médaille d'honneur à l'Exposition universelle de 1855 ; fut nommé commandeur de la Légion d'honneur le 14 novembre 1855, et membre de l'Institut en 1857.

208. — 535. Vue prise en Afrique ; pochade à l'aquarelle, faite d'après nature.

H. 0,41. — L. 0,34. — (Legs Babinet, 1882.)

209. — 524. Paysage, vue d'Afrique, pochade à l'aquarelle, d'après nature.

H. 0,41. — L. 0,50. — (Legs Babinet, 1882.)

FROMENT (JACQUES-VICTOR-EUGÈNE), *a souvent ajouté à son nom celui de Delormel, peintre, né à Paris le 17 juin 1820.* (Ecole française.)

Elève de MM. Jolivet, C. Lecomte et Amaury-Duval ; nommé chevalier de la Légion d'honneur le 24 janvier 1863. Il y a aussi Froment Eugène, graveur, né à Sens (Yonne), qui fut élève de M. A. Texier.

210. — 653. Gracieux dessin à la gouache sur papier teinté.

H. 0,31. — L. 0,37. — (Legs Babinet, 1882.)

Il représente deux amours se donnant la main et tenant chacun, de l'autre main, un vase d'où s'échappent des feuilles et des fleurs symbolisant le printemps. (Signé : Froment.)

GOBERT (ALFRED-THOMPSON), *peintre, né à Paris, le 23 septembre 1822.* (Ecole française.)

Elève de M. Manvoisin ; il entra à l'Ecole des Beaux-Arts, le 1er octobre 1840. Il a exposé aux Salons de 1848, 1849 et 1850.

Il y a eu aussi Gobert Alfred, peintre, né à Paris, élève de Paul Delaroche et de Gleyre, dont les œuvres ont figuré aux Salons de 1859, 1875 et 1876.

211. — 584. Femme et enfant, petit dessin au crayon, teinté à l'aquarelle, intitulé : les *Saisons*, par Gobert.

H. 0,37. — L. 0,31. — (Legs Babinet, 1882.)

MURET (JEAN-BAPTISTE), *dessinateur sur bois, né à Versailles (Seine-et-Oise), le 19 mars 1835, mort à Paris le 4 février 1866.* (Ecole française.)

Employé au département des médailles de la bibliothèque impériale (29 décembre 1830); bibliothécaire, on lui doit notamment le portrait de M. de Norvins, lithographié d'après le dessin fait par Ingres en 1811.

212. — 217. Mosaïque grecque imitée en camaïeu et signée Muret, 1836.

Elle représente une femme en costume grec ancien, en pied, se détachant de profil sur un fond noir.

H. 0,26. — L. 0,18 — (Legs Charbonnel 1870.)

PALMARIEL (*Les renseignements manquent sur cet artiste*). Ecole inconnue.

213. — 689. Groupe de moutons couchés en plein air, dessin à la sépia. (Signé : Palmariel.)

H. 0,27. — L. 0,32. — (Legs Babinet, 1882.)

ROTHMANN (L), *officier du génie à Poitiers.* (Pas de renseignements.)

214. — 133. Fouilles du cimetière gallo-romain de la Pierre-Levée, à Poitiers.

Vases en verre et poteries Samiennes. Signatures des potiers. Dessins faits d'après nature par M. L. Rothmann, commandant du génie.

H 0,70. — T. 0,40. — (Don de l'auteur.)

215. — 132. — Fouilles du cimetière gallo-romain de la Pierre-Levée, à Poitiers.

Objets divers, bijoux, ustensiles, etc., dessinés d'après nature par M. L. Rothmann, commandant du génie.

H. 0,70. — L. 0,49. — (Don de l'auteur.)

216. — 125. Fouilles du cimetière gallo-romain de la Pierre-Levée, à Poitiers.

Vases en terre, dessinés d'après nature par M. Rothmann, commandant du génie.

H. 0,70. — L. 0,49. — (Don de l'auteur.)

217. — 124. Fouilles du cimetière gallo-romain de la Pierre-Levée, à Poitiers.

1° Sépultures par inhumation, sarcophages, coupes longitudinales et transversales des diverses sépultures ;
2° Sépultures par incinération, coupes longitudinales et transversales de deux sépultures types. Urnes, dessins faits d'après nature, par M. L. Rothmann, commandant du génie.

H. 0,70. — L. 0,49. — (Don de l'auteur.)

MINIATURES, AQUARELLES, LAVIS

AUTEURS INCONNUS

218. — 579. Animaux divers, peinture à l'aquarelle sur vélin, représentant des serpents, des oiseaux, des hérissons, etc. (École française.)

H. 0,32. — L. 0,36. — (Legs Babinet, 1882.)

219. — 700. Art japonais, groupe de personnages en couleur sur papier de coton.

H. 0,51. — L. 0,67. — (Don de Mme Logé, 1880.)

220. — 563. Art japonais, personnages en couleur sur papier de coton.

<blockquote>H. 0,51. — L. 0,68. — (Don de M. de Longuemar, 1880.)</blockquote>

221. — 501. Cadre de sept miniatures sur velin.

<blockquote>H. 0,18. — L. 0,16. — (Don de M. de Longuemar, 1880.)</blockquote>

Figures de la Sainte-Famille, et des divers saints :
Scènes se rapportant à la vie de la sainte Vierge Marie ; au bas l'indication *ad Laudes*. Première moitié du xvie siècle. (Ecole française.)

222. — 494. Cadre de sept miniatures sur velin.

<blockquote>H. 0,18. — L. 0,16. — (Legs Charbonnel, 1870.)</blockquote>

Six figures de saints rois de saints évêques et de papes entourent la scène du centre du tableau, représentant le massacre des Innocents, tandis que la Sainte-Famille se sauve vers l'Egypte. (Ecole française.)

223. — 225. Construction de la Tour de Babel.

<blockquote>H. 0,21. — L. 0,26. — (Legs Charbonnel, 1870.)</blockquote>

Gouache inachevée du xvie siècle, très médiocre, mais curieuse comme composition, personnages costumés à l'orientale. (Ecole française.)

224. — 570. Croquis au lavis (encre de Chine).

<blockquote>H. 0,26. — L. 0,30. — (Legs Charbonnel, 1870.)</blockquote>

Maisons incendiées ; au premier plan, nombreux personnages en costumes du temps de Louis XV. (Ecole française.)

225. — 638. Croquis de femme debout, en costume oriental. (Ecole française.)

<blockquote>H. 0,27. — L. 0,22. — (Legs Babinet, 1882.)</blockquote>

226. — 149 et 215. Deux paysages à la gouache, peints sur boutons Louis XVI. (Vitrine O, compartiment D.) Ecole française.

0,37 millimètres de diamètre. — (Legs Charbonnel, 1870.)

227. — 223. Dernière scène des Fourberies de Scapin. Lavis à l'encre de Chine. (Ecole française.)

H. 0,27. — L. 0,22. — (Legs Babinet, 1882.)

L'artiste a reproduit, dans cette petite composition, la dernière scène de la comédie de Molière, intitulée *les Fourberies de Scapin*, et dans laquelle le rusé valet de Léandre se fait pardonner, en feignant d'être blessé à mort, les tours pendables qu'ils n'a cessé de jouer à Argante, pour lui extorquer de l'argent, et même les malheureux coups de bâtons qu'il a su lui appliquer si généreusement, et dont le souvenir lui est si désagréable.

228. — 656. Dessin à la sépia, représentant divers groupes de personnages et d'animaux.
Costumes flamands du XVIe siècle.

H. 0,36. — L. 0,45. — (Legs Babinet, 1882.)

229. 648. Dessin ovale, ruines. Ce dessin fait au crayon et à la sépia représente les ruines d'un palais avec groupes de personnages du temps de Louis XV.

H. 0,43. — L. 0,39. — (Legs Babinet, 1882.)

230. — 651. Dessin ovale, représentant un paysage avec fabrique, et un groupe de personnages au premier plan ; travail à la plume et à la sépia, époque Louis XV. (Ecole française.)

H. 0,40. — L. 0,31. — (Legs Babinet, 1882.)

231. — 576. Femme tenant une urne sur l'épaule gauche, costume oriental, croquis à l'aquarelle. (Ecole française.)

H. 0,42. — L. 0,34. — (Legs Babinet, 1882.)

232. — 627. Groupe de femmes et enfant, assis au bord de l'eau ; dessin à la sépia. (Ecole française.)

   H. 0,36. — L. 0,42. — (Legs Babinet, 1882.)

233. — 622. Groupe d'enfants jouant avec une chèvre; croquis à la sépia. Ces deux dessins sont du même auteur. (Ecole française.)

   H. 0,36. — L. 0,42. — (Legs Babinet, 1882.)

234. — 380. La Cène : Jésus, assis sur un siège à dossier que surmonte un dais, occupe le milieu de la table de la Cène, autour de laquelle les apôtres sont assis, et leur annonce que Judas doit le trahir ; gouache en mauvais état. (Ecole française.)

   H. 0,35. — L. 0,31. — (Provenance inconnue.)

235. — 503. Le Massacre des Innocents, page d'incunable sur vélin.
Œuvre naïve du XVIe siècle avec les costumes de cette époque : coloris vif rehaussé d'or. Au bas, en gothique brisée : *Deus in adjutorium meum intende. Domine adjuvandum me festina.*
Hérode assis sur son trône préside au massacre. (Ecole française.)

   H. 0,15. — L. 0,09. — (Provenance inconnue.)

236. — 152. La Nativité, autre page de même nature et de mêmes dimensions.
La Vierge et saint Joseph sont agenouillés devant le nouveau-né au milieu d'une étable. Les mêmes versets sont répétés au bas de cette scène. (Ecole française.)

   H. 0,15. — L. 0,09.

237. — 647. Paysage au lavis, à l'encre de Chine.
Groupes de personnages et de cavaliers au premier plan.

   H. 0,35. — L. 0,47. — (Legs Babinet, 1882.)

238. — 1055. Personnages Japonais, en couleur, sur papier de coton.

H 0,26. — L. 0,20. — (Don de M*me* Logé, en 1880.)

239. — 1142 et 1143. Peintures indiennes sur verre, rapportées de Pondichéry.

H. 0,17. — L. 0,12. — (Don de M*me* de Rogier, en 1880.)

240. — 752. Tête de saint Paul, médaillon à la gouache dans un cadre noir. (Ecole française.)

H. 0,05. — L. 0,04. — (Provenance inconnue.)

241. — 505. Aquarelle (signée : R P. B.) représentant une dame du temps de Louis XIII, debout ; intérieur de palais. (Ecole française.) — Ces initiales sont celles de Richard Parkes Bonington, artiste anglais.

H. 0,48. — L. 0,35. — (Legs Babinet, 1882.)

PASTELS

242. — 235. Châtelaine, pastel. (Signé : Ch. Fournier.) Etude à mi-corps d'une dame en costume du xve siècle. M. Fournier Charles a été architecte de la ville de Poitiers. (Ecole française.)

H. 0,59. — L. 0,44. — (Acquis en 1877.)

243. — 303. Un jeune page, étude au pastel, par Mlle Leblanc, artiste poitevine.

H. 0,75. — L. 0,32. — (Acquis en 1877.)

LEBLANC (Mlle LÉONIDE - JOSÉPHINE), *peintre, né à Poitiers (Vienne)*.

Elève de Belloc, de E. Delacroix et de Mlle Douliot ; elle a exposé au Salon de 1878 : *Portrait de Mme de *** ; Portrait de Mlle Marie R...*, miniatures ; Salon de 1879 :

Portrait de Mlle de ***, miniature; Salon de 1880: *Portrait de Mme Boisdin-Puisais*, pensionnaire du Conservatoire; *Portrait de Mlle de ****, miniatures.

Mademoiselle Leblanc est une artiste qui a du talent, et dont les œuvres ont figuré à plusieurs Salons. Elle s'occupe particulièrement de peinture en miniature.

244. — 165. Portrait d'une dame Charrault, pastel.

   H. 0,56. — L. 0,46. — (Don de M. Mauduyt, en 1877.)

Probablement, une parente de la dame, peinte à l'huile par Carpentier, artiste poitevin, et mentionnée à la peinture sous le même nom, page 36.

245. — 649. Portrait du peintre Boucher. Crayons de couleur.

   H. 0,35. — L. 0,30. — (Legs Babinet, 1882.)

246. — 170. La Mélancolie, pastel d'après D. Feti (Ecole italienne), par M. Le Touzé de Longuemar, 1875.

   (Don de l'auteur.)

Longuemar (Alphonse-Pierre-François, le Touzé de), né à Saint-Dizier (Haute-Marne), le 3 octobre 1803 ; mort à Poitiers, en 1881 ; entra à Saint-Cyr, en 1819 ; fut nommé sous-lieutenant à l'école d'état-major en 1821 ; lieutenant en 1825 ; capitaine en 1831 ; devint aide de camp du général de Lascours en 1833 ; chevalier de la Légion d'honneur en 1834 ; il quitta le service en 1836 et, depuis cette époque, il ne cessa de s'occuper activement d'études géologiques et archéologiques dans les départements de l'Yonne et de la Vienne.

Il a été membre de la Société des Antiquaires de l'Ouest, qu'il a plusieurs fois présidée, correspondant de la Société Centrale d'Agriculture de France, de la Société des Antiquaires de France, du comité des Sociétés savantes et officier de l'instruction publique.

En 1870-1871, il accepta le commandement en chef de la brigade formée par les trois légions de mobilisés de la Vienne.

On doit à M. de Longuemar une grande quantité de publications fort intéressantes se rapportant à la géologie, à l'archéologie et à l'histoire de notre contrée. Elles furent l'objet de plusieurs mentions et récompenses de la part de l'Académie des Inscriptions et Belles Lettres, de l'Institut des Provinces, du Comité des Sociétés savantes, de la Société Centrale d'Agriculture, etc., etc.

On doit encore à M. de Longuemar l'installation du nouveau Musée à l'Hôtel-de Ville de Poitiers, dont il était conservateur.

FETI (DOMINIQUE), *peintre d'histoire, de genre et de portrait, né en 1589, à Rome, mort en 1624.*

Elève de Cigoli; il fut à Mantoue avec le cardinal de Gonzague, son protecteur; habita Venise vers la fin de sa vie; travailla fort peu pour les églises; de son vivant, sont talent n'eut pas la réputation qu'il méritait. Il chercha à imiter Jules Romain et y réussit avec succès, bien que son dessin fût moins correct, moins savant et de touche moins vigoureuse que celle de ce grand maître.

DESSINS AU CRAYON & A LA PLUME

Lavés à la sépia ou à l'encre de Chine

ÉCOLE FRANÇAISE

AUTEURS CONNUS.

ADAM (VICTOR-JEAN), *peintre et lithographe, né à Paris, le 28 janvier 1801, décédé à Viroflay (Seine-et-Oise), le 1er janvier 1867.*

Elève de Meynier et Régnault. Il entra à l'Ecole des Beaux-Arts le 5 mars 1814; il obtint une médaille de 3e classe en 1824; une médaille de 2e classe en 1836.

247. — 1175. Croquis lavé à la sépia, groupe de chevaux et de cavaliers, sujet militaire

H. 0,22. — L. 0,28. — (Legs Babinet, 1882.)

ANDRIEUX (CLÉMENT-AUGUSTE), *peintre, dessinateur sur bois, né à Paris, le 7 décembre 1829.*

Elève de M. A. Laurentz; ses œuvres ont figuré à plusieurs Salons.

248 — 693. Croquis au crayon mine de plomb représentant un personnage tenant un balai. (Signé : Andrieux, 48.)

H. 0,31. — L. 0, 22. — (Legs.Babinet, 1882.)

AUGÉ (ESTIENNE), *peintre, né à Saintes (Charente-Inférieure).*

Elève d'Alexis Augé, son frère. Il a figuré à plusieurs Salons.

249. — 1324. Tête de vieillard, étude au crayon rouge. (Signé : Augé.)

H. 0,41. — L. 0,35. — (Legs Babinet, 1882.)

BAILLY (LOUIS-LÉOPOLD), *peintre et lithographe, né à la Bassée (Nord), le 5 juillet 1761, mort à Paris.* (Voir à la peinture, Ecole française, la notice qui le concerne, page 24.)

250. — 1316. Dessin au crayon noir avec retouches de blanc; groupe de têtes humaines avec expressions grimaçantes.

H. 0,46. — L. 0, 38. — (Legs Babinet, 1882.)

BAUDOINS (PIERRE-ANTOINE), *peintre, né à Paris, le 17 octobre 1723 (Paroisse de Saint-Sulpice), décédé dans la même ville, le 15 décembre 1769 (Paroisse de Saint-Germain-l'Auxerrois).*

Elève et gendre de F. Boucher. Il fut reçu académicien le 20 août 1763, sur une miniature : *la Courtisane Phryné accusée d'impiété devant l'Aréopage.* (Louvre, collection des dessins.) Cet artiste a surtout fait des peintures en miniature.

251. — **1242.** Paysage à la plume, lavé à l'encre de Chine ; à droite et à gauche, on aperçoit des constructions à travers des groupes d'arbres placés au premier plan.

H. 0,38. — L. 0,49. — (Legs Babinet, 1882.)

BÉNOUVILLE (François-Léon), *peintre, né à Paris, le 30 mai 1821, mort dans la même ville, le 16 février 1859.*

Elève de Picot. Il entra à l'Ecole des Beaux-Arts le 27 mars 1837 ; il obtint le 2e prix au concours pour Rome, en 1843 : *Œdipe s'exilant de Thèbes* ; le 1er prix, en 1845 : *Jésus dans le Prétoire* ; une médaille de 2e classe, en 1852 ; une médaille de 1re classe, en 1853 ; une médaille de 2e classe à l'Exposition universelle, en 1855 ; fut nommé chevalier de la Légion d'honneur le 14 novembre 1855. Le Musée d'Angers possède les cartons des peintures exécutées à l'Hôtel-de-Ville de Paris par cet artiste, et représentant l'Agriculture, l'Astronomie, la Déesse des moissons.

252. — **412.** Croquis à la mine de plomb représentant des figures groupées, les unes debout, les autres assises.

H. 0,36. — L. 0,23. — (Legs Babinet, 1882.)

BOISSIEU (Jean-Jacques de), *peintre et graveur, né à Lyon (Rhône), en 1736, mort dans la même ville, le 1er mars 1810.*

Elève de Lombard et de Frontier ; fut membre correspondant de l'Institut en 1804. De Boissieu a surtout fait des gravures à l'eau-forte et des dessins. Les Musées du Louvre, de Nantes, d'Orléans, de Lyon, possèdent des œuvres de cet artiste.

253. — **1211.** Croquis à la plume, avec ombres portées à l'encre de Chine ; groupe de deux personnages assis et de deux autres debout.

H. 0,27. — L 0,31. — (Legs Babinet, 1882.)

BOUCHARDON (EDME), *sculpteur, né à Chaumont (Haute-Marne), le 29 mai 1698, mort à Paris, le 27 juillet 1762.*

Il fut l'élève de G. Coustou; il obtint le grand prix de Rome en 1722 sur: *Gédéon choisit ses soldats en observant leur manière de boire*; il fut reçu académicien le 27 février 1745 sur: *Un Christ en marbre tenant sa croix* (Musée du Louvre); adjoint à professeur le 3 avril 1745. Il était membre de l'Académie de Saint-Luc de Rome et dessinateur de l'Académie des Sciences depuis 1738. Ses œuvres sont nombreuses et figurèrent à plusieurs Salons, de 1737 à 1746.

Il eut un frère, Jacques-Philippe Bouchardon, sculpteur de talent, qui fut premier sculpteur du roi de Suède et directeur de l'Académie de Stockholm. Il naquit à Chaumont et mourut à Stockholm vers 1745.

254. — 1246. Dessin à la plume et à la sépia, représentant un groupe composé d'un personnage assis sur un rocher, avec une longue barbe, couronné de roseaux, le bras droit appuyé sur une urne d'où s'échappe de l'eau, tenant dans la main gauche un gouvernail; près de lui, à droite, au milieu des roseaux, est un groupe de deux jeunes femmes assises; au-dessous de lui, un personnage renversé se cramponne au sol sur lequel se trouve un débris de colonnes; composition allégorique, fleuve et rivières.

H. 0,38. — L. 0,48. — (Legs Babinet, 1882.)

BOUCHER (FRANÇOIS), *peintre, né à Paris, le 29 septembre 1703, décédé aux Galeries du Louvre, le 30 mai 1770.* (Voir à la peinture, Ecole française, la notice qui le concerne, page 26.)

255. — 1162. Dessin au crayon noir avec lumières au crayon blanc, ombres portées au lavis à l'encre de Chine: étude faite pour le tableau de: *Vulcain forgeant les armes d'Achille.*

H. 0,48. — L. 0,38. — (Legs Babinet, 1882.)

256. — 1443. (N° 318.) Croquis à la plume et à la sépia;

jeune fille debout, drapée à l'antique, tenant un plateau avec une tasse.

H. 0,41. — L. 0,10. — (Legs Babinet, 1882.)

257 — 1330. Dessin aux crayons noir et rouge, légèrement estompé, représentant un groupe d'enfants couchés, tenant des grappes de raisin.

H. 0,44. — L. 0,55. — (Legs Babinet, 1882.)

W. BOUER. (*Pas de renseignements.*)

258. — 1206. Croquis à la plume représentant un groupe de personnages du temps de Louis XIII, près desquels est un homme à cheval.

H 0.30. — L. 0.37. — (Legs Babinet, 1882.)

NOTA. — Ce dessin pourrait être de Hauer (Ecole flamande).

BAOSSATON. *(Pas de renseignements.)*

259. — 1056. Portrait de M. Lassimone, ancien professeur à Poitiers, exécuté en buste au crayon noir. (Signé : Baossaton, 1843.)

H. 0,50. — L. 0,53. — (Acquis en 1873.)

BOUGUEREAU (ADOLPHE-WILLIAM), *peintre, né à La Rochelle (Charente-Inférieure), le 30 novembre 1825.*

Elève de Picot; il entra à l'Ecole des Beaux-Arts, le 8 avril 1846; obtint le 2° prix au concours pour Rome, en 1848: *Saint Pierre chez Marie;* le 1er prix, en 1850 : *Zénobie trouvée sur les bords de l'Araxe;* une médaille de 2° classe à l'Exposition universelle, en 1855; une médaille de 1re classe, en 1857 ; la croix de la Légion d'honneur, le 15 juillet 1859; une médaille de 3° classe à l'Exposition universelle de 1867; il fut nommé membre de l'Institut, en 1876; officier de la Légion d'honneur, en 1876. Les Musées du Luxembourg, à Paris; de Marseille, de Dijon. de Bordeaux, de Gand, le Cercle de Limoges possèdent des tableaux de cet éminent artiste. On lui doit encore des peintures dans différents monuments de Paris et de Province.

BRUNET (ALEXANDRE), *né à Poitiers (Vienne).*

Elève de l'Ecole municipale des Beaux-Arts de cette ville, où il remporta les principales récompenses, et à la suite desquelles la ville lui accorda une subvention annuelle pour continuer ses études à Paris.

260. — 592. Dessin au crayon noir et à l'estompe, fait d'après une peinture de Bouguereau, destinée à la maison du *Bon Marché* de M. Boucicaut à Paris, et représentant une femme nue, assise sur des ballots de marchandises, tenant dans la main gauche un caducée, symbole du Commerce, sur lequel elle s'appuie, et dans la main droite un miroir, symbole de la Vérité, dans lequel se reflète l'établissement du *Bon Marché*. Derrière cette femme la ville de Paris se dessine vaguement, voilée par le brouillard.

H. 1,90. — L. 1,02. — (Don de M. Brunet, 1882.)

CALLOT (JACQUES), *peintre, graveur et dessinateur, né à Nancy (Meurthe), en 1592, mort dans la même ville, le 24 mars 1635.* (Voir à la gravure la notice qui le concerne.)

261. — 1411. Croquis au crayon rouge représentant un mendiant.

H. 0,29. — L. 0,20. — (Legs Babinet 1882.)

CHASSERIAU (THÉODORE), *peintre-graveur, né à Sainte-Barbe-de-Samana (Amérique Espagnole), le 20 septembre 1819, mort à Paris, le 8 octobre 1856.* (Voir à la peinture, Ecole française, la notice qui le concerne, page 36.)

262. — 636. Croquis à la plume représentant une jeune fille en costume grec antique.

H. 0,35. — L. 0,42. — (Legs Babinet, 1882.)

263. — 637. Personnage couché, esquisse au crayon mine de plomb.

H. 0,34. — L 0,44. — (Legs Babinet, 1882.)

264. — 540. Personnage à cheval, croquis à la mine de plomb.

H. 0,34. — L. 0,42. — (Legs Babinet, 1832.)

265. — 1297. Croquis au crayon mine de plomb représentant un personnage renversé sur le dos, et près de lui une femme à genoux.

H. 0,23. — L. 0,17. — (Legs Babinet, 1882.)

266. — 1303. Dessin à la mine de plomb, étude de figure couchée.

H. 0,23. — L 0,17. — (Legs Babinet, 1882.)

267. — 1148. Croquis à la mine de plomb représentant un paysage; dans le fond un bois; au premier plan, trois jeunes femmes courant.

H. 0,41. — L. 0,49. — (Legs Babinet, 1882.)

CLERGET-HUBERT, *peintre-lithographe, né à Dijon (Côte-d'Or), le 29 juillet 1818.*

Elève de Devosge et de M. Saint-Père; il fut professeur de dessin à l'Ecole nationale d'Etat-major.

268. — 201. Façade de la cathédrale de Chartres. Magnifique étude au crayon mine de plomb, retouchée à la sépia; dessin de l'un des beaux types de l'architec-

ture religieuse de la période ogivale, exécuté au moment où des échafaudages attestent sa restauration. (Salon de 1851.)

H. 0,72. — L. 0,53. — (Don de l'Etat, en 1852.)

269. — 209. Intérieur de la cathédrale de Chartres. Ce dessin, à la mine de plomb, est un chef-d'œuvre de perspective, d'une grande difficulté, en raison des détails compliqués du bas-côté qui est représenté ; ce dessin est rehaussé légèrement à la sépia. (Salon de 1851.)

H. 0,75. — L. 0,75. — (Don de l'Etat, en 1852.)

270. — 173. Façade de Saint-Germain-l'Auxerrois ; belle étude exécutée comme les précédentes, à la mine de plomb ; l'intérieur du porche est en quelque sorte illuminé par des rehauts d'or et d'aquarelle très harmonieux. Beau type de l'architecture ogivale flamboyante. (Salon de 1851.)

H. 0,52 — L. 0,98. — (Don de l'Etat, en 1852.)

COURTOIS (JACQUES dit le BOURGUIGNON), *peintre, graveur, né à Saint-Hippolyte (Doubs), en 1621, décédé à Rome, le 14 novembre 1676.* (Voir à la peinture, Ecole française, la notice qui le concerne, page 37.)

271. — 1166. Petit croquis à la plume, lavé à l'encre de chine, représentant une bataille : mêlée de cavaliers et de fantassins ; au premier plan, cadavres de chevaux et d'hommes étendus sur le sol.

H. 0,29. — L. 0,37. — (Legs Babinet, 1882.)

DAVID (JACQUES-LOUIS), *peintre d'histoire, né à Paris, le 30 août 1748, mort en exil à Bruxelles, le 29 décembre 1825.*

Il fut l'élève de Vien, et le chef de la nouvelle école française à la fin du siècle dernier.

Il obtint le deuxième grand prix au concours pour Rome en 1771 : *Combat entre Minerve et Mars* (Musée du Louvre), et le premier grand prix en 1774, sur : *Erasistrate découvrant la cause de la maladie d'Antiochus, dans son amour pour Stratonice* (Ecole des Beaux-Arts). Il fut agréé à l'Académie royale de peinture le 24 août 1781, sur : *Bélisaire demandant l'aumône* (Musée de Lille); nommé académicien le 23 août 1783, sur : *Andromaque accompagnée de son fils Astyanax, et exprimant ses regrets sur le corps d'Hector son époux*; adjoint à professeur le 7 juillet 1792; membre de l'Institut en 1795; chevalier de la Légion d'honneur le 18 décembre 1803; premier peintre de l'empereur, en 1805; officier de la Légion d'honneur 22 octobre 1808; commandeur le 6 avril 1815. Il fut rayé de l'Académie des Beaux-Arts, et de l'ordre de la Légion d'honneur, comme *régicide*, le 16 mars 1816; et réintégré après sa mort, dans l'ordre de la Légion d'honneur, par ordonnance royale du 22 novembre 1830.

David s'adonna surtout à l'histoire et au portrait. De son atelier sortit une foule d'illustres maîtres. Il donna à la nature vivante les formes de la statuaire antique. Son dessin est correct et sévère, et ses compositions d'une grande noblesse.

272. — 1473. Croquis originaux représentant deux têtes de femmes au crayon noir, études (signées : L. David); proviennent de la collection de M. Benjamin Fillon, de Fontenay.

H. 0,29. — L. 0,12. — (Don de M. A. Brouillet 1884.)

DECAMPS (ALEXANDRE-GABRIEL) *peintre, né à Paris, le 3 mars 1803; décédé à Fontainebleau, des suites d'une chute de cheval pendant une chasse à courre dans la forêt, le 22 août 1860.*

Elève d'Abel de Pujol. Il obtint une médaille de deuxième classe en 1831; une médaille de première classe en 1834; la croix de la Légion d'honneur le 27 juin 1859; fut promu officier, le 2 mai 1851. Cet artiste a produit une quantité considérable de dessins au fusain, d'aquarelles, d'eaux-fortes, etc.

273. — 1273. Croquis à la mine de plomb représentant des rochers ou une caverne.

H. 0,29. — L. 0,19. — (Legs Babinet, 1882.)

274. — 572 Cavalier au galop; croquis au crayon retouché à la sépia.

  H. 0,25. — L. 0,32. — (Legs Babinet, 1882.)

DELACROIX (FERDINAND-VICTOR-EUGÈNE), *peintre, graveur, lithographe, écrivain*, né à *Charenton-Saint-Maurice (Seine), le 26 avril 1798, mort à Paris, le 13 août 1863.* (Voir à l'aquarelle, la notice qui le concerne.)

275. — 1280. Quatre têtes grimaçantes à la mine de plomb.

  H. 0,49. — L. 0,25. — (Legs Babinet, 1882.)

276. — 1437. (N°⁸ 312 et 309.) Croquis à la mine de plomb, études de bras d'homme.

  H. 0,73. — L. 0,58. — (Legs Babinet, 1882.)

277. — 1281. Quatre croquis à la mine de plomb, études de bras et de torse d'homme.

  H. 0,49. — L. 0,34. — (Legs Babinet, 1882.)

278. — 1442. (N° 310.) Étude de bras à la mine de plomb. (308). Croquis de femme accroupie, mine de plomb.

  H. 0,73. — L. 0,58. — (Legs Babinet, 1882.)

279 — 1293. Croquis au crayon mine de plomb, personnages assis dans diverses positions.

  H. 0,23. — L. 0,24. — (Legs Babinet, 1882.)

280. — 699. Croquis au crayon mine de plomb représentant une femme trayant une jument; au second plan, est une femme couchée, à laquelle une personne offre une tasse pleine de lait.

  H. 0,48. — L. 0,53. — (Legs Babinet, 1882.)

281. — 1294. Croquis à la mine de plomb, personnage assis et drapé.

H. 0,23. — L. 16. — (Legs Babinet, 1882.)

282. — 1295. Croquis à la mine de plomb, femme trayant une jument; personnage tendant le bras avec une coupe à la main.

H. 0,23. — L. 0,23. — (Legs Babinet, 1882.)

283. — 1296. Croquis à la mine de plomb, personnage un genoux à terre tenant une coupe ou un vase à la main.

H. 0,23. — L. 0,18. — (Legs Babinet.)

284. — 1314. Croquis à la mine de plomb : figure couchée — enfant jouant avec un chien — autre enfant jouant avec un soulier.

H. 0,23. — L. 0,30. — (Legs Babinet, 1882.)

DUBOIS (AMBROISE), *peintre, né à Anvers, en 1543, mort à Fontainebleau, le 29 janvier 1614, ou le 27 décembre 1615, naturalisé en 1601.*

Il vint à Paris à l'âge de 15 ans; son talent le fit employer à Fontainebleau, et lui valut les places de peintre ordinaire et de valet de chambre du roi Henri IV. Il fut aussi peintre de Marie de Médicis en 1606. Des nombreux travaux exécutés par Dubois au Luxembourg et à Fontainebleau, il ne reste plus que quelques peintures dans la chapelle haute de Saint-Saturnin, et quelques-uns des tableaux de l'*Histoire de Tancrède et de Clorinde*, qui avaient été faits pour les appartements de Marie de Médicis. Le Musée du Louvre possède deux tableaux de cet artiste.

285. — 1181. Dessin à la mine de plomb avec retouches au crayon blanc, groupe de cavaliers combattant; dessin inachevé.

H. 0,28. — L. 0,31. — (Legs Babinet, 1882.)

DUPRÉ (Jules), *peintre, né à Nantes (Loire-Inférieure), en 1812.*

Il obtint une médaille de deuxième classe, en 1833; fut nommé chevalier de la Légion d'honneur, le 11 septembre 1849; remporta une médaille de deuxième classe à l'exposition universelle de 1867; les œuvres de cet artiste ont toujours été très remarquées aux nombreux Salons auxquels elles ont figuré.

286. — 573. Paysage, croquis à la plume.

H. 0,29. — L. 0,35. — (Legs Babinet, 1862.)

FLANDRIN (Jean-Hippolyte), *peintre, né à Lyon (Rhône), le 24 mars 1809, mort à Rome, le 21 mars 1864.*

Frère cadet d'Auguste Flandrin et élève de Ingres; il entra à l'Ecole des Beaux-Arts, le 5 octobre 1829; il obtint le premier grand prix de peinture au concours pour Rome en 1832 sur : *Thésée reconnu par son père;* une médaille de deuxième classe en 1836; une médaille de première classe en 1853; la croix de la Légion d'honneur en 1841; fut promu officier le 12 août 1853; nommé membre de l'Institut le 13 août 1853.
Les Musées du Louvre, de Lille, de Lisieux, de Nantes, de Lyon, de Montauban possèdent des œuvres de cet éminent artiste. Il a fait un grand nombre de portraits ainsi que les belles peintures des églises Saint-Vincent-de-Paul, Saint-Germain-des-Prés, Saint-Séverin à Paris, et celles de l'église Saint-Paul, à Nîmes, etc.

287. — 547. Croquis au crayon mine de plomb représentant un personnage religieux debout et drapé tenant une coupe.

H. 0,45. — L. 0,30. — (Legs Babinet, 1882.)

FRAGONARD (Jean-Honoré) *peintre, graveur, né à Grasse (Alpes-Maritimes), en 1732, mort à Paris, le 22 août 1806, au café du Perron du Palais-Royal, âgé de 74 ans.*

Il fut élève de Chardin et de Boucher. Il obtint le premier prix de peinture pour Rome, en 1752 sur : *Géroboam*

— 144 —

sacrifiant aux idoles; fut agréé à l'Académie royale, le 30 mars 1765, sur le tableau de : *Callirrhoé,* dont l'esquisse est au Musée d'Angers. Il ne put devenir académicien. Ami de la joie, Fragonard aima à peindre des scènes d'amour et de volupté. Les Musées d'Amiens, de Grenoble, de Lille, de Nancy, d'Orléans, de Marseille, de Rennes, possèdent des toiles de cet artiste. M. Pallu, avocat à Poitiers, possède un petit tableau original, de Fragonard très remarquable.

288 — 1320. Croquis au crayon rouge, représentant des études d'enfants dans différentes positions.

H. 0,47. — L. 0,57. — (Legs Babinet, 1882.)

289. — 1339. Cadre contenant trois dessins retouchés à la sépia, XVIIIe siècle.

H. 0,52. — L. 0,40. — (Legs Babinet, 1882.)

GELLÉE (Claude, dit Claude Lorrain), *peintre et graveur, né en 1600, au château de Chamagne, sur les bords de la Moselle, diocèse de Toul, mort à Rome, le 21 novembre 1682.*

Claude, ayant perdu son père et sa mère à l'âge de 12 ans, alla trouver son frère aîné, habile graveur sur bois, habitant à Fribourg, en Brisgau, qui lui apprit à dessiner et à graver. Il suivit ensuite à Rome un de ses parents, et étudia avec ardeur les maîtres romains; puis il fut à Naples où il apprit l'architecture, la perspective et le paysage, sous la direction de Jeoffroy Walls. Etant retourné à Rome, il travailla avec Augustino Tassi pendant quelque temps; revint dans sa patrie en passant par Venise, le Tyrol, la Bavière, puis se rendit à Nancy où il fit la connaissance de Charles Dervent, peintre du duc de Lorraine, avec lequel il travailla à décorer la voûte de l'église des Carmes. Claude, désirant revoir l'Italie, quitta Nancy, fut à Marseille, y rencontra Charles Errard, peintre du roi, avec lequel il arriva à Rome en 1627. Il y exécuta deux paysages pour le cardinal Bentivoglio, qui eurent un grand succès et lui valurent la protection du cardinal et celle du pape Urbain VIII, auquel il fut présenté. A dater de cette époque, les peintures de Claude furent très recherchées Il fut comblé d'honneurs et de richesses, et il travailla, quoique souffrant, jusqu'à sa dernière heure. Le Musée du Louvre possède vingt ouvrages de ce maître.

290. — 1328. Paysage à la plume avec retouches à la sépia ; vue d'un parc ou d'une forêt.

H. 0,46. — L. 0,50. — (Legs Babinet, 1882.)

291. — 1167. Marine, croquis à la plume avec retouches à la sépia : massif de rochers à gauche, barques à droite avec figures ; au second plan, des rochers.

H. 0,45. — L. 0.58. — (Legs Babinet, 1882.)

GÉRICAULT (JEAN-LOUIS-ANDRÉ-THÉODORE), *peintre, né à Rouen (Seine-Inférieure), le 26 septembre 1791, paroisse Saint-Romain, mort à Paris, le 17 janvier 1824.*

Il entra en 1808 à l'atelier de Carle Vernet qu'il quitta pour celui de Guérin. Plus tard, il s'enrôla dans les mousquetaires du roi et accompagna Louis XVIII jusqu'à Béthune. Son régiment ayant été licencié, il fit un voyage en Italie et visita Rome, Florence et Venise. De retour en France, il fit cette grande et belle toile le *Naufrage de la Méduse*, qui fut peu appréciée au Salon de 1819, époque à laquelle l'école de David était encore prépondérante. Géricault mourut jeune, avant d'avoir pu réaliser les grandes conceptions de son ardente et énergique imagination.

Le Musée du Louvre possède plusieurs toiles de cet artiste. Les Musées de Nantes, de Châlons-sur-Saône, d'Aix, d'Avignon possèdent aussi des œuvres de Géricault.

292. — 1358. Croquis à la plume, sur papier huilé, représentant un cheval se cabrant, retenu par deux hommes.

H. 0,32. — L. 0,40. — (Legs Babinet, 1882.)

293. — 564. Croquis à la plume représentant le radeau de la Méduse ; ce croquis est double, et de l'autre côté de la feuille on voit des personnages à peine indiqués.

H. 0,42. — L. 0,50. — (Legs Babinet, 1882.)

GOUBEAU ou GOUBAN ? (*Pas de renseignements.*)

294. — 1412. Petit croquis au crayon mine de plomb, représentant des personnages du temps de Louis XIV groupés. (Signé : Ant. Gonbau ou Goubeau ?).

H. 0,29. — L. 0,25. — (Legs Babinet, 1882.)

GRANET (François - Marius), *peintre, né à Aix (Bouches-du-Rhône), le 17 décembre 1775, mort dans la même ville, le 21 novembre 1849.*

Il fut élève de Constantin et de David; obtint une médaille en 1808; fut nommé chevalier des ordres de Saint-Michel et de la légion d'honneur; promu officier en 1837; fut conservateur des galeries historiques de Versailles. Les Musées du Louvre, d'Aix, d'Amiens, de Dijon possèdent des œuvres de Granet. Celui d'Aix surtout en a un certain nombre.

295. — 1218. Petite sépia : salles voûtées avec escalier et personnages dans le fond.

H. 0,27. — L. 0,32. — (Legs Babinet, 1882.)

HAMON (Jean-Louis), *peintre, né à Plouah (Côtes-du-Nord), le 5 mai 1821, mort en 1874.*

Elève de Paul Delaroche et de Gleyre. Il entra à l'Ecole des Beaux-Arts le 30 mai 1842; fut attaché comme dessinateur à la manufacture de Sèvres, de 1848 à 1853; obtint une médaille de 3° classe en 1853; une médaille de 2° classe et la croix de la Légion d'honneur en 1855.
Les Musées de Nantes et de Lille possèdent des travaux de cet artiste. Ses tableaux ont figuré à un grand nombre de Salons.

296. — 605. Etude au crayon mine de plomb, d'après nature, jeune femme assise, torse nu. (Signé : Hamon.)

H. 0,60. — L. 0,55. — (Legs Babinet, 1882.)

HUET (Jean-Baptiste), *peintre d'histoire naturelle, né à Paris, en 1745, mort dans la même ville, le 27 août 1811, âgé de 66 ans.*

Il fut élève de J.-B. Leprince; agréé à l'Académie le 30 juillet 1768, et reçu académicien le 29 juillet 1769 sur : *Un bouledogue attaquant des oies sauvages*; le Musée d'Orléans a de lui une peinture représentant : un *Berger avec son chien, gardant un troupeau près des ruines d'un temple*; le Musée de Rennes a aussi de lui : *Un Cerf et des amours retenant des chiens*, dessin à la plume. Huet fut un bon dessinateur et graveur de paysages et d'animaux.

297. — 219. Chèvres et moutons, dessin original à la plume, légèrement colorié, d'une facture large et habile. (Signé : Huet.)

H. 0,21. — L. 0,30. — (Legs Charbonnel, 1850.)

298. — 234. Moutons au repos, dessin original à la plume légèrement colorié, même facture habile. (Signé : Huet.)

H. 0,31. — L. 0,30. — (Legs Charbonnel, 1850.)

JACQUE (CHARLES-EMILE), *graveur et peintre, né à Paris, le 23 mai 1813.*

Il a obtenu une médaille de 3ᵉ classe, en 1851; un rappel, en 1861 et 1863 (gravure); une médaille de 3ᵉ classe, en 1861; un rappel, en 1863; une médaille, en 1864 (peinture); une médaille de 3ᵉ classe, à l'Exposition universelle de 1867 (gravure); il a été nommé chevalier de la Légion d'honneur le 29 juin 1867. Les Musées du Luxembourg, d'Angers, de Châlons-sur-Saône et de Grenoble possèdent des œuvres de Jacque.

299. — 552. Croquis à la mine de plomb avec retouches de blanc, représentant des chevaux de trait au repos dans une écurie. (Signé : Ch. Jacque.)

H. 0,49. — L. 0,37. — (Legs Babinet, 1882.)

JOHANNOT (TONY), *graveur et peintre, né à Offenbach (Hesse-Darmstadt), le 9 novembre 1808, mort à Paris, le 4 août 1852.*

Il fut élève de son frère Alfred; obtint des médailles en 1831 et en 1848; fut nommé chevalier de la Légion d'honneur en 1840; indépendamment des nombreuses peintures qu'on lui doit; Tony Johannot a illustré une grande quantité d'ouvrages et notamment ceux de Cooper, de La Fontaine, de Molière, de Nodier, de Walter-Scott, de Sterne, de Gœthe, de Lamartine, etc.

300. — 617. Deux croquis à la mine de plomb, dessins originaux signés : Tony Johannot ; groupes de personnages modernes ; vignettes destinées à quelque publication.

H. 0,49. — L. 0,37. — (Legs Babinet, 1882.)

JOUVENET (JEAN, dit le GRAND), *peintre, né à Rouen, en avril 1644, mort à Paris le 5 avril 1717.*

Il fut élève de son père, Laurent Jouvenet le jeune, qui eut quinze enfants.
Il obtint le 2° grand prix de peinture, le 29 septembre 1668, consistant en un porte-crayon en argent, sur : *Les premières conquêtes de la Franche-Comté* ; fut reçu académicien le 27 mars 1675, sur : *l'Evanouissement d'Esther devant Assuérus* (Musée du Louvre) ; nommé adjoint à professeur le 3 juillet 1676 ; professeur le 29 novembre 1681 ; adjoint à recteur, le 24 janvier 1702 ; recteur, le 31 décembre 1707 ; directeur le 30 juin 1705 ou 7 juillet 1708.
Les Musées de Rouen, d'Amiens, de Grenoble, de Lille, de Lyon, de Montpellier, de Nancy, de Nantes, d'Orléans, de Rennes, de Toulouse, possèdent des peintures de ce grand artiste.

301. — 1317. Dessin au crayon rouge représentant l'Éducation de la Vierge par sainte Anne.

H. 0,46. — L. 0,38. — (Legs Babinet, 1882.)

LAHAIRE (CAMILLE-LÉOPOLD), *artiste poitevin, né à Tours en 1849.*

Il commença ses études artistiques à l'Ecole municipale des Beaux-Arts de cette ville dont il fut un des élèves les plus distingués. Peintre, dessinateur et graveur, cet artiste a exécuté un grand nombre de peintures décoratives au château de Baudiment (Vienne), appartenant à M. le comte de la Rochétulon. Il a fait aussi beaucoup de dessins à la plume, de lithographies et de gravures à l'eau-forte très remarquables. Il a exposé au Salon de 1883 le portrait de M. le comte de C....

302. — 334. Vue du pont Lucano, sur la route de Rome à Tivoli, dessin à l'encre de Chine et à la plume d'après une gravure de J. Jacque de B...

H. 0,42. — L. 0,55. — (Don de M. Brouillet, 1884.)

LAFAGE (NICOLAS-RAYMOND DE), *dessinateur et graveur, né à Lisle en Albigeois, le 1er octobre 1656, mort à Lyon, le 4 novembre 1690.*

Il fut élève de S. P. Rivalz à Toulouse. Foucault, intendant du Languedoc, l'envoya à Rome étudier les grands maîtres; il y copia surtout les Carrache. Vers 1633, Lafage exécuta quelques travaux à Toulouse pour M. de Fieubert; puis il revint à Paris. Quelques temps après, voulant retourner en Italie, il se rendit à Lyon où il mourut épuisé par la débauche. Le Musée du Louvre possède plusieurs dessins de cet artiste exécutés à la plume sur velin et lavés à l'encre de Chine.
Il a fait aussi plusieurs gravures à l'eau-forte.

303. — 1387. Croquis à la plume, lavé à l'encre de Chine représentant les apprêts du sacrifice d'Iphigénie, fille d'Agamemnon, signé : Lafage *fecit*. (Ce dessin provient du cabinet de M. Ranc.)

H. 0,41. — L. 0,53. — (Legs Babinet, 1882.)

LANCRET (NICOLAS), *peintre, né à Paris, le 22 janvier 1690, mort dans la même ville, le 14 septembre 1743.*

Il fut élève de Pierre d'Ullin-Gilot et de Watteau; agréé à l'Académie et reçu académicien, le 22 mars 1719, sur: *Un tableau de fêtes galantes*; conseiller, le 24 mars 1735. Il a pris part aux expositions *de la jeunesse* sur la place Dauphine, en 1722, 1723, 1724; aux expositions de l'Académie royale : salons de 1737, 1738, 1739, 1740, 1742, 1743. Les Musées d'Angers, du Louvre, de Besançon, de Nantes, d'Orléans, de Perpignan, de Rouen, de Valenciennes, de Berlin, de Dresde, la galerie nationale de Londres, celle de l'Ermitage (Russie), possèdent des œuvres de Lancret.

304. — 1161. Dessin au crayon rouge représentant une famille groupée; femme assise avec enfant sur les genoux; derrière elle est un homme debout, appuyé sur le dossier du fauteuil; à droite, une fillette et un jeune garçon sont assis et jouent; à gauche derrière le groupe principal, existe une colonne avec vase; paysage dans le fond.

H. 0,46. — L. 0,38. — (Legs Babinet, 1882.)

305. — 1338. Cadres contenant deux dessins au crayon rouge.

H. 0,52. — L. 0,39. — (Legs Babinet, 1882.)

LECLERC (PIERRE), *peintre français; on a peu de renseignements sur cet artiste dont les œuvres ont figuré aux Salons de 1836, 1838, 1839, 1842 et 1849.*

306. — 1313 Petit dessin à la plume et à le sépia représentant la résurrection de Jésus-Christ.

H. 0,22. — L. 0,18. — (Legs Babinet, 1882.)

LEMOINE (FRANÇOIS), *né à Paris, en 1688, mort en 1737, peintre d'histoire, de genre et de portrait.*

Il fut élève de L. Galloche, chez lequel il étudia douze ans. Il obtint le grand prix en 1711, mais la guerre l'empêcha de visiter Rome. Il fut reçu membre de l'Académie, en 1718; quelques années plus tard en 1723, il fit, avec un de ses amis, un voyage en Italie; à son retour, il fut nommé professeur à l'Académie. Il exécuta le plafond de l'église de Saint-Sulpice et celui du Salon d'Hercule, à Versailles; ce travail dura près de sept ans. Des contrariétés, et le chagrin qu'il éprouva de la perte d'une femme qu'il affectionnait beaucoup altérèrent sa santé; son esprit même s'égara, et un matin, dans un accès de folie, il se perça de neuf coups d'épée. Il avait été nommé premier peintre du roi avec une pension de 4,000 livres.

307. — 1243. Dessin à la mine de plomb et à la plume; grande composition représentant, sur une place publique, au milieu d'une grande foule, un personnage,

(peut-être le Christ, ou l'un de ses apôtres) guérissant un aveugle; dans le fond, à gauche, silhouette de monuments.

H. 0,38. — L. 0,48. — (Legs Babinet, 1882.)

MILLET (JEAN, dit FRANCISQUE), *peintre de paysage, né à Paris, en 1666, mort dans la même ville, le 17 avril 1723.*

Fils de Jean-François, dit Francisque, dont il fut l'élève; il fut reçu académicien, le 22 juin 1709, sur un paysage représentant : *la nymphe Syrinx poursuivie par le dieu Pan.* Ses œuvres n'ont figuré à aucune exposition Le Musée de Grenoble a de lui un paysage avec figures peintes par Antoine Watteau.

308. — 1260. Paysage à la plume et à l'encre de Chine : rochers avec arbres sur le bord d'une rivière, chute d'eau, pont et construction; à l'horizon, rivière et montagne, personnages au premier plan; campagne romaine.

H. 0,35. — L. 0,40. — (Legs Babinet, 1882.)

OUDRY (JEAN-BAPTISTE), *né à Paris, en 1686, mort en 1755; peintre d'histoire, d'animaux, de portraits, de paysage et de fleurs.*

Fut élève de N. Largillière; il exécuta le portrait de Pierre-le-Grand, lorsque ce prince vint à Paris. Le Czar pressa Oudry de le suivre à la cour de Russie, mais le peintre, préférant rester à Paris, se cacha lors du départ du Czar afin de ne point être forcé d'obéir à ses prières. Il abandonna tous les autres genres pour ne faire que des animaux; il fut reçu à l'Académie, en 1717, et nommé directeur de la manufacture des Gobelins et de celle de Beauvais, dont il était le fondateur.

Il fit aussi de la gravure.

309. — 1319. Croquis au crayon noir, avec retouches au crayon blanc : scène de chasse, groupe de chiens attaquant un loup et le mordant de tous les côtés.

H. 0,47. — L. 0,58. — (Legs Babinet, 1882.)

PAROCEL (JOSEPH, dit DES BATAILLES), *peintre, graveur et littérateur, né à Brignolles (Var), le 3 octobre 1646, mort à Paris, le 1ᵉʳ mars 1704.*

Il fut agréé à l'Académie le 29 février 1676 ; reçu académicien le 14 novembre 1676 sur : *Une sortie de la garnison de Maëstricht repoussée par les Français commandés par Louis XIV en personne* (tableau au Musée de Versailles). Il fut nommé Conseiller le 28 septembre 1703. Etant allé à Rome, il y fit la connaissance de Courtois, dit *le Bourguignon*, grand peintre de batailles et se mit sous sa direction tout en étudiant Salvator Rosa ; il parcourut l'Italie ; vint à Venise ; mais une nuit, ayant failli être assassiné sur le pont du Rialto par des brigands, il quitta l'Italie et revint se fixer à Paris en 1675. Louvois, ayant entendu parler de son talent, le chargea de peindre les *Conquêtes de Louis XIV* dans l'un des réfectoires de l'Hôtel des Invalides et lui commanda, en outre, de nombreux travaux pour les châteaux de Marly et de Versailles. Parocel n'a pris part qu'à une seule exposition, celle de 1699, à laquelle il envoya seize tableaux. Les Musées du Louvre, de Versailles, de Besançon, de Dijon, de Lyon, de Marseille, de Nantes, de Caen, de Montpellier, de Niort, de Tours et les Galeries de Florence, de Copenhague, de l'Ermitage à Saint-Pétersbourg possèdent des œuvres de Joseph Parocel. Plusieurs de ces peintures ont été gravées par différents artistes et lui-même a reproduit à l'eau-forte quatre-vingt-dix pièces.

310. — 1197 Croquis à la plume et lavé à l'encre de Chine : bataille à droite ; au premier plan, groupe composé de cavaliers et de fantassins ; dans le fond, mêlée de combattants ; en avant, cadavres étendus sur le sol.

H. 0,32. — L. 0,38. — (Legs Babinet, 1882.)

311. — 1258. Croquis à la plume et lavé à la sépia représentant une bataille ; à droite, un groupe de cavaliers, époque Louis XIV, charge l'ennemi ; de part et d'autre, des cadavres de chevaux et d'hommes jonchent le sol. Composition mouvementée

H. 0,35. — L. 0,48. — (Legs Babinet, 1882.)

PILLEMENT (JEAN), *peintre et graveur à l'eau-forte, né à Lyon, en 1727, mort misérable dans la même ville, le 28 avril 1808.*

Il fut peintre du roi de Pologne et de Marie-Antoinette. Il travailla comme dessinateur à la manufacture des Gobelins, puis voyagea en Angleterre, en Allemagne, en Portugal; il a pris part à l'Exposition du Colisée, en 1776; à l'Exposition de la Correspondance, en 1782 et 1785. Les Musées du Louvre, de Besançon, de Bordeaux, de Lyon, possèdent des dessins et des gouaches de cet artiste. On en trouve également dans les Galeries d'Edimbourg, de Madrid et de Florence. On estime à près de deux cents pièces l'œuvre de cet artiste, en grande partie reproduite par la gravure. Il eut un fils (Victor), dessinateur et graveur, qui naquit à Vienne en 1767, et mourut en 1814. Il fut élève de son père et remporta le 1er prix de gravure en 1801.

312. — 1205. Paysage : vue du chemin de Parme à Plaisance, croquis au crayon noir ; à gauche, au premier plan, massif de grands arbres avec bœufs et groupes de cavaliers; au second plan, colline avec arbres et constructions; dans le fond, colline avec maisons.

H. 0,29. — L. 0,38. — (Legs Babinet, 1882.)

313. — 1208. Paysage ; croquis au crayon noir ; à droite et à gauche, au premier plan, rochers avec arbres au-dessus; au milieu, petite pièce d'eau avec deux figures, lointain avec colline et constructions.

H. 0,29 — L. 0,37. — (Legs Babinet, 1882.)

314. — 1272. Cadre contenant deux petites marines au crayon noir : la première, mer calme avec navire voguant à pleine voile; à gauche, groupe de rochers avec arbustes et ruines d'une tour ; au premier plan, terrain avec barques et pêcheurs ; — la deuxième, mer agitée, ciel orageux, navires et barques chassés par le vent ; au premier plan, à gauche, terrain et rochers avec pêcheurs.

H. 0,49. — L. 0,31. — (Legs Babinet, 1882.)

PILS (ISIDORE-ALEXANDRE AUGUSTIN), *peintre d'histoire, né à Paris, le 7 novembre 1815, mort en septembre 1875.*

Elève de Picot; il remporta le premier prix de Rome, en 1838, sur : *Saint Pierre guérissant un boiteux aux portes du temple;* obtint une médaille de deuxième classe, en 1846 et 1855; une médaille de première classe en 1857; fut nommé chevalier de la Légion d'honneur, le 16 août 1857; obtint une grande médaille d'honneur en 1861; une médaille de première classe à l'exposition universelle de 1861; fut promu officier, le 1er juillet 1867; nommé membre de l'Institut en 1868, et professeur à l'Ecole des Beaux-Arts le 10 décembre 1863. Il a fait partie du jury pour les Salons de 1864, 1865, 1866, 1867 et 1868. Les Musées du Luxembourg et de Versailles possèdent de ses œuvres.

Il occupa à l'Institut le fauteuil qu'avait précédemment occupé Picot, son maître.

315. — 1278. Croquis à la mine de plomb, fait d'après nature, représentant le prince Louis-Napoléon debout et en costume militaire.

H. 0,50. — L. 0,36. — (Legs Babinet, 1882.)

316. — 1267. Tableau contenant deux croquis aux crayons noir et blanc, représentant un soldat debout mettant son fusil en joue, et un autre soldat, un genou à terre, épaulant également son arme pour faire feu; croquis d'après nature.

H. 0,42. — L. 0,54. — (Legs Babinet, 1882.)

317. — 1266. Croquis au crayon noir, avec retouches de blanc, représentant le général de Martinprey assis.

H. 0,41. — L. 0,48. — (Legs Babinet, 1882.)

POERSON ou PERSON (CHARLES), *peintre, né à Metz, en 1609, mort à Paris, le 5 mars 1667.*

Il fut reçu académicien le 4 août 1651, et fut nommé premier peintre ordinaire du roi.

Il eut un fils, Charles-François Poërson, qui fut son élève et celui de Coypel; il naquit à Paris en 1653 et mourut à Rome, le 2 septembre 1725; il fut reçu académicien le 30 juin 1682; professeur le 13 août 1695; directeur de l'Académie de France à Rome en 1704; il n'a pris part qu'à une seule exposition, au salon de 1699. Il a fait des peintures au palais de Versailles, dans l'escalier de la reine; au palais de Fontainebleau, dans la chapelle Saint-Ambroise, et il a travaillé à la décoration de l'Hôtel des Invalides.

318. — 1204. Croquis à la plume; vierge assise avec l'enfant Jésus. Jolie petite composition.

H. 0,29. — L. 0,28. — (Legs Babinet, 1882.)

POUSSIN (NICOLAS), *né aux Andelys, en 1594, mort en Italie, en 1665; peintre d'histoire, de paysage et de portrait.*

Fils d'un gentilhomme sans fortune, il montra de bonne heure de grandes dispositions pour les arts. Quintin Varin, peintre d'Amiens, lui enseigna les éléments de la peinture. Le Poussin, s'étant rendu à Paris sans ressources, fut protégé par un gentilhomme de Poitiers qui le fit entrer dans l'atelier de Ferdinand; puis il fut chez Lallemand, chez lequel il resta peu de temps.

Ce fut en 1624 qu'il arriva à Rome, après avoir vainement tenté ce voyage à deux époques différentes Il étudia les antiques avec le sculpteur Duquesnoy, auquel l'infortune l'avait attaché. En 1629 il épousa la fille de Jacques Dughuet, son compatriote, qui habitait Rome, et chez lequel il avait reçu l'hospitalité pendant une maladie qu'il fit dans cette ville. Le cardinal Barberini le chargea de travaux; le chevalier Pozzo de Turin le protégea; il fut l'ami de Jacques Stella à Rome. Il travailla pour Naples, l'Espagne et la France, puis vint à Paris où les plus grands honneurs l'attendaient; il y fut nommé premier peintre du roi et directeur général des embellissements des maisons royales. Mais la jalousie de Vouet, et les attaques des amis de cet artiste lui firent quitter la France, en 1642, pour retourner à Rome, d'où il ne revint plus dans son pays natal.

319. — 1196. Paysage à la plume et à la sépia; à droite et à gauche, massifs d'arbres avec rochers; dans le fond, vallée avec habitations; à l'horizon, une montagne; au premier plan, un homme et une femme s'embrassent et sont entourés par des amours; à gauche, autres amours jouant avec un chien. Ce dessin est la première idée de son tableau du Louvre, *Mars et Vénus.*

H. 0,32. — L. 0,37. — (Legs Babinet, 1882.)

320. — 1363. Dessin de plafond à la sépia et à la plume représentant un guerrier romain sur un cheval qui se cabre et frappant de son javelot un personnage couronné de roseaux, étendu sur le sol près d'un lion, et appuyé sur une urne d'où s'échappe de l'eau; dans le fond, des guerriers à cheval et à pied combattent; dans l'air, au-dessus du cavalier, la Victoire tient une palme et une couronne. Composition allégorique.

H. 0,39. — L. 0,32. — (Legs Babinet, 1882.)

PUJOL (ABEL-ALEXANDRE-DENIS DE), *peintre d'histoire, fils de Pujol de Mortry, baron de la Grave, né à Valenciennes (Nord), le 30 janvier 1785; mort à Paris, le 28 septembre 1861.*

Elève de Momal et de L. David. Il obtint le deuxième grand prix, en 1810 sur : *colère d'Achille;* le premier grand prix, en 1811, sur : *Lycurgue présenté aux Lacédémoniens l'héritier du trône;* une médaille de deuxième classe, en 1810; une médaille de première classe, en 1814; en 1817, il partage le prix d'honneur avec M. Auguste Couder; il fut nommé chevalier de la Légion d'honneur, le 20 juillet 1822; promu officier, le 12 août 1853; nommé membre de l'Institut, le 8 août 1835; Abel de Pujol, indépendamment de ses toiles, a exécuté un grand nombre de peintures fort remarquables dans plusieurs monuments importants de Paris et des départements.

321. — 1279. Dessin à la mine de plomb et au crayon blanc; jeune homme debout, tenant un sceptre; étude de nu pour l'exécution d'un tableau.

H. 0,49 — L. 0,35. — (Legs Babinet, 1882.)

322. — 1268. Dessin à la mine de plomb et au crayon blanc; jeune femme étendue appuyée sur un cheval couché; étude de nu pour l'exécution d'un tableau.

H. 0,41. — L. 0,55. — (Legs Babinet, 1882.)

323. — 1269. — Dessin à la mine de plomb et au crayon blanc, jeune fille couchée tenant un sceptre; étude de nu pour l'exécution d'un tableau.

H. 0,41. — L. 0,53. — (Legs Babinet, 1882.)

324. — 1277. Dessin à la mine de plomb et au crayon blanc ; groupe d'une femme et d'une jeune fille debout ; étude de nu pour l'exécution d'une peinture décorative.

  H. 0,49. — L. 0,35. — (Legs Babinet, 1882.)

325. — 228. Cadre contenant trois dessins au trait, à la mine de plomb ; études d'homme dans différentes positions faites d'après nature pour l'exécution de quelque tableau.

  H. 0,45. — L. 0,55. — (Legs Babinet, 1882.)

326. — 1438. (N⁰ 133.) Personnage debout ; étude de draperie à la mine de plomb et au crayon blanc. (304.) Personnage à genoux ; étude de draperie à la mine de plomb et au crayon blanc. (387.) Croquis à la mine de plomb représentant Napoléon Ier avec le manteau impérial. Ces dessins ont servi pour des peintures décoratives exécutées par Abel de Pujol.

  H. 0,73. — L. 0,58. — (Legs Babinet, 1882.)

327. 1437. (Nᵒˢ 289-386.) Croquis à la mine de plomb pour des peintures décoratives exécutées par Abel de Pujol.

  H. 0,73. — L. 0,58. — (Legs Babinet, 1882.)

328. — 1442. (Nᵒ 305.) Personnage debout ; étude de draperie à la mine de plomb avec lumières au crayon blanc. (302.) Personnage à genoux priant ; étude de draperies à la mine de plomb et au crayon blanc ; ces dessins ont été faits pour l'exécution de quelques tableaux.

  H. 0,73. — L. 0,58. — (Legs Babinet, 1882.)

329. — 1441. Cadre contenant trois dessins à la mine de plomb et au trait, représentant différents groupes de personnages ; compositions décoratives exécutées par Abel de Pujol.

  H. 0,73. — L. 0,58. — (Legs Babinet, 1882.)

RAFFET (Denis-Auguste-Marie), *dessinateur, peintre et lithographe, né à Paris, le 2 mars 1804, mort à Gênes (Italie), le 16 février 1860.*

Il fut élève de Charlet et du baron Gros; il entra à l'École des Beaux-Arts, le 11 octobre 1824; fut nommé chevalier de la Légion d'honneur en 1849. Il n'a jamais abordé la grande peinture; il a surtout beaucoup fait de lithographies au crayon représentant des sujets militaires.

Raffet a pris part à peu de salons.

330. — 214. Soldat en tenue de campagne, croquis au fusain. (Signé : Raffet.)

H. 0,50. — L. 0,24. — (Legs Charbonnel, 1870.)

331. — 1259. Dessin à la mine de plomb représentant une charge de cavalerie dans une bataille, sous Louis XV.

H. 0,35. — L. 0,48. — (Legs Babinet, 1882.)

ROBERT (Hubert), *peintre et graveur, né à Paris, le 22 mai 1733, mort subitement dans la même ville, le 15 avril 1808.*

Il fut élève de Paul Panini; fut reçu académicien le 26 juillet 1766, sur : *le port de Ripetta dans Rome* (Musée du Louvre); conseiller à l'Académie le 31 juillet 1784; garde du Muséum et dessinateur du jardin du roi. Cet artiste a produit une quantité considérable de tableaux et de dessins qui ont figuré à un grand nombre de salons.

M. Demarigny, surintendant des bâtiments du roi, lui avait accordé la pension d'élève à l'Ecole de Rome sous la direction de Natoire. Il resta douze ans en Italie, où il fit une grande quantité d'études. Sous l'empire, Robert fut attaché à la direction du Musée Napoléon. Il travailla jusqu'à son dernier moment, et mourut frappé d'apoplexie, le pinceau à la main. Il prit part à un grand nombre d'expositions, depuis 1779 jusqu'en 1798. Plusieurs Musées possèdent de ses œuvres ; elles ont été gravées par : *Saint-Non, Châtelain, Janinet, Léonard, Martin, Mangein et Laveau;* lui-même a fait une suite de dix-huit gravures à l'eau-forte très recherchées et très rares à trouver.

332. — 1391. — Croquis d'architecture à la plume et à la sépia : au premier plan, personnages manœuvrant

une poutre ; derrière eux, escalier conduisant à une terrasse au-dessus de laquelle on aperçoit, à droite, le palais du Capitole à Rome. (Signé : Robert, 1761.)

H. 0,41. — L. 0,36. — (Legs Babinet, 1882.)

SWEBACH (Jacques-Fr.-Jo.), dit DES FONTAINES, *né à Metz, en 1769, mort en 1823.*

Il fut Directeur de la fabrique de porcelaine de l'empereur de Russie.

333. — 1169. Paysage à la sépia représentant une halte de cavaliers au milieu d'un groupe d'arbres.

H. 0,27. — L. 0,31. — (Legs Babinet, 1882.)

THUILLIER (Pierre), *peintre paysagiste, né à Amiens (Somme).*

Elève de MM. Watelet et Gudin ; il obtint une médaille de 3ᵉ classe (paysage) en 1835 ; une médaille de 2ᵉ classe en 1837 ; une médaille de 1ʳᵉ classe en 1839 et 1848 ; la croix de la Légion d'honneur le 6 juin 1843. Les œuvres de cet artiste ont figuré aux Salons de 1843, 1844, 1846, 1847, 1855.

334. — 1244. Joli croquis à la mine de plomb sur papier bulle, avec retouches à la sépia et au blanc de gouache ; étude d'arbre avec terrasse au premier plan ; dans le lointain, une ville et des montagnes ; vue d'Italie. (Signé : Pierre Thuillier, Rome 1841.)

T. H. 0,36. — L. 0,48. — (Legs Babinet, 1882.)

TRINQUET. (*Pas de renseignements.*)

335. — 567. Portrait de femme, dessiné de profil, au crayon rouge ; autour du médaillon, on lit : NICOLLE. ÉLISABETH. BAIN. NÉE EN 1755, et plus loin, Trinquet *fecit*, 27 octobre 1782.

H. 0,30. — L. 0,31. — (Legs Babinet, 1882.)

WATTEAU (Jean-Antoine), *né à Valenciennes, en 1684, mort à Nogent, en 1721, peintre de genre et graveur.*

Elève de Gillot et d'Audran; il vint à Paris pour y peindre des décors de l'Opéra. Après de nombreux ennuis, il finit par remporter le prix à l'Académie et en devint membre quelques temps après, le 28 août 1717. Il fit un voyage en Angleterre où il fut presque toujours malade; il revint en France et alla mourir à Nogent, près de Vincennes, dans la fleur de l'âge.

Watteau a peint beaucoup de petits tableaux dont les figures sont gracieuses et remplies d'expression. Sa touche est habile, son coloris brillant et frais, son dessin correct.

336. — 1410. Croquis au crayon rouge représentant deux jeunes garçons assis.

H. 0,29. — L. 0,26. — (Legs Babinet, 1882.)

VERNET (Emile-Jean Horace), *né à Paris, mort dans la même ville.*

Elève de Vincent; il obtint une médaille de 1re classe (histoire), en 1812; la croix de la Légion d'honneur, le 7 décembre 1814; fut promu officier, le 11 janvier 1825; commandeur, le 8 mars 1842; nommé membre de l'Institut en 1826. Les œuvres remarquables de cet éminent artiste ont figuré à un grand nombre de Salons.

337. — 1419. Général à cheval, croquis à l'encre de Chine. (Signé : P. Vernet.)

H. 0,29. — L. 0,23. — (Legs Babinet, 1882.)

ZIEM (Félix), *né à Baune (Côte-d'Or) en 1822, peintre de paysage.*

Il parcourut la Belgique, la Hollande, l'Italie, la Turquie, et débuta au Salon de 1849. Il a obtenu une médaille de troisième classe en 1850; une médaille de première classe en 1852, et une médaille de troisième classe à l'exposition universelle de 1855; il a été nommé chevalier de la Légion d'honneur en 1857. Le Musée du Luxembourg possède de lui une vue de Venise.

338. — 575. Vue d'un port de mer d'une ville d'Orient ; croquis à la mine de plomb, avec retouches au crayon blanc. (Signé : Ziem.)

   H. 0,33. — L. 0,41. — (Legs Babinet, 1882.)

ÉCOLE ITALIENNE.

AUTEURS CONNUS.

ALLORI ANGE, dit BRONZINO-ANGIOLO. (Voir à la peinture, Ecole italienne, la notice qui le concerne, page 75.)

339. — 1374. Etude de tête d'homme et de mains au crayon.

   H. 0,39. — L. 0,29. — (Legs Babinet, 1882.)

ALLORI CHRISTOFANO dit BRONZINO, *fils d'Alexandre, peintre d'histoire, de portrait et de paysage, né à Florence, en 1577, mort en 1619 ou 1621.*

  Fut élève de Cigoli qu'il égala. Il mourut des suites d'une blessure au pied. On trouve dans ses œuvres de l'expression, du relief et un excellent coloris.

340. — 1345. Personnage assis ; étude au crayon rouge.

   H. 0,52. — L. 0,38. — (Legs Babinet, 1882.)

APPIANI (FRANÇOIS), *peintre d'histoire, né à Ancône, en 1701, mort à Pérouse, en 1791.*

  Elève de Simonetti. Il alla habiter à Pérouse où il resta jusqu'à sa mort. Il travailla jusqu'au dernier moment.

341. — 1336. Cadre contenant deux dessins à la plume ; le premier est de Francesco Mola, le second d'Appiani ; il représente un groupe de trois personnages assis, deux femmes et un enfant.

   H. 0,51. — L. 0,34. — (Legs Babinet, 1882.)

BAGLIONE (LE CHEVALIER JEAN), *peintre d'histoire, né en 1573.*

Elève de Fr. Morelli ; il étudia les grands maîtres ; fut employé par Paul V, par le duc de Mantoue et autres grands personnages. Il publia des notices sur les artistes de son époque.

Il y eut aussi un César Baglione, né en 1590 à Bologne, peintre d'histoire, de paysage et d'ornement, qui fut employé au Palais ducal de Parme et mourut dans cette ville.

342. — 1168. Croquis à la plume et au crayon rouge représentant trois femmes debout drapées, dont deux tiennent dans la main quelque chose ressemblant à une palme de martyre, et l'autre, une bannière ou drapeau sur lequel est une croix. Ces femmes sont : sainte Ursule et ses deux compagnes.

H. 0,29. — L. 0,29. — (Legs Babinet, 1882.)

BARBIERI (GIAN-FRANCESCO, dit IL GUERCINO ou LE GUERCHIN), *peintre d'histoire et de portrait, né à Cento, près Bologne, en 1590, mort en 1666.* (Voir à la peinture, Ecole italienne, la notice qui le concerne, page 76.)

343. — 1146. Paysage à la plume ; montagnes dans le lointain, rivière avec pont et constructions diverses au second plan ; groupe d'arbres à droite, au premier plan.

H. 0,27. — L. 0,37. — (Legs Babinet, 1882.)

344. — 1350. Deux dessins à la plume et à la sépia ; le premier représente une figure debout et drapée ; le second, des figures groupées, debout et demi-nues.

H. 0,51. — L. 0,32. — (Legs Babinet, 1882.)

345. — 1155. Paysage à la plume ; au premier plan, rivière ou mer avec barques ; à droite, arbres et rochers ; au second plan, édifice et plage avec personnages ; dans le lointain une montagne.

H. 0,28. — L. 0,50. — (Legs Babinet, 1882.)

346. — 1340. Dessin à la plume représentant trois têtes de vieillard.

    H. 0,52. — L. 0,32. — (Legs Babinet, 1882.)

347. — 1367. Dessin à la plume représentant un personnage assis, le torse nu, un chien près de lui, probablement un berger.

    H. 0,39. — L. 0,29. — (Legs Babinet, 1882.)

348. — 1430. Croquis à la plume et à la sépia ressemblant beaucoup au précédent, homme assis avec un chien devant lui et un enfant derrière lui.

    H. 0,24. — L. 0,28. — (Legs Babinet, 1882.)

349. — 1551. Paysage à la plume représentant, à l'horizon, des montagnes; au second plan, une chute d'eau; au premier plan, à droite, des rochers avec arbres et personnages; à gauche, des arbres.

    H. 0,43. — L. 0,55. — (Legs Babinet, 1882.)

350. — 1149. Paysage à la plume ressemblant beaucoup au précédent; il représente une chute d'eau, des montagnes et des arbres.

    H. 0,43. — L. 0,55. — (Legs Babinet, 1882.)

351. — 1226. Paysage à la plume; rivière avec maisons sur la rive opposée, arbre et personnages au premier plan.

    H. 0,42. — L. 0,55. — (Legs Babinet, 1882.)

252. — 1228. Paysage à la plume; au premier plan, à droite, arbres avec personnages; au second plan, chute d'eau avec fabriques dans le lointain.

    H. 0,42. — L. 0,47. — (Legs Babinet, 1882.)

BELLA (Stephano-Della). *Pas de renseignements.*
(Ecole florentine) 1610-1664.

353. — 1359. Croquis à la plume et à l'encre de Chine; cavalier et personnages séparant ou combattant des animaux.

H. 0,52. — L. 0,20. — (Legs Babinet, 1882.)

354. — 1265. Paysage à la plume; vue panoramique de la campagne romaine. On aperçoit la Tiau, le pont Nomentano, Saint-Pierre de Rome et Tivoli dans le lointain.

H. 0,51. — L. 0,34. — (Legs Babinet, 1882.)

BENVENUTO CELLINI, *peintre, sculpteur et graveur, né à Florence, en 1500, mort dans la même ville, en 1570.*

Il fut l'un des plus célèbres artistes du xvie siècle. Le pape Clément VII lui confia la défense du château Saint-Ange, où Cellini acquit beaucoup de gloire par sa prudence et par sa bravoure. François Ier le combla de ses bienfaits.
On a de lui l'histoire de sa vie, in-4° publié à Cologne en 1730, un traité sur la sculpture, et la manière de travailler l'or, in-4° publié à Florence en 1568.

355. — 1253. Dessin à la plume et à la sépia; mêlée de guerriers romains combattant à cheval.

H. 0,25. — L. 0,60. — (Legs Babinet, 1882.)

BERRETTINI (Pietro, dit Pierre de Cortone), *peintre d'histoire et de portrait, né à Cortone, en 1596 ou 1609, mort en 1669.* (Voir à la peinture, Ecole italienne, la notice qui le concerne, page 77.)

356. — 1261. Belle composition représentant un guerrier embrassant, avant son départ, un enfant qu'une femme tient dans ses bras et lui présente; à droite, une femme assise avec un enfant, et derrière elle, un groupe de

guerriers; à gauche, un char auquel sont attelés deux chevaux qui se cabrent, et qui sont maintenus par un serviteur.

H. 0,00. — L. 0,00. — (Legs Babinet, 1882.)

357. — 1219. Croquis au crayon rouge représentant l'Annonciation.

H. 0,43. — L. 0,34. — (Legs Babinet, 1882.)

BISCAINO (BARTOLOMEO), *fils d'André Biscaino, peintre d'histoire, né à Gênes, en 1632, mort en 1657.*

Elève de Valère Castelli; il mourut de la peste avant que son talent n'ait atteint la perfection qu'il promettait pour l'avenir. Dessin gracieux et vigoureux; graveur habile.

358. — 1429. Dessin à la plume et à la sépia représentant une vierge assise, allaitant l'enfant Jésus; saint Joseph est à droite, derrière la Vierge; on voit aussi deux anges debout, et dans le ciel, sur des nuages, de petits anges.

H. 0,46. — L. 0,32. — (Legs Babinet, 1882.)

359. — BRIZIO (FRANCESCO), *peintre d'histoire et de portrait, né à Bologne en 1574, mort en 1625.*

Elève de Louis Carrache; il laissa le métier de cordonnier pour faire de la peinture, et acquit un talent très remarquable. Dessin élégant et travail très fini; il fut aussi bon graveur.

360. — 1390. Cadre contenant deux dessins à la plume retouchés à la sépia; le premier est de Cavedone Jacopo, et le second de Brizio; il représente cinq personnages debout.

H. 0,41. — L. 0,30. — (Legs Babinet, 1882.)

361. — 1251. Croquis au crayon relevé à la sépia, représentant sainte Marguerite debout, le bras gauche

— 166 —

levé, tenant une croix, et foulant aux pieds des monstres ; composition symbolique.

H. 0,35. — L. 0,29. — (Legs Babinet, 1882.)

362. — BUJIARDINI (JULIANO), *peintre d'histoire et de portrait, né à Florence en 1481, mort en 1556.*

Il fut élève de M. Albertinelli et travailla avec Michel-Ange, le Granacci et de Ghirlandaio ; bien qu'il eut l'esprit peu inventif, l'exécution de ses peintures était très soignée et son dessin très correct.

363. — 1344. Dessin à la plume retouché à la sépia : groupes divers de personnages vus en raccourci.

H. 0,52. — L. 0,58. — (Legs Babinet, 1882.)

BUONACCORSI (PIERRE, dit PERINO DEL VAGA), *peintre d'histoire et de portrait, né à Florence, en 1500 ou 1501, mort à Rome, en 1547.*

Son enfance fut malheureuse ; André de Cerri, peintre médiocre, le recueillit chez lui et le confia plus tard à son ami de Ghirlandaïo ; le Vaga, frappé de ses dispositions, le conduisit à Rome, où il devint élève de Raphaël et travailla avec lui au Vatican.

Il est regardé comme le plus grand dessinateur de l'École de Florence après Michel-Ange, et comme le meilleur de tous les peintres qui aidèrent Raphaël dans ses travaux. On lui doit la *Salle Royale*, le plus bel ouvrage qui ait été fait à Rome de son temps.

Il visita Lucques, Pise, puis s'établit à Gênes, où il fonda une école devenue célèbre. Le prince Doria le protégea et lui fit exécuter des travaux importants.

364. — 1285. Dessin à la plume, piqué à l'aiguille pour être décalqué ; femme assise, à demi-drapée, écrivant avec un burin sur un bouclier qu'elle appuie contre un tronc de palmier.

H. 0,49. — L. 0,34. — (Legs Babinet, 1882.)

BUONAROTI (MICHEL-ANGE), *né à Château de Caprèse (territoire d'Arrezo), en 1474, mort en 1564 ; peintre, architecte et sculpteur.*

Il reçut les premières notions du dessin de Fr. Granacci, et fut ensuite élève des Ghirlandaïo A quinze ans, il était aussi fort que ses maîtres et corrigeait même leurs dessins. Il fut protégé par Laurent de Médicis, Jules II, Léon X, Clément VII, pour lesquels il exécuta des chefs-d'œuvre de peinture et de sculpture.

Ce fut sous les règnes de Paul III, de Jules III et de Pie V, qu'il exécuta encore des peintures dans la chapelle Sixtine, et fit les plans de la basilique de Saint-Pierre ; il mourut à l'âge de 90 ans.

365. — 1284 Etude de pied et de bras, dessin à la plume. (Signé : Michel-Angelo Buonaroti.)

H. 0,49. — L. 0,35. — (Legs Babinet, 1882.)

366. — Figure nue, assise ; croquis à la plume. (Signé : Michel-Angelo.)

H. 0,49. — L. 0,35. — (Legs Babinet, 1882.)

CALDARA (POLYDORO dit le CARRAVAGE), *né à Carravage (Milanais), en 1495, mort en 1540 ou 1543 ; peintre d'histoire et de paysage.*

Il était fort jeune encore lorsqu'il alla à Rome, où sa vocation se révéla en voyant les œuvres de Jean d'Udine et celles de d'autres artistes aux loges du Vatican. Il mourut assassiné par un de ses élèves, à Messine, au moment de retourner à Rome.

367. — 1190. Croquis à la plume et à la sépia représentant deux hommes portant des objets sur un brancard ; une femme, tenant un enfant dans ses bras, marche près d'eux ; ils semblent fuir un danger et regarder en arrière.

H. 0,31. — L. 0,39. — (Legs Babinet, 1882.)

368. — 1189. Dessin à la plume et à la sépia représentant un cortège, composé d'hommes et de femmes, suivant un char traîné par des bœufs.

H. 0,31. — L. 0,43. — (Legs Babinet, 1882.)

369. — 1199. Croquis à la plume représentant différents groupes d'hommes et de femmes; au centre, on remarque une figure principale, debout, bien drapée et faisant du bras droit un geste impératif; elle est entourée de personnages s'inclinant devant elle en signe de respect et de soumission.

H. 0,31. — L. 0,38. — (Legs Babinet, 1882.)

370. — 1373. Cadre contenant deux dessins à la sépia représentant deux franciscains et saint François d'Assise.

H. 0,39. — L. 0,50. — (Legs Babinet, 1882.)

371. — 1252. Dessin à la plume, retouché à la sépia et avec du blanc, représentant des guerriers armés d'arcs et combattant des amazones qui tombent percées par des flèches.

H. 0,35. — L. 0,60. — (Legs Babinet, 1882.)

372. — 1366. Dessin à la sépia; groupe de figures debout.

H. 0,39. — L. 0,29. — (Legs Babinet, 1882.)

CALLIARI PAOLO (dit PAUL VÉRONÈSE), *né à Vérone en 1528 ou 1530, mort en 1588; peintre d'histoire et de portrait.*

Elève de son oncle Radile; il fut peu apprécié dans sa ville natale; il habita Vicence, puis Venise; alla à Rome, où il se fit une grande réputation. Grand coloriste, imagination vive et spirituelle.

373. — 1329. Dessin lavé à l'encre de Chine représentant la cène; le Christ est entouré de ses apôtres; intérieur de palais; retouches au crayon blanc; belle composition.

H. 0,46. — L. 0,58. — (Legs Babinet, 1882.)

374. — 1368. Dessin lavé à l'encre de Chine; femme drapée assise sur des nuages, tenant sur ses genoux un vase orné de figurines.

H. 0,29. — L. 0,31. — (Legs Babinet, 1882.)

375. — 1394. Dessin retouché à la gouache et à la sépia, représentant un monarque assis sur un trône; une femme placée devant lui semble implorer la grâce d'un condamné.

H. 0.41. — L. 0,34. — (Legs Babinet, 1882.)

CARRACCI (Antoine, dit Carrache), *fils d'Augustin, né à Venise en 1578, mort en 1613; peintre d'histoire et de portrait.*

Elève d'Annibal; il travailla beaucoup à Rome où il mourut. On trouve dans ses œuvres beaucoup d'expression, de vigueur et d'effet.

376. — 1323. Dessin à la plume avec ombres portées à l'encre de Chine; sujet religieux; le Christ dans le ciel, assis sur un nuage, tient sa croix et apparaît à ses apôtres.

H. 0,46. — L. 0,38. — (Legs Babinet, 1882.)

377. — 1342. Figure de femme représentant la Justice appuyée sur une épée; dessin à la plume rehaussé de sépia.

H. 0,52. — L. 38. — (Legs Babinet, 1882.)

378. — 1252. Dessin à la plume représentant un combat de cavaliers romains.

H. 0,35. — L. 0,60. — (Legs Babinet, 1882.)

CARRACCI (Louis Carrache), *né à Bologne, en 1555, mort en 1619; peintre d'histoire et de portrait.*

Elève de Fontana, à Bologne, et du Tintoret, à Venise.

(Voir à la peinture, Ecole italienne, la notice qui le concerne, page 78.)

379. — 1380. Croquis à la plume, retouché à la sépia, représentant un moine agenouillé devant la Vierge et l'enfant Jésus; groupe d'anges derrière la Vierge.

H. 0,39. — L. 0,31. — (Legs Babinet, 1882.)

380. — 1381. Dessin à la sépia représentant trois saints debout.

  H. 0,39. — L. 31. — (Legs babinet, 1882.)

CARRACCI (Annibal Carrache), *frère d'Augustin et cousin de Louis, né à Bologne, en 1560, mort en 1609; peintre d'histoire, de portrait et de paysage.*

  Il était fils d'un tailleur et élève de Louis; il eut beaucoup de génie et fut un grand imitateur du Corrège. Le chagrin que lui causa l'ingratitude du prince Farnèse, qui le paya à peine de ses ouvrages, occasionna sa mort.

381. — 1291. Cadre contenant deux dessins à la plume; le premier, par Annibal Carrache, représente saint Gérôme à genoux devant une croix et une tête de mort, lisant ou écrivant; derrière lui sont des rochers.

  H. 0,50. — L. 0,30. — (Legs Babinet, 1882.)

382. — 1249. Croquis à la plume représentant trois personnages à genoux, un évêque et deux moines.

  H. 0,38. — L. 0,41. — (Legs Babinet, 1882.)

383. — 1379. Croquis à la plume représentant la sainte famille; la Vierge assise tient l'enfant Jésus; saint Joseph et saint Jean sont à gauche.

  H. 0,39. — L. 0,31. — (Legs Babinet, 1882.)

384. — 1352. — Croquis à la plume représentant un jeune homme debout, en costume du XVIe siècle, tenant un drapeau ou étendard, appuyé sur son épaule gauche.

  H. 0,52. — L. 0,38. — (Legs Babinet, 1882.)

CARRACCI (Augustin Carrache), *cousin de Louis et frère d'Annibal, né en 1558 à Bologne, mort en 1601; peintre d'histoire et de portrait.*

  Fut élève de Louis; il visita Parme et Venise en 1580. Il eut beaucoup à souffrir du caractère jaloux de son frère Annibal. Il s'adonna principalement à la gravure et mourut à Parme d'excès de travail.

385. — 1325 Paysage à la plume et à l'encre de Chine ; montagnes dans le lointain ; rochers avec fabriques au second plan ; arbres, ruines et rochers au premier plan. Dans un chemin, le Christ marche escorté par les disciples d'Emmaüs.

H. 0,46. — L. 0,58. — (Legs Babinet, 1882.)

386. — 1377. Dessin à la plume et à la sépia représentant un groupe de personnages religieux, les uns debout, les autres assis.

H. 0,39. — L. 0,31. — (Legs Babinet, 1882.)

CAVEDONE (JACOPO), *né à Sassuolo (duché de Modène) en 1557, mort en 1660; peintre d'histoire et de portrait.*

Elève des Carrache, puis du Guide avec lequel il alla à Rome. La mort de son fils le rendit idiot; il perdit son talent et mourut misérable dans une écurie, où on l'avait reçu par charité.

387. — 1390. Cadre contenant deux dessins: le premier, par Cavedone, représente une femme assise avec deux personnages.

H. 0,41. — L. 0,30. — (Legs Babinet, 1882.)

388. — 1343. Couronnement de la sainte Vierge ; croquis à la plume légèrement relevé à la sépia.

H. 0,52. — L. 0,38. — (Legs Babinet, 1882.)

CRESPI (JOSEPH-MARIE), *dit l'espagnol, né en 1665 à Bologne, mort en 1747; peintre d'histoire, de portrait et de genre.*

Elève du Canuti, puis de C. Cignani; il étudia les Carrache à Bologne, le Corrège à Parme, Barroche à Urbin et à Pesaro ; il mourut aveugle.

389. — 1198. Groupe de cinq personnages représentant une descente de croix ; le corps du Christ est appuyé

sur les genoux de la Vierge ; croquis à la plume lavé à l'encre de Chine.

H. 0,32. — L. 0,39. — (Legs Babinet, 1882.)

DONATO ARETI, *né en 1359 ; peintre d'histoire.*

Elève de Jacobello de Flore; il surpassa son maître pour le style.

390. — 1262. Cadre contenant trois dessins à la plume représentant des têtes d'hommes et de femmes, attribuées à Donato Areti et à Francesco Mola.

H. 0,35. — L. 0,60. — (Legs Babinet, 1882.)

FACINI (Pierre), *né en 1566 à Bologne, mort en 1602 ; peintre d'histoire.*

Elève d'Annibal Carrache; il ouvrit une école à Bologne et y attira les jeunes gens de la ville. Il fut aussi graveur à l'eau-forte. Son dessin n'est pas très correct, mais ses carnations sont d'une grande vérité.

391. — 1291. Dessin à la plume représentant deux têtes de vieillards.

H. 0,50. — L. 0,30. — (Legs Babinet, 1882.)

FIÉSOLE (Jean-Baptiste, dit IL Beato-Angélico, ou Fra Angélico), *frère de Jean de Fiésole, peintre d'histoire et de miniature, né à Fiésole en 1387, mort en 1455.*

On pense qu'il fut élève de Masaccio et de G. Starnina ; il entra fort jeune au monastère de Saint-Dominique de Fiésole. Le pape Nicolas V l'appela à Rome et le fit travailler au Vatican.

392. — 1354. Dessin à la plume, avec ombres portées à la sépia, représentant l'Assomption ; la Vierge monte au ciel portée par des anges ; groupes nombreux de personnages autour de son tombeau.

H. 0,52. — L. 0,38. — (Legs Babinet, 1882.)

FIORI (FRÉDÉRICO, dit BAROCCI, *peintre d'histoire, né à Urbin, en 1528, mort en 1612.*

Elève de Baptiste Vénitien; il visita Rome en 1548; protégé par le cardinal Della Rovère, il travailla à Rome, à Urbin, à Pérouse et à Florence où il obtint des succès. Il imita beaucoup le Corrège; son dessin est correct.

393. — 1164. Croquis à la plume et à la sépia représentant, à droite, un groupe de quatre personnages agenouillés devant un groupe de figures debout, au milieu desquelles se trouve un grand personnage tenant un bâton de maréchal ou un sceptre de la main droite, et tendant la main gauche vers les suppliants; des guerriers entourent ce personnage; dans le fond, à droite, des palais et des édifices fortifiés; époque Henri II.

H. 0,31. — L. 0,38. — (Legs Babinet, 1882.)

FRA GIROLAMO DE BRESCIA (MONSIGNORI OU FRA GIROLAMO), *fils d'Albert Monssignori, peintre d'histoire et de portrait, né à Vérone en 1500.*

Il était religieux dominicain et mourut victime de son dévouement à servir les malades atteints de la peste; il fut un peintre de talent.

394. — 1233. Dessin à la plume retouché à la sépia; personnages groupés autour de deux autres figures dont l'une se jette aux pieds d'une femme qui la reçoit dans ses bras.

H. 0,44. — L 0,38. — (Legs Babinet, 1882.)

GENNARI BENEDETTO, *fils d'Hercule, peintre d'histoire, né à Bologne, en 1633, mort dans la même ville, en 1715.* (Ecole polonaise.)

Elève du Guerchin; il alla habiter l'Angleterre, et devint peintre de Charles II et de Jacques II. Il travailla pour Louis XIV, pour le duc d'Orléans, et revint mourir à Bologne.

Il y eut aussi *Gennari Benoît dit le Vieux*, né à Cento, vivant au XVIe siècle, et qui fut un des meilleurs maîtres du Guerchin.

395. — 1356. Croquis à la plume et à la sépia représentant l'adoration des rois mages.

H. 0,52. — L. 0,38. — (Legs Babinet, 1882.)

GIOVANI DE SAN GIOVANINO. *(Pas de renseignements.)*

396. — 1360. Dessin à la plume, relevé à la sépia, représentant une femme accroupie, tenant un enfant dans un bassin plein d'eau, un ange est à genoux près de l'enfant; peut-être est-ce la naissance de la Vierge ?

H. 0,37. — L. 0,38. — (Legs Babinet, 1882.)

LANFRANC (JEAN), *peintre d'histoire et de portrait, né à Parme, en 1581, mort en 1647, élève d'Annibal Carrache.* (Voir à la peinture, Ecole italienne, la notice qui le concerne, page 80.)

397. — 1168. Croquis à la plume retouché à la sépia; groupe de trois figures; à droite, une femme est à genoux, les mains croisées, près d'un personnage assis et soutenu par un autre.

H. 0,29. — L. 0,39. — (Legs Babinet, 1882.)

MAZZUCHELLI (PIÉTRO-FRANCESCO, dit IL MORAZZONE), *peintre d'histoire, né à Morazzone, en 1571, mort en 1626.*

Il vécut à Rome pendant quelques années, puis revint s'établir à Milan. En 1626, il avait été appelé à Plaisance pour y peindre la grande coupole de la cathédrale, mais la mort le surprit avant que son œuvre fût achevée; ce fut le Guerchin qui la termina.

398. — 1324. Dessin à la plume et à la sépia; au premier plan, groupe de femmes couchées avec enfants; près d'elles, à droite, vieillard assis avec deux autres enfants; à gauche, femme debout, tenant un enfant dans ses bras; derrière elle, un guerrier porte un homme sur ses épaules; dans le fond, un palais avec de nombreuses personnes qui en sortent.

H. 0,40. — L. 0,55. — (Legs Babinet, 1882.)

MAZZUOLI (Francesco, dit le Parmessan), *fils de Philippe, peintre de portrait et d'histoire, né à Parme, en 1503 ou 1504, mort en 1540.*

Il fut élève de son père et de ses deux oncles; à 14 ans, il fit un tableau remarquable; devint élève du Corrège; parcourut toute l'Italie; étudia Jules Romain et Raphaël; fut employé par Clément VI; faillit périr pendant le sac de Rome; revint à Parme après avoir été dépouillé par des Allemands; se livra à l'alchimie qui lui fit perdre toutes ses ressources et le conduisit à la mélancolie Il mourut fort jeune. Style grand, majestueux, beaucoup de grâce dans ses poses, coloris harmonieux. Il fut l'inventeur de la gravure à l'eau-forte.

399. — 1422 Croquis à la plume et à la sépia représentant le mariage de la sainte Vierge.

H. 0,29. — L. 0,31. — (Legs Babinet, 1882.)

400. — 1213. Dessin à la plume et à la sépia; groupe de personnages orientaux parmi lesquels on distingue des chameaux et des chevaux; plusieurs hommes comptent de l'argent; probablement Joseph vendu par ses frères.

H. 0,29. — L. 0,28. — (Legs Babinet, 1882.)

401. — 1272. Dessin à la plume et à la sépia; groupe d'hommes et de femmes, les uns assis, les autres debout; la figure du milieu est assise et tient un enfant sur ses genoux, une femme est agenouillée près de l'enfant qu'elle caresse.

H. 0,29. — L. 0,28. — (Legs Babinet, 1882.)

402. — 1341. Cadre contenant deux dessins; l'un représente Jupiter assis, le torse nu et lançant la foudre; le second, une femme debout, drapée.

H. 0,52. — L. 0,27. — (Legs Babinet, 1882.)

403. — 1203. Dessin à la plume retouché à la sépia; même sujet et même composition moins étudiée que celle du n° 1272.

H. 0,29. — L. 0,28. — (Legs Babinet, 1882.)

404. — 1322. Cadre contenant deux dessins ; le premier, au crayon mine de plomb avec lumières au crayon blanc, représente la Vierge assise tenant l'enfant Jésus debout sur ses genoux ; des personnages les entourent ; le second dessin, à la plume et à la sépia, représente deux figures debout au milieu desquelles on distingue une femme et un enfant.

H 0,47. — L. 0,26. — (Legs Babinet, 1882.)

MEDULA (ANDRÉ, dit LE SCHIAVONE), *peintre d'histoire et de portrait, né à Sebenico (Dalmatie) en 1522, mort à Vicence en 1582.*

Il étudia les ouvrages du Giorgion et du Titien. Le Tintoret apprécia son talent, mais Vasari le traita avec une injuste rigueur. Ses œuvres furent très recherchées après sa mort. Son dessin fut médiocre, son coloris agréable et sa touche habile. Il fut graveur à l'eau-forte et au clair obscur.

405. — 1337 Dessin à l'encre de Chine représentant un saint Michel à cheval terrassant un dragon.

H. 0,51. — L. 0,41. — (Legs Babinet, 1882.)

MICHEL-ANGELLI (FRANCESCO, dit L'AQUILANO), *peintre d'histoire, né à Aquila en 1700.*

Elève de B. Luti ; il fit de belles copies des tableaux de son maître et mourut jeune.

406. — 1182. Dessin au crayon rouge ; étude de torse, personnage assis.

H. 0,29. — L. 0,39. — (Legs Babinet, 1882.)

MOLA (FRANCESCO-PIÉTRO), *peintre d'histoire et de portrait, né à Coldre (Milanais) en 1612 ou 1621, mort en 1668 ou 1666.*

Il fut élève de J. Césaria, à Rome, de l'Albano, à Bologne et du Guerchin, à Venise. Il fut protégé par Innocent X, par son successeur Alexandre, VII et par la reine Christine de Suède. Il mourut subitement au moment de se rendre en France à l'appel de Louis XIV. Il fut aussi graveur à l'eau-forte:

407. — 1336. Le premier dessin représente un groupe d'anges debout et un personnage agenouillé près d'un tronc d'arbre.

H. 0,52. — L. 0,33. — (Legs Babinet, 1882.)

408. — 1262. Cadre contenant trois dessins à la plume représentant des têtes humaines. Ces dessins sont attribués à Mola-Francesco et à Donato.

H. 0,35. — L. 0,60. — (Legs Babinet, 1882.)

MORAZONE (JACQUES), *peintre d'histoire et de portrait, né à Venise en 1441.*

Il travaillait à Venise, en concurrence avec Jacobello de Flore, dont il ne possédait pas le talent. Sa manière est celle des premiers peintres de l'Ecole italienne.

409. — 1369. Croquis à la plume, retouché à la sépia, représentant un personnage drapé et assis avec une figure debout derrière lui.

H. 0,39. — L. 0,31. — (Legs Babinet, 1882.)

MUNARI (CÉSAR, dit PELLEGRINO et surnommé ARETUSI), *fils de Pellegrino di Modona, peintre d'histoire et de portrait, né à Modène, en 1612.*

Il passa presque toute sa vie à Bologne, et se fit remarquer par une belle copie des peintures du Corrège dans l'église de Saint-Jean à Parme; il travailla constamment avec J.-B. Fiorini, et ce sont leurs talents réunis qui ont produit des ouvrages distingués. Il réussit beaucoup dans le portrait et fut employé par plusieurs princes.

410. — 1362. Dessin à la plume et à la sépia représentant un groupe de femmes apportant des offrandes pour un sacrifice.

H. 0,38. — L. 0,44. — (Legs Babinet, 1882.)

NATALI (Joseph), *né à Casal-Maggiore (Crémonais), en 1652, mort en 1722. Perspective et architecture.*

Il étudia à Rome et à Bologne ; s'occupa beaucoup de vues d'architecture et d'ornements.

411. — 1408. Croquis d'architecture, ruines de palais ; dessin à la plume ; composition décorative et de style. Panthéon et ruines du Forum.

H. 0,39. — L. 0,29. — (Legs Babinet, 1882.)

NICOLLA (V.-J.). *Pas de renseignements.*

412. — 1201. Petit dessin à la sépia ; vue d'un pont avec rue et personnages au-dessous. (Signé : V.-J. Nicolla.)

H. 0,39. — L. 0,28. — (Legs Babinet, 1882.)

PAGANI (Paolo), *peintre d'histoire, né à Valsolda (Milanais) en 1661, et mort en 1716.*

Les renseignements manquent presque complètement ; on sait qu'il étudia et enseigna à Venise.

413. — 1361. Croquis à la plume relevé à l'encre de Chine : femme assise tenant un enfant dans ses bras.

H. 0,38. — L. 0,29. — (Legs Babinet, 1882.)

PASINELLI (Laurent), *peintre d'histoire, né à Bologne, en 1629, mort en 1700.*

Elève de Cantarini et du Torre ; son dessin fut quelquefois incorrect ; ses mouvements souvent forcés ; il chercha à imiter le grand style de Paul Véronèse et le gracieux de Raphaël. Son coloris était frais et éclatant.

Il chercha à ramener l'Ecole de Bologne vers les beaux modèles qu'elle avait abandonnés depuis quelque temps. Il fut aussi graveur à l'eau-forte.

414. — 1355. Croquis à la plume représentant une femme agenouillée priant près d'un rocher ; probablement sainte Madeleine.

H. 0,52. — L. 0,33. — (Legs Babinet, 1882.)

PENNI (Luc), *frère de François, né en 1500, à Florence, peintre de portrait et d'histoire.*

Il fut élève de Raphaël et de Périn del Vaga. Travailla dans les villes de Lucques et de Gênes; visita l'Italie; fut en Angleterre où Henri VIII l'occupa; vint en France et fut employé à Fontainebleau avec le Primatice; puis il retourna dans sa patrie où il s'occupa de gravure à l'eau-forte.

415. — 1263. Dessin à la sépia et à l'encre de Chine représentant un combat d'amazones et de guerriers.

H. 0,35. — L. 0,60. — (Legs Babinet, 1882.)

PIPPI (Jules, dit Jules Romain), *né à Rome, en 1492, mort en 1546, peintre d'histoire et de portrait.*

Il fut l'élève, l'ami et le compagnon de Raphaël avec lequel il travailla au Vatican, au palais Borgia, etc. Le cardinal Jules de Médicis, qui fut plus tard Clément VII, le fit travailler. Mais il lui retira sa protection et le força même à quitter Rome pour avoir composé des dessins licencieux. Frédéric de Gonzague fit venir Jules Romain à Mantoue où il le chargea, comme peintre et comme architecte, d'importants travaux qu'il exécuta d'une façon remarquable, et à la suite desquels le duc de Mantoue le combla de biens et d'honneurs. Il fut appelé à Bologne pour y donner les plans de l'église Sainte-Pétrone, puis à Rome pour y remplacer l'architecte du Pape Jules Romain fut non seulement un des plus grands peintres de l'Italie, mais encore un excellent architecte.

416. — 1340. Cadre contenant des dessins de têtes humaines, dans diverses positions, exécutés à la plume et à la sépia ; attribués à Jules Romain.

H. 0,52. — L. 0,32. — (Legs Babinet, 1882.)

417. — 1383. Dessin à la plume et à l'encre de Chine

représentant un plafond attribué à Jules Romain. Char, chevaux et personnages vus d'en-dessous et en raccourci. Bizarre composition.

H. 0,41. — L. 0,60. — (Legs Babinet, 1882.)

PORTA (JOSEPH, dit SALVIATI JEUNE), *né à Castelnovo di Garfagnano, en 1520, mort à Venise, en 1570, peintre d'histoire et de portrait.*

Il était fort jeune quand il fut à Rome à l'école de Fr. Salviati, dont il prit le nom par reconnaissance. Il suivit son maître à Venise et s'y fixa. Il exécuta plusieurs travaux importants pour des nobles. Le Pape Pie IV l'appela à Rome pour travailler au Vatican. Il fut l'ami du Titien auquel il dut d'être un des décorateurs de la bibliothèque de Saint-Marc, à Venise.

Son dessin était savant et étudié; son coloris vrai et vigoureux ; il avait des connaissances approfondies en architecture et fut un excellent graveur en taille de bois.

418. — 1321. Dessin à la plume, retouché à la sépia, représentant une femme assise, tenant une balance; figure décorative de la Justice.

H. 0,46. — L. 0,38. — (Legs Babinet, 1882.)

419. — 1376. Dessin à la plume et à la sépia : groupes de personnages.

H. 0,39. — L. 0,31. — (Legs Babinet, 1882.)

PRIMATICO FRANCESCO (dit le PRIMATICE), *né à Bologne, en 1490, mort en 1570, peintre d'histoire et de portrait.*

Elève d'Innocent d'Émola, de Ramenghi, dit le Bagnacavallo et de Jules Romain. Appelé à la Cour par François I*er*, le Primatice devint le rival jaloux de Rosso qui jouissait d'une grande faveur près du roi. François I*er* renvoya le Primatice dans sa patrie avec mission de recueillir des statues antiques pour en orner la France. Il rapporta les moules du Laocoon, de la Vénus de Médicis et de l'Adriane. Après la mort de Rosso, Primatice fut nommé intendant des bâtiments.

Il exécuta de grands travaux au château de Fontainebleau et Henri II, François II, Henri III et Charles IX, le comblèrent de bontés et de faveurs. Coloris vrai, touche ferme, composition grandiose, telles furent ses qualités.

420. — 1147. Dessin à la plume et à la sépia : jeune femme assise et nue jouant avec un amour qu'elle a désarmé en lui enlevant son arc.

H. 0,37. — L. 0,33. — (Legs Babinet, 1882.)

421. — 1153. Dessin à la sépia représentant une composition mythologique ou allégorique : navires montés par des matelots et assiégés par des êtres fantastiques, diables, sirènes, etc.

H. 0,42. — L. 0,46. — (Legs Babinet, 1882.)

422 — 1370. Dessin à la plume, rehaussé de sépia, représentant un personnage étendu sur un lit, près de lui, à gauche, on aperçoit une femme assise et une autre figure debout.

H. 0,39. — L. 0,52. — (Legs Babinet, 1882.)

RAFAELLINO DEL GARBO, *peintre d'histoire, né à Florence en 1466, mort en 1524.*

Elève de Ph. Lippi ; les figures de ses compositions sont gracieuses, bien groupées et d'un beau coloris. Chargé d'une nombreuse famille, il négligea ses peintures ; son talent s'altéra presque entièrement, et il mourut pauvre et avili.

423. — 1192. Dessin à la plume ombré à la sépia représentant Jésus devant Pilate.

H. 0,34. — L. 0,33. — (Legs Babinet, 1882.)

424. — 1264. Magnifique dessin à la sépia avec retouches de blanc ; guerriers romains manœuvrant des engins

— 182 —

de guerre: dessin très curieux au point de vue des renseignements qu'il fournit.

H. 0,35. — L. 0,58. — (Legs Babinet, 1882.)

RICCI (SÉBASTIANO), *peintre d'histoire et de portrait, né à Cividale di Belluno en 1659 ou 1660, mort en 1734.*

Elève du Cervelli; il accompagna son maître à Milan; alla ensuite à Bologne et à Venise; parcourut l'Italie entière après avoir habité pendant quelques années Rome et Florence, laissant partout de ses ouvrages. Il visita l'Allemagne, l'Angleterre et la Flandre. La reine d'Angleterre l'ayant appelé à Londres, il passa par la France et fut nommé académicien à Paris. Après avoir résidé longtemps à Dresde, il revint à Venise où il exécuta de nombreux travaux. Dessin précis, formes gracieuses et distinguées, exécution habile.

425. — 1327. Beau dessin à la sanguine : groupe de personnages en costume du XVIe siècle apportant des présents à une femme assise, casquée; composition allégorique, au bas on lit : Gio. B. Pittoni, n° 31.

H. 0,45. — L. 0,49. — (Legs Babinet, 1882.)

C'est probablement à tort que ce dessin est attribué à Ricci; il peut être de Pittoni dont il paraît être signé.

PITTONI (JEAN-BAPTISTE), *naquit à Venise, en 1686 ou 1687, et mourut en 1766 ou 1767.*

Il fut élève de Fr. Pittoni, son oncle, peintre médiocre, qui n'est connu que par la réputation de son neveu, lequel fut un des meilleurs artistes de son temps.

426. — 1403. Croquis à la plume et à la sépia représentant deux personnages debout, attribué à Ricci.

H. 0,29. — L. 0,22. — (Legs Babinet, 1882.)

RIZZI (ÉTIENNE), *peintre d'histoire de peu de talent, né au XVIe siècle. (Pas de renseignements.)*

427. 1347. Croquis à la plume et à la sépia représentant un personnage assis, et un autre dans les flammes.

H. 0,52. — L. 0,38. — (Legs Babinet, 1882.)

428. — 1179. Dessin à la plume ombré à la sépia : personnage dans l'espace portant une draperie.

H. 0,29. — L. 0,22. — (Legs Babinet, 1882.)

ROSA (Salvator), *peintre de paysage, de bataille, d'histoire et de portrait, né à Renella ou Arenella, près Naples, en 1615, mort en 1673.* (Voir à la peinture, Ecole italienne, la notice qui le concerne, p. 84.)

429. — 1332. Dessin au crayon et à la sépia : site sauvage, rochers avec tronc d'arbre brisé, source au pied du rocher ; ça et là, bouquets d'arbustes, deux personnages sont au premier plan, l'un d'eux est assis.

H. 0,46. — L. 0,55. — (Legs Babinet, 1882.)

ROBUSTI (Jacopo, dit il Tintoretto), *peintre d'histoire et de portrait, né à Venise, en 1512, mort en 1594.* (Voir à la peinture, Ecole italienne, la notice qui le concerne, page 85.)

430. — 1250. Dessin à la plume et à la sépia : groupes de personnages, hommes et femmes, offrant un sacrifice à une divinité. Dans le fond du tableau on voit une balustrade à jour avec des arbres et la silhouette d'un palais ; à gauche, un groupe de femmes apporte des offrandes de fleurs et de fruits.

H. 0,39. — L. 0,52. — (Legs Babinet, 1882.)

RUGGIERO (Ruggiero), *peintre d'histoire et de portrait, né au XVIe siècle.*

Les renseignements manquent sur cet artiste ; on sait qu'il accompagna le Primatice en France et qu'il travailla avec lui aux peintures de la galerie de Fontainebleau.

431. — 1373. Dessin à la sépia, retouché avec du blanc de gouache, représentant un groupe au milieu duquel un homme assis, drapé, écrit sur un livre tenu par un ange debout; à gauche, une autre figure assise tient un livre ouvert; près d'elle, deux anges debout désignent le personnage du milieu. Joli dessin.

H. 0,39. — L. 0,52. — (Legs Babinet, 1882.)

SALIMBINI (ARCHANGELO), *peintre d'histoire, né en 1579.*

Il fut élève du Sadoma dont il termina un des tableaux; on prétend aussi qu'il eut pour maîtres Frédérico Zuccaro et Tozzio ou Bizio à Sienne. Il habita Rome quelque temps.

432. — 1326. Dessin à la plume et à la sépia; dans le haut, la Vierge et l'enfant Jésus sont sur des nuages et entourés d'anges; derrière eux, des élus jouissent de la béatitude céleste; au-dessous d'eux, à gauche, des personnages religieux à genoux, invoquent leur protection; à droite, saint Michel, tenant une épée dans une main et une balance dans l'autre, foule à ses pieds le démon.

H. 0,45. — L. 0,34. — (Legs Babinet, 1882.)

SANZIO (RAPHAEL, dont le nom patronymique est DEL SANCTO OU DE SANTI), *peintre d'histoire et de portrait, né à Urbin, le 28 mars 1483, mort le 6 août 1520.* (Voir à la peinture, Ecole italienne, la notice qui le concerne, page 86.)

433. — 1375. Croquis à la plume : cavalier sur un cheval au galop.

H. 0,39. — L. 0,29. — (Legs Babinet, 1882.)

TEMPESTA (ANTOINE), *né à Florence, en 1555, mort en 1630, peintre de paysage, d'histoire, de bataille et d'ornement, graveur à l'eau-forte.*

Élève de Santi-Titi et de J. Stradanus, peintre Flamand. Il a peint beaucoup de fresques; dessin énergique mais manquant de correction; imagination fougueuse et féconde; fit peu de grands sujets.

Il y eut aussi Tampesti Dominique, peintre de paysage et de portrait, né à Florence, en 1652, mort en 1718 ? Il était élève du Vaterrano; il séjourna longtemps à Rome et voyagea en Europe ; il fut peintre de talent et habile graveur.

434. — 1229. Dessin circulaire, probablement composé pour un plafond, représentant un combat de cavaliers en costume romain ; exécuté à la plume et retouché à l'encre de Chine.

H. 0,42. — L. 0,55. — (Legs Babinet, 1882.)

TESTA PIETRO (dit LE LUCCHESINO), *né à Lucques, en 1617, mort à Rome, en 1650, peintre d'histoire.*

Pierre de Cortone et le Dominiquin furent ses maîtres, mais Poussin devint son ami. Il a fait plusieurs gravures à l'eau-forte. Son caractère vaniteux l'empêcha d'obtenir beaucoup de travaux; aussi croit-on qu'il se noya dans le Tibre, à Rome, par désespoir du peu de commandes qu'il avait.

435. — 1371. Dessin à l'encre de Chine représentant la naissance d'Achille.

H. 0,39. — L. 0,53. — (Legs Babinet, 1882.)

436. — 1235. Croquis à la plume et à la sépia : groupes de personnages assis près d'un brasier ; à droite un homme sur son cheval, et derrière ce groupe un arbre et un rocher.

H. 0,38. — L. 0,44. — (Legs Babinet, 1882.)

TISIO BENVENUTO (dit IL GAROFOLO), *peintre d'histoire et de portrait, né à Ferrare, en 1418, mort en 1559.*

Il se rendit à Rome où il étudia avec ardeur les chefs-d'œuvre de Raphaël. Dans les dernières années de sa vie, il employait les dimanches et les jours de fêtes à peindre gratuitement pour les églises et les monastères. Il fut un grand imitateur de Raphaël. Ses compositions sont savantes, étudiées avec soin, remplies de douceur et de grâce.

437. — 1214. Croquis à la plume et à la sépia : amours marchant et tenant des instruments de musique.

H. 0,28. — L. 0,29. — (Legs Babinet, 1882.)

VALENTINA (JACQUES DE), *peintre d'histoire, né en 1502, à Serra-Valle (marche Trévisane)*. Les renseignements manquent sur cet artiste, on sait qu'il fut un imitateur du Squarcione.

438. — 1274. Croquis au crayon mine de plomb représentant une femme assise, tenant un enfant nu sur ses genoux ; un groupe de femmes l'entoure, l'une d'elles est à genoux près de l'enfant, et les autres sont debout. Ce dessin doit représenter sainte Anne et ses parentes.

H. 0,29. — L. 0,25. — (Legs Babinet, 1882.)

VANNUCHI (dit ANDRÉA DEL SARTO), *peintre d'histoire, né à Florence, en 1488, mort en 1530.* (Voir à la peinture, Ecole italienne, la notice qui le concerne, p. 87.)

439. — 1353. Dessin à la plume rehaussé de blanc et de sépia : sainte famille. La Vierge assise tient l'enfant Jésus debout appuyé sur sa cuisse, et sainte Anne embrasse les mains de l'enfant Jésus ; à gauche, une femme accroupie tient un enfant ; à droite et dans le fond, silhouette de deux femmes.

H. 0,52. — L. 0,38. — (Legs Babinet, 1882.)

VAROTARI (ALEXANDRE, dit PADOVANINO), *peintre d'histoire et de portrait, frère de Claire, né à Padoue, en 1590, mort en 1650.*

Il fut un heureux imitateur du Titien, et possédait à un haut degré la science du raccourci. Il habita tantôt à Padoue, tantôt à Venise. Il fit beaucoup d'élèves et eut un fils Dario, le jeune, qui fut graveur, médecin, poète et peintre de portraits assez estimé.

440. — 1286. Croquis au crayon mine de plomb : enfant debout, les bras levés.

H. 0,50. — L. 0,39. — (Legs Babinet, 1882.)

VASARI (Giorgio, petit-fils de Lazare), *peintre d'histoire et de portrait, architecte habile, né à Arezzo en 1512, mort en 1574.*

Il fut l'élève de Michel-Ange, d'André Del Sarto et de plusieurs autres grands peintres. Ayant été appelé à Florence, en 1553, par Côme Ier, il y fonda une Académie de peinture en 1561. Il parcourut presque toutes les villes d'Italie et y laissa de ses œuvres. Il a fait beaucoup de fresques, et a écrit *la vie des peintres* d'après les conseils du cardinal Farnèse.

441. — 1364. Dessin à la sépia, relevé par du crayon blanc, représentant une femme assise, drapée, tenant un livre sur lequel elle écrit. C'est probablement une sibylle.

H. 0,39. — L. 0,31. — (Legs Babinet, 1882.)

VERGELLI ou VERZELLI (Joseph-Tiburce), *peintre de paysage, dessinateur et architecte, né en 1700, à Recanati. (Pas de renseignements.)*

442. — 1170. Petit dessin ovale à la plume et à la sépia : sacrifices offerts à Dieu par Caïn et Abel ; l'un et l'autre sont à genoux en prière, près d'autels sur lesquels brûle l'offrande que chacun d'eux fait à la divinité.

H. 0,29. — L. 0,29. — (Legs Babinet, 1882.)

443. — 1177. Petit dessin rond, à la plume et à la sépia : Caïn tuant Abel qu'il tient renversé sur le sol près de son autel.

H. 0,29. — L. 0,29. — (Legs Babinet, 1882.)

— 188 —

VINCELLI-TIZIANO (dit LE TITIEN), *né en 1477, à Pième-de-Cadore, mort en 1576.* (Voir à la peinture, Ecole italienne, la notice qui le concerne, page 87.)

444. — 1351. Dessin à la plume lavé à l'encre de Chine, représentant l'exhumation du corps de Sainte Pétronille. (Signé: *Titien*, et plus bas: *Guerchin, Gian Francesco, Baibieri.*)

H. 0,51. — L. 0,38. — (Legs Babinet, 1882.)

ZUCCARO ou **ZUCCHERO** (THADEO), *frère de Frédéric, né à Sant-Angelo in Vado, en 1529, mort en 1566, fils d'Ottaviano, artiste médiocre peu connu.*

Il décora le monument de Vignol, près Viterbe, et inonda Rome de ses tableaux bons et mauvais. Le nu et les têtes, dans ses peintures, étaient assez soignés; on lui reproche trop de laisser-aller, et la reproduction des mêmes figures et des mêmes draperies sur différentes toiles.

445. 1230. Dessin à la plume et à l'encre de Chine: dans un temple, le Christ assis sur un piédestal, parle à la foule; à droite un groupe de femmes, à gauche un groupe d'hommes, écoutent et discutent sur les paroles du maître.

H. 0,40. — L. 0,48. — (Legs Babinet, 1883.)

ZUCCARO ou **ZUCCHERO** (FRÉDÉRICO), *peintre d'histoire et de portrait, frère de Thadéo, né en 1542, mort en 1609.*

Il termina les fresques commencées par son frère dont il avait été l'élève. Il quitta l'Italie et parcourut l'Europe à la suite de graves désagréments qu'il eut à Rome avec ses rivaux. Plus tard, de retour dans son pays, le Pape le nomma *prince* de l'Académie de Saint-Luc, en compensation aux peines que cet artiste éprouva en voyant ses fresques effacées et recouvertes par d'autres.

Il a peint, dans la grande coupole de l'église métropolitaine, des figures hautes de cinquante pieds.

Il a publié à Turin un traité intitulé: *Idea de pittori, scultori, architetti.*

446. — 1357. Dessin à la plume et à la sépia : le Pape saint Sylvestre baptisant Constantin, agenouillé devant lui ; dans l'église, autour du Pape, on voit des groupes d'évêques et une nombreuse assistance.

H. 0,52 — L. 0,38. — (Legs Babinet, 1882.)

447. — 1365. Dessin à la sépia représentant le mariage d'un roi et d'une reine, agenouillés sur un prie-dieu, devant un pape ou un évêque ; dans le fond, et au premier plan, des personnages debout du xvie siècle.

H. 0,39. — L. 0,31. — (Legs Babinet, 1882.)

448. — 1396. — Croquis à la plume avec retouches au lavis ; descente du Saint-Esprit sur les apôtres.

H. 0,41. — L. 0,38. — (Legs Babinet, 1882.)

449. — 1221. Dessin à la plume ombré à la sépia représentant trois prophètes, dont deux sont assis et un autre debout au milieu d'eux. Chacun tient une tablette avec inscription latine.

H. 0,42. — L. 0,55. — (Legs Babinet, 1882.)

ÉCOLE FLAMANDE

AUTEURS CONNUS

BRIL (MATHIEU, frère de PAUL), *né à Anvers en 1550, mort en 1584, paysagiste.*

Il alla très jeune à Rome ; peignit des fresques au Vatican.

450. — 1174. Dessin à la plume et à la sépia : vue d'une ville sur le bord d'une rivière ou de la mer ; terrain et personnages au premier plan.

H. 0,21. — L. 0,31. — (Legs Babinet, 1882.)

BRUGEL ou BREUGHEL ?

Il y a sept peintres de ce nom ; celui-ci pourrait être Jean, vivant au xviie siècle, peintre de genre, et que l'on croit fils de Jean de Breughel de Velours dans la manière duquel il peignait.

451. — 1334. Croquis au crayon et à la sépia de différents groupes de personnages dans diverses attitudes, les uns debout, les autres à cheval, les autres dansant, etc. (Signé : Brugel.)

H. 0,38. — L. 0,48. — (Legs Babinet, 1882.)

CALVART DENIS (dit le FLAMAND), *peintre d'histoire et de paysage, né à Anvers, 1565, mort en 1619.*

Il fonda l'Ecole Bolonaise, et eut pour élèves le Guide, le Dominiquin et l'Albane. A sa mort, qui arriva à Bologne, Louis Carrache, son rival, alla à ses obsèques en tête de ses élèves. Il était très fort en architecture et en anatomie.

452. — 1378. Dessin à la sépia très soigné : il représente un homme nu, jouant du violon, assis sous un arbre ; un satyre caché derrière l'arbre écoute.

H. 0,39. — L. 0,31. — (Legs Babinet, 1882.)

FRANCK (SÉBASTIEN), fils de FRANÇOIS le vieux, *peintre d'histoire et de portrait, né à Anvers, en 1575, mort en 1636.*

Il fut élève de son père ; on lui doit la gravure d'une série de dessins reproduisant les modes de son temps. Il a peint beaucoup de figures dans les tableaux de ses contemporains ; on voit plusieurs de ses tableaux dans les galeries de Munich et de Vienne.

453 — 1425. Croquis à la plume et à la sépia représentant un personnage offrant un sacrifice à une divinité.

H. 0,39. — L. 0,31. — (Legs Babinet, 1882.)

HUYSUM (JACQUES VAN), *peintre de fleurs, vivait au XVIIIe siècle.*

Il fut s'établir en Angleterre où il s'occupa beaucoup de copier les tableaux de son frère Jean.

454. — 1217. Paysage à la plume : grands arbres avec fabriques ; personnages au premier plan.

H. 0,27. — L. 0,31. — (Legs Babinet, 1882.)

MEULEN (Antoine François Van Der), *peintre de batailles et de paysages, né à Bruxelles, en 1631, mort à Paris, en 1690.*

Il fut élève de Snayers, et eut l'honneur d'être nommé peintre de Louis XIV. Il suivit ce monarque dans ses conquêtes et fut chargé de reproduire ses batailles par son pinceau. Il avait épousé la nièce du peintre Lebrun. Il mourut à Paris, en 1690.

455. — 1382. Croquis à la plume : défilé de troupes, cavaliers et piétons, époque Louis XIV.

H. 0,35. — L. 0,56. — (Legs Babinet, 1882.)

NETSCHER (Constantin), *fils de Gaspard, peintre de portrait, né en 1670, mort en 1712.*

Il fut régent de l'Académie ; ses portraits étaient ressemblants et d'un bon coloris.

456. — 1234. Croquis de portraits de femmes à l'encre de Chine et à la sépia, époque Louis XIV.

H. 0,39. — L. 0,55. — (Legs Babinet, 1882.)

457. — 1420. Esquisse de portrait à l'encre de Chine ; personnage du temps de Louis XIV.

H. 0,29. — L. 0,23. — (Legs Babinet, 1882.)

458. — 1315. Croquis à l'encre de Chine d'un portrait de personnage du temps de Louis XIV.

H. 0,23. — L. 0,30. — (Legs Babinet, 1882.)

RUBENS (Peter-Paul), *peintre d'histoire et de portrait, né à Siégers, en 1577, mort à Anvers, en 1640.* (Voir à la peinture, Ecole flamande, la notice qui le concerne, p. 93.)

459. — 1333. Dessin au crayon représentant une femme debout, tenant dans ses bras un objet indéterminé; autour d'elle sont deux enfants.

H. 0,45. — L. 0,45. — (Legs Babinet, 1882.)

460. — 1210. Dessin au crayon noir : vieille femme debout, les mains sur les hanches; étude faite pour son tableau de *Job sur le fumier*.

H. 0,27. — L. 0,26. — (Legs Babinet.)

461. — 1195. Dessin au crayon rouge: enfant nu couché, les bras étendus comme s'il voulait saisir quelque chose; dans l'angle gauche, croquis de bras d'enfant.

H. 0,32. — L. 0,38. — (Legs Babinet, 1882.)

SCHUT (Corneille), *peintre d'histoire, né à Anvers, en 1590, mort en 1671.*

Il fut élève de Rubens, dont le talent excita sa jalousie. Il obtint de la renommée comme peintre et graveur, et travailla souvent avec Daniel Zeghers.

462. — 1236. Dessin à la plume et à la sépia représentant, au centre du tableau, un personnage la tête entourée d'une auréole, le corps couvert d'une cuirasse sur laquelle est passée une longue tunique avec croix sur la poitrine; un homme le tient par une corde, et lui posant la main gauche sur l'épaule, cherche à lui faire fléchir les genoux devant un personnage fantastique monté sur un autel païen ou un piédestal, orné de guirlandes et de têtes chimériques. Persécution ou martyre de quelque chrétien.

H. 0,38. — L. 0,32.—(Legs Babinet, 1882.)

VAN DICK (Antoine), *peintre d'histoire et de portrait, né à Anvers, en 1599, mort à Black-Friars, près Londres, en 1641.* (Voir à la peinture, Ecole flamande, la notice qui le concerne, page 96.)

463. — 229. Dessin à la plume et à la sépia, représentant un évêque (probablement saint Maurice) debout, en habits pontificaux, tenant sa crosse de la main droite et un livre dans la main gauche; dans le fond, à droite, épisode de la vie de saint Maurice coupant le pan de son manteau pour vêtir un malheureux ; à gauche, probablement la mort de saint Maurice; Jésus lui apparaît, tenant dans ses mains le pan de manteau donné au pauvre.

H. 0,39. — L. 0,61. — (Legs Babinet, 1882.)

464. — 1439. L'Assomption de la Vierge ; dessin au trait, au crayon rouge. Jolie composition.

H. 0,49. — L. 0,23. — (Legs Babinet, 1882.)

VEREYCKE (JEAN, surnommé KLEIN HANSKEN), *peintre de paysage, de perspective et de portrait, né à Bruges, en 1551.*

Ses compositions sont originales, et les figures dans ses paysages sont d'une bonne exécution.

465. — 1172. Paysage à la plume, rehaussé à la sépia : à gauche, au premier plan, massif de rochers fuyant à l'horizon; à droite, groupe d'arbres et sainte Famille assise au premier plan.

H. 0,00. — L. 0,00. — (Legs Babinet, 1882.)

ÉCOLE HOLLANDAISE

AUTEURS CONNUS

EYK (ABRAHAM VAN DER), *peintre de portrait et d'intérieur, vivait au XVIIe siècle.*

Il fut le contemporain et l'imitateur de Guillaume Van Miéris.

466. — 1389. Croquis à la sépia représentant un personnage à cheval avec une cuirasse, une épée à la main droite, et devant lui un chien galopant. (Signé : Van Der Eyk.)

H. 0,41. — L. 0,33. — (Legs Babinet, 1882.)

GOYEN (Jean Van), *peintre de paysage et de marine, né à Leyde, en 1596, mort à la Haye, en 1656 ou 1666.*

Il fut l'élève d'Isaac Van Velde. On pense qu'il ne quitta point son pays ; il reproduisit sur la toile les sites pittoresques des environs de la Haye et de Leyde ; ses peintures sont d'une exécution habile, remplies de charme et de délicatesse. Il a fait aussi de la gravure.

467. — 1163. Dessin au crayon mine de plomb retouché à la sépia : port de mer à marée basse, plage au premier plan avec nombreux groupes de pêcheurs hommes et femmes ; au second plan, barques de pêche entourées par des hommes et des femmes.

H. 0,32. — L. 0,33. — (Legs Babinet, 1882.)

LINGELBACH (Jean), *peintre de paysage, de marine et de genre, né à Francfort sur le Mein, en 1625, mort en 1687.*

Allemand de naissance, il vint fort jeune à Amsterdam, puis en France en 1642 ; alla à Rome où il étudia les maîtres de l'École italienne pendant huit ans, et revint par l'Allemagne mourir dans sa patrie adoptive. Son dessin est correct et sa peinture largement et spirituellement faite.

468. — 1257. Croquis à l'encre de Chine : port de mer avec barques ; au premier plan, personnages dans des attitudes diverses, les uns avec des mulets ou des chevaux, les autres portant des fardeaux ou assis, et, dans le fond, construction avec tour en ruine.

H. 0,35. — L. 0,49. — (Legs Babinet, 1882.)

MAAS (Nicolas), *peintre, né en 1632, à Dordrecht, mort en 1693.* (Voir à la peinture, École hollandaise, la notice qui le concerne, page 100.)

— 195 —

469. 1436. Dessin au crayon noir : groupe de femmes, l'une debout tire de l'eau à un puits, l'autre accroupie verse de l'eau dans un vase.

H. 0,29. — 0,12. — (Legs Babinet, 1882.)

MONY (JEAN DE). *Pas de renseignements. On trouve Louis de Moni, né en 1698 à Breda, peintre de portrait et d'intérieur, mort en 1771.*

Elève de Van Kessel, de Bisca et de Ph. Vandyk, mort à Leyde, où il avait longtemps habité.

470 — 1245. Dessin à la plume ombré à la sépia, représentant un saint Pierre appuyé sur un piédestal, tenant un livre ouvert de la main droite, et une clef colossale dans la main gauche ; paysage dans le fond, arbres et constructions. (Signé : Jean de Mony.)

H 0,38. — L. 0,32. — (Legs Babinet, 1882.)

MOLENAAR (NICOLAS), *peintre de paysages, hivers avec figures, né à Amsterdam en 1649.*

Ce peintre est peu connu. Ses peintures ont beaucoup de vérité et une touche habile.

471. — 1171. Croquis à la plume ombré à l'encre de Chine : deux personnages debout, époque Louis XIII, parlent à une femme qui se tient près de son âne chargé de marchandises et qu'un enfant mène par le licol.

H. 0,28. — L. 0,31. — (Legs Babinet, 1882.)

REMBRANDT (VAN RYN, PAUL), *peintre de portrait, d'histoire et de genre, né près de Leyde, entre Leyerdorp et Koukerk, en 1606, mort en 1664 ou 1674.*

Elève de Pastman (Pierre) et de plusieurs autres peintres. Il fut un grand coloriste et un réaliste remarquable ; son dessin n'est pas toujours très correct et ses compositions manquent de distinction ; malgré cela, il a laissé des toiles admirables presque inimitables, et il est considéré à juste titre comme un des plus grands peintres hollandais. Il fut aussi un graveur très habile et très renommé.

472. — 1216. Croquis à la sépia : un personnage, se cachant le visage avec ses mains en signe de repentir, est agenouillé devant un groupe nombreux d'individus, parmi lesquels on remarque, au premier plan, un homme et une femme tendant les bras au repentant; probablement le retour de l'enfant prodigue.

H. 0,27. — L. 0,32. — (Legs Babinet, 1882.)

ROOS (JOHANNE-HENRICK), *peintre d'histoire, de portrait, de paysages et d'animaux, né à Otterburg (Allemagne), en 1631, mort dans un incendie.*

Élève de Bernard Graat, peintre à Amsterdam, en 1673. Il fut nommé peintre de l'électeur Palatin. Il a surtout peint des animaux et des paysages. Il a fait aussi de la gravure.

473. — 1248. Très joli dessin au crayon rouge : au premier plan, des chèvres, des moutons, des vaches, conduits par des hommes et des femmes, traversent une rivière à gué ; quelques-uns des personnages sont montés sur des chevaux ; dans le fond, un berger jouant de la flûte, passe sur un petit pont jeté sur la rivière ; à droite et à gauche, au second plan, de grands arbres et des constructions dans le lointain.

H. 0,38. — L. 0,46. — (Legs Babinet, 1882.)

474. — 1215. Dessin au crayon rouge : étude de vache au pacage.

H. 0,27. — L. 0,31. — (Legs Babinet, 1882.)

475. — 1193. Dessin au crayon rouge. Etude de vache paissant.

H. 0,33. — L. 0,38. — (Legs Babinet, 1882.)

SAFTLEVEN (Herman), *peintre de paysage, né à Rotterdam, en 1609, mort à Utrecht, en 1685.*

> Elève de S. Van Goyen. Il ne quitta pas son pays; il s'établit à Utrecht et y mourut; ses tableaux sont d'une exécution soignée; il copia constamment la nature; sa couleur est agréable et la perspective dans ses compositions est bonne.

476. — 1176. Paysage à la mine de plomb : vue d'une vallée entourée de hautes montagnes ; au milieu de la vallée et au second plan, ville et constructions isolées ; au premier plan, lac avec bateaux.

> H. 0,29. — L. 0,29. — (Legs Babinet, 1882.)

THULDEN (Théodore Van), *peintre d'histoire, kermesses, né à Bois-le-Duc, en 1607, mort en 1681.*

> Elève de Rubens. Il aida son maître pour la galerie du Luxembourg et pour plusieurs autres ouvrages. Il habita longtemps Anvers. Sa couleur ressemblait à celle de Rubens. Il fit aussi de la gravure.

477. — 1254. Croquis au crayon mine de plomb de deux personnages du XVIe siècle représentés debout.

> H. 0,35. — L. 0,49. — (Legs Babinet, 1882.)

478. — 1275. Croquis au crayon mine de plomb d'un personnage du XVIe siècle représenté debout.

> H. 0,29. — L. 0,22. — (Legs Babinet, 1882.)

VERSCHUURING (Henrick), *peintre d'histoire et de batailles, né à Gorcum, en 1627, mort en 1690.*

> Elève de J. Both ; fut nommé bourgmestre de sa ville natale, où il était très estimé. Il dessina beaucoup de châteaux, de ruines, etc. ; passa plusieurs années en Italie ; parcourut la France, la Suisse et périt dans un naufrage.

479. — 1423. Croquis à la plume et à l'encre de Chine : groupe de cavaliers du temps de Louis XIII.

> H. 0,49. — L. 0,31. — (Legs Babinet, 1882.)

— 198 —

480. — 1287. Cadre contenant deux dessins à la sépia : le premier représente un port de mer avec barques et une foule de personnages qu'on embarque ; au premier plan, groupe détaché de cavaliers et de chevaux.

Le second représente, au premier plan, une rivière ; au second plan, des collines étagées, des bâtiments en construction et de nombreux groupes de personnages à des distances différentes.

H. 0,50. — L. 0,33. — (Legs Babinet, 1882.)

481. — 1302. Croquis à la plume et à l'encre de Chine : au premier plan, une rivière coule entre des collines avec rochers sur lesquels sont dispersés de nombreux groupes de personnages.

H. 0,23. — L. 0,29. — (Legs Babinet, 1882.)

VELDE (Guillaume Van de), *le vieux, peintre de marine, né à Leyde, en 1610, mort à Londres, en 1693.*

Il peignit très peu à l'huile et ce ne fut qu'à la fin de ses jours qu'il essaya dans ce genre. Ses dessins sont fort nombreux et très remarquables. Charles II et Jacques II d'Angleterre le protégèrent beaucoup.

482. — 1256. Dessin à l'encre de Chine représentant deux barques voguant et montées par un grand nombre de personnes ; dans le lointain, vue d'une ville.

H. 0,35. — L. 0,49. — (Legs Babinet, 1882.)

483. — 1255. Dessin à la sépia, marine : mer avec grands navires voguant à pleine voile et placés à différents plans.

H. 0,35. — L. 0,48. — (Legs Babinet, 1882.)

ZEEMANN.

Il y a eu trois peintres hollandais de ce nom : Enoch Zeemann vivant en 1744, et qui acquit une certaine réputation comme peintre de portrait ; il passa une partie de sa vie à Londres ; — Isaac Zeemann, frère d'Enoch, vivant en 1741, qui laissa un fils également peintre ; — enfin Paul Zeemann, fils d'Enoch, qui peignit le portrait.

484. — 1309. Dessin à la mine de plomb, marine : barque penchée sur le côté par un coup de vent, canot avec matelots se dirigeant vers la plage.

H. 0,23. — L. 0,26. — (Legs Babinet, 1882.)

ÉCOLE ALLEMANDE

AUTEURS CONNUS

ALBERT DURER, *peintre d'histoire et de portrait, né à Nuremberg, en 1471, mort en 1528.*

Elève de M. Wohlgemuth ; il commença par faire de l'orfèvrerie avec son père, mais son goût pour la peinture et la gravure lui fit abandonner la profession d'orfèvre pour celle de peintre. Il quitta Nuremberg ; alla à Colmar en 1492, puis revint dans sa ville natale où il se maria. Il visita Venise, Bologne, les Pays-Bas et revint en 1524. L'empereur Maximilien Ier l'appela à sa cour et l'annoblit. Il fut aussi accueilli par Charles-Quint et par Ferdinand, roi de Bohême et de Hongrie. Il fut l'ami d'Erasme, de Raphaël et de beaucoup d'autres artistes et hommes célèbres. Membre du Conseil de Nuremberg, célèbre graveur au burin, sur cuivre et sur bois, architecte, sculpteur, écrivain, Albert Durer est une des plus belles gloires artistiques de l'Allemagne.

485. — 1187. Dessin à la plume relevé à la sépia : personnages du XVIe siècle, debout et drapés dans leurs manteaux.

H. 0,31. — L. 0,27 — (Legs Babinet, 1882.)

486. — 1188. Dessin à la plume représentant un navire rempli de personnages divers, parmi lesquels on distingue un pape, un cardinal, un évêque, des moines et des religieuses ; sur le bord de la barque, en avant, on remarque une femme renversée, qu'un personnage armé d'une épée tient par la chevelure ; près de lui, un

autre individu armé d'une gaffe cherche à l'attirer par ses vêtements; dans la barque, immédiatement derrière cette femme renversée, on distingue une autre femme, les mains croisées sur sa poitrine, vêtue d'un ample manteau, la tête couronnée et entourée d'un nimbe; les autres personnages qui l'accompagnent se tournent vers elle, les mains jointes en signe de respect et de soumission; dans le fond, on aperçoit une rivière avec des rochers et des constructions.

Cette composition semble symboliser la religion et l'Église catholique personnifiées par la figure de femme du milieu et par les hauts dignitaires du clergé.

H. 0,41. — L. 0,33. — (Legs Babinet, 1882.)

BEHAM ou BOEHM (Jean-Sébald), *frère de Barthélemy, peintre d'histoire, de portrait et de genre, né à Nuremberg, en 1500, mort en 1550.*

Elève de B. Beham et d'Albert Durer; homme de mœurs dissolues; ayant été poursuivi à cause des sujets licencieux qu'il traitait, il se réfugia à Francfort-sur-Mein et y mourut, après s'être fait marchand de vin; il avait abandonné la peinture pour le cabaret; il fit beaucoup de gravures au burin et en taille de bois.

487. — 1413. Dessin à la plume représentant la Cène; intérieur d'église. *(N° 465 du catalogue Weaimann.)*

H. 0,29. — L. 0,22. — (Legs Babinet, 1882.)

KOBELL (Ferdinand Van der), *peintre de paysage, né à Manheim, en 1740, mort à Munich, en 1796.*

Il paraît qu'il était destiné à la diplomatie, mais son goût pour les beaux-arts l'entraîna vers la peinture. Il vint à Paris où il étudia pendant dix ans. En 1795, il fut peintre de l'Electeur de Bavière. Il fit aussi de la gravure à l'eau-forte.

Il eut un fils, Guillaume Kobell, vivant en 1766, à Manheim, peintre de batailles, de paysages et de sujets champêtres; il fut élève de son père et étudia à Dusseldorf. En 1808, il fut nommé professeur à l'Académie des Beaux-Arts de Munich, et chevalier de l'ordre du Mérite par le roi de Bavière, en 1816. Il chercha à imiter Ph. Wouwerman. Il fit aussi lui de la gravure à l'eauforte et à l'aqua-tinte avec succès.

488. — 1207. Paysage à la plume et à l'encre de Chine : petite rivière avec groupes d'arbres, au premier plan ; dans le lointain, collines avec constructions.

H. 0,30. — L. 0,37. — (Legs Babinet, 1882.)

MENGS (Antoine-Raphael, fils d'Ismael), *peintre d'histoire et de portrait, né à Aussig (Bohême), en 1728, mort à Rome, en 1777.*

Il eut son père pour premier maître. En 1740, il partit pour Rome où il resta cinq ans à étudier les grands peintres italiens. En 1746, il fut nommé premier peintre du roi à Dresde. Il retourna à Rome où il se maria. En 1754, il fut nommé professeur à l'Académie de peinture du Capitole ; visita Naples, où il séjourna quelque temps. En 1761, Charles III l'appela à Madrid et le nomma premier peintre du roi d'Espagne. Il fit un nouveau voyage en Italie, et s'arrêta à Florence, où il fut nommé prince de l'Académie de Saint-Luc ; il retourna en Espagne quelque temps et revint enfin une dernière fois à Rome, en 1777, où il mourut.

489. — 1200. Portrait à la mine de plomb de Luderman ou Suderman vu un peu de trois quarts.

H. 0,31. — L. 0,27. — (Legs Babinet, 1882.)

ÉCOLES DIVERSES INCONNUES

BISCHOF G. D. T. (*Pas de renseignements.*)

490. — 1191. Dessin à la sépia, marine : barques et bateaux avec personnages ; au second plan, colline avec moulins à vent et figures.

H. 0,33. — L. 0,60. — (Legs Babinet, 1882.)

DRAKE (de). *Pas de renseignements.*

491. — 1290. Croquis à la plume lavé à la sépia : flagellation du Christ.

H. 0,50. — L. 0,42. — (Legs Babinet, 1882.)

JODE (Pétrus de). *Pas de renseignements.*

492. — 1232. Croquis au crayon noir : portrait d'un personnage du XVIᵉ siècle avec collerette ; dans le haut du dessin est écrit : *Petrus de Jode.*

H. 0,40. — L. 0,34. — (Legs Babinet, 1882.)

SCOTT (Samuel), *peintre de marine, vues de ville, né en 1772, en Angleterre.* (Ecole anglaise.)

Il chercha à imiter Guillaume Van de Velde, et devint un peintre renommé de l'Angleterre. Il travailla beaucoup pour sir Edouard Walde. Ses dessins sont très estimés.

493. — 1157. Marine : combat naval entre des navires de guerre ; croquis à l'encre de Chine.

H. 0,47. — L. 0,76. — (Legs Babinet, 1882.)

VEROTZ. (*Pas de renseignements.*)

494. — 1397. Paysage à la sépia : vue d'une ville. (Dessin signé : *Vérotz.*)

H. 0,40. — L. 0,44. — (Legs Babinet, 1882.)

DESSINS AU CRAYON OU A LA PLUME

Retouchés à la sépia et à l'encre de Chine
attribués à l'Ecole Française

AUTEURS INCONNUS

495. — 1346. Cadre contenant deux dessins représentant l'un, deux femmes assises ; l'autre, un groupe de trois personnages debout. (Ecole française.)

H. 0,52. — L. 0,25. — (Legs Babinet, 1882.)

496. — 1398. Croquis aux crayons noir, rouge et blanc, représentant une jeune femme du temps de Louis XV, étendue sur un canapé ou un lit. (Ecole française.)

H. 0,40. — L. 0,39. — (Legs Babinet, 1882.)

497. — 1395. Croquis au crayon représentant un homme et une femme assis sous un arbre et s'embrassant; derrière eux, dans le fond, on voit des amours. (Signé des initiales : P. H.) Ecole française moderne.

H. 0,40. — L. 0,35. — (Legs Babinet, 1882.)

498. — 1306. Croquis à la plume d'un portrait en pied représentant un personnage du temps de Louis XIV, couvert d'une armure et tenant dans la main droite un bâton de maréchal; à droite est une table sur laquelle ce personnage appuye la main droite; un casque est près de lui. (Ecole française.)

H. 0,23. — L. 0,17. — (Legs Babinet, 1882.)

499. — 1407. Croquis au crayon rouge : homme accordant une guitare, époque Louis XV. (Ecole française.)

H. 0,29. — L. 0,25. — (Legs Babinet, 1882.)

500. — 1392. Croquis d'architecture lavé à l'encre de Chine et à la sépia : escalier monumental avec palais dans le fond; groupes de personnages au premier plan. (Ecole française.)

H. 0,41. — L. 0,53. — (Legs Babinet, 1882.)

501. — 1388. Croquis au crayon mine de plomb représentant un groupe d'amours sur des nuages, tenant une cuirasse, un casque, une épée, des flèches, une lance et un casse-tête. (Ecole française.)

H. 0,41. — L. 0,35. — (Legs Babinet, 1882.)

502. — 1298. Croquis au crayon mine de plomb : groupe de femmes dont l'une est assise au pied d'un arbre;

l'autre, à genoux, semble retirer un enfant de la rivière (peut-être Moïse sauvé des eaux) ; une troisième femme debout, à droite, le bras droit étendu, exprime la surprise ou la crainte. Dans le fond, colline avec temple. (Ecole française moderne.)

H. 0,22. — L. 0,28. — (Legs Babinet, 1882.)

503. — 1417. Croquis à la mine de plomb : dame et seigneur assis, époque Louis XIII. (Ecole française.)

H. 0,29. — L. 0,31. — (Legs Babinet, 1882.)

504. — 1418. Croquis au crayon rouge : femme assise. (Ecole française.)

H. 0,29. — L. 0,31. — (Legs Babinet, 1882.)

505. — 1421. Croquis au crayon noir avec retouches au crayon blanc : homme et femme dansant, la femme avec des castagnettes, l'homme jouant de la guitare, époque Louis XV. (Ecole française.)

H. 0,29. — L. 0, 31. — (Legs Babinet, 1882.)

506. — 1271. Croquis de chevaux de trait : charrette attelée avec paysanne dedans ; dessin à l'encre de Chine. (Ecole française ?)

H. 0,29. — L. 0,37.

507. — 1311. Croquis à la plume : chien assis sur son derrière, au bord de l'eau, et hurlant en signe de détresse. (Ecole française ?)

H. 0,22. — L. 0,28.

508. — 1212. Croquis à la plume : personnage renversé l'épée à la main, et que son adversaire frappe de sa hallebarde ; époque Louis XIII ; à droite, croquis de têtes avec des expressions diverses. (Ecole française.)

H. 0,27. — L. 0,31. — (Legs Babinet, 1882.)

— 205 —

509. — 1178. Croquis au crayon rouge : femme du temps de Louis XV, marchant. (Ecole française.)

H. 0,28. — L. 0, 26. — (Legs Babinet, 1882.)

510. — 1300. Croquis au crayon et à la sépia retouché avec du blanc : personnage enlevant une femme dans ses bras. (Ecole française.)

H. 0,23. — L. 0,17. — (Legs Babinet, 1882.)

511. — 1312. Croquis à la plume : cavalier du temps de Louis XV sur un cheval se cabrant. (Ecole française.)

H. 0,22. — L. 0,17. — (Legs Babinet, 1882.)

512. — 1240. Croquis au crayon rouge : jeune garçon debout tenant dans la main un vase ou un autre objet. (Ecole française.)

H. 0,38. — L. 0,29. — (Legs Babinet, 1882.)

513. — 1304. Croquis de paysage à la plume, sur papier teinté ; à gauche, sur une colline, silhouette de monument en ruine ; à droite, rivière ou vallée avec colline à l'horizon ; bouquet d'arbres au premier plan. (Ecole française.)

H. 0,29. — L. 0,29. — (Legs Babinet, 1882.)

514. — 613. Croquis au crayon noir représentant un homme et une femme chevauchant, l'un près de l'autre, sur un terrain montueux. (Ecole française.)

H. 0,38. — L. 0,45. — (Legs Babinet, 1882.)

515. — 1220. Croquis à la terre de Sienne brûlée : vieillard assis au pied d'un arbre, le bras gauche appuyé sur un bâton ; près de lui, un autre personnage assis fait le geste de prendre une arme de la main droite, comme s'il voulait frapper le vieillard. (Ecole française.)

H. 0,42. — L. 0,39. — (Legs Babinet, 1882.)

516. — 1194. Croquis au crayon rouge représentant la fuite en Egypte. La sainte Vierge, tenant l'enfant Jésus sur ses genoux, est assise sur un âne conduit par des petits anges; saint Joseph marche près d'eux. (Ecole française.)

   H. 0,30. — L. 0,30. — (Legs Babinet, 1882.)

517. — 631. Croquis à la plume représentant un paysage. (Ecole française.)

   H. 0,24. — L. 0,30. — (Legs Babinet, 1882.)

518. — 410. Croquis de personnage à la plume et à la sépia. (Ecole française.)

   H. 0,39. — L 0,44. — (Legs Babinet, 1882.)

519. — 606. Croquis au crayon et à la plume : groupe de chevaux dont l'un donne le pied à un personnage incliné devant lui ; barque à droite. (Ecole française.)

   H. 0,24. — L. 0,32. — (Legs Babinet, 1882.)

520. — 571. Croquis au crayon mine de plomb représentant deux personnages luttant. (Signé des initiales : D. C.) Ecole française.

   H. 0,29. — L. 0,29. — (Legs Babinet, 1882.)

521. — 1385. Croquis à la plume représentant un paysage : au premier plan, une rivière ; à gauche, un rocher et un bateau avec un pêcheur à la ligne ; au second plan, les ruines d'un château-fort ; dans le fond, des montagnes. (Ecole française.)

   H. 0,41. — L. 0,45. — (Legs Babinet, 1882.)

522. — 1276. Dessin lavé à l'encre de Chine : tombeau devant lequel est placé une statue debout, avec tête de mort, drapée dans le genre égyptien et tenant dans ses mains une coupe d'où s'échappent une vive clarté

et des nuages de fumée ; deux sphinx sont couchés, à droite et à gauche, sur des piédestaux. Composition fantastique. (Ecole française.)

H. 0,29. — L. 0,32. — (Legs Babinet, 1882.)

523. — 1305. Dessin à la sépia et au crayon noir : tête de bélier décorative ; lumières au blanc de gouache. (Ecole française.)

H. 0,23. — L. 0,25. — (Legs Babinet, 1882.)

524. — 1289. Dessin au crayon rouge : panneau décoratif avec personnages et attributs, époque Louis XV. (Ecole française.)

H. 0,50. — L. 0,30. — (Legs Babinet, 1882.)

525. 1440. Dessin à la sépia et au crayon blanc : tête de vieillard couronnée et renversée, rappelant celle de Laocoon. (Ecole française.)

H. 0,23. — L. 0,23. — (Legs Babinet, 1882.)

526. — 1184. Dessin au crayon, ombré à la sépia : personnage assis, drapé à l'antique et cachant ses pleurs avec son manteau aux adieux que lui adresse probablement son jeune fils dont on le sépare ; près de lui, groupes d'hommes et de femmes dans des attitudes diverses. Sujet historique ; composition rappelant l'école de David. (Ecole française.)

H. 0,29. — L. 0,31. — (Legs Babinet, 1882.)

527. — 1292. Dessin au crayon rouge : femme du temps de Louis XV, assise et penchée en avant, la tête appuyée dans la main droite. (Ecole française.)

H. 0,50. — L. 0,41. — (Legs Babinet, 1882.)

528. — 1158. Dessin au crayon rouge : étude de bras et de main de jeune fille, grandeur naturelle. (Ecole française.)

H. 0,57. — L. 0,68. — (Legs Babinet, 1882.)

529. — 1301. Dessin à la mine de plomb : groupe de trois femmes, dont l'une, agenouillée, fait baigner dans la rivière un enfant qu'elle tient par le bras ; près d'elle, une autre femme tient une draperie dans la main ; dans le fond, colline avec édifice ; arbre à droite. (Ecole française moderne, même facture que celle du dessin n° 1298, même auteur.)

H. 0,23. — L. 0,26. — (Legs Babinet, 1882.)

530. — 1185. Dessin à la plume avec ombres portées à la sépia : groupe représentant Isaac, assis sur son lit, bénissant Jacob agenouillé près de lui et que lui présente son épouse ; dans le fond, à gauche, constructions en perspective avec personnages. (Ecole française.)

H. 0,28. — L. 0,33. — (Legs Babinet, 1882.)

531. — 1223. Dessin à la plume avec ombres à la sépia : groupes de cavaliers de l'époque de Louis XV. (Ecole française.)

H. 0,43. — L. 0,56. — (Legs Babinet, 1882.)

532. — 1222 Dessin de paysage au crayon noir : vue prise dans un parc ; grand escalier avec balustrade ; beau massif d'arbres. (Ecole française.)

T. H. 0,41. — L. 0,55. — (Legs Babinet, 1882.)

533. — 1150. Dessin à la mine de plomb avec retouches au crayon blanc et à la sépia. Femme accroupie ; étude de draperie d'après nature ; au bas on lit : *Dévotion*. (Ecole française.)

H. 0,42. — L. 0,49. — (Legs Babinet, 1882.)

534. — 1247. Dessin au crayon noir avec retouches de blanc : jeune femme assise, époque Louis XVI. (Ecole française.)

H. 0,38. — L. 0,32. — (Legs Babinet, 1882.)

535. — 1241. Dessin à la plume ombré à la sépia : groupe représentant le Christ descendu de la croix. (Ecole française.)

H. 0,38. — L. 0,48. — (Legs Babinet, 1882.)

536. — 1239. Dessin au crayon rouge : femme assise, vue de face. (Ecole française.)

H. 0,38. — L. 0,29. — (Legs Babinet, 1882.)

537. — 1400. Dessin au crayon : femme assise devant un instrument de musique ; époque Henri IV. (Ecole française.)

H. 0,41. — L. 0,38. — (Legs Babinet, 1882.)

538. — 1386. Dessin au crayon avec retouches à la sépia : sujet religieux. (Ecole française.)

H. 0,41. — L. 0,53. — (Legs Babinet, 1882.)

539. — 1224. Dessin à la plume retouché à la sépia : cavaliers au premier plan ; barque avec passagers au second plan ; dans le fond, ville sur une colline ; époque Louis XV. (Ecole française.)

H. 0,43. — L. 0,55. — (Legs Babinet, 1882.)

540. — 1152. Dessin au crayon rouge : groupe de femmes assises sous un bouquet d'arbres ; près d'elles un homme tient une coupe dans laquelle un jeune homme nu presse un raisin ; au premier plan, groupes d'enfants ou d'amours jouant avec une chèvre. (Ecole française.)

H. — 0,41. — L. 0,50 — (Legs Babinet, 1882.)

541. — 1209. Dessin à la plume et à la sépia : sous un hangar, des blessés et des mourants sont étendus sur le sol ; au premier plan, à droite, se trouve un groupe de soldats, époque Louis XV. Ecole italienne. (Signé : Casanova.)

H. 0,29. — L. 0,37. — (Legs Babinet, 1882.)

542. — 1238. Dessin au crayon rouge : femme du temps de Louis XV, assise sur un chaise et pinçant de la guitare. (Ecole française.)

H. 0,38. — L. 0,09. — (Legs Babinet, 1882.)

543. — 607. Etudes au crayon noir, avec lumières au crayon blanc, représentant des bras, des mains, des têtes, des jambes, etc. (Ecole française.)

H. 0,60. — L. 0,44. — (Legs Babinet, 1882.)

544. — 1160. Grand dessin de paysage à la mine de plomb sur papier gris avec lumières au crayon blanc; rivière dans une vallée avec rochers et grands arbres sur ses bords. (Ecole française.)

H. 0,52. — L. 0,86. — (Legs Babinet, 1882.)

545. — 1159. Grand dessin circulaire à la plume retouché à la sépia : divers groupes d'anges et de saints dans le ciel sont assis sur des nuages; au centre du tableau, un saint personnage, vêtu d'un costume religieux, est porté par des anges. (Ecole française.)

H. 0,64. — L. 0,63. — (Legs Babinet, 1882.)

546. — 1318. Jeune femme assise près d'un cheval qu'elle caresse et qui mange dans sa main gauche; dessin au crayon rouge. (Ecole française.)

H. 0,46. — L. 0,33. — (Legs Babinet, 1882.)

547. — 222. Jésus sur la Croix : étude à mi-corps, faite à l'estompe aux crayons noir et blanc. (Ecole française.)

H. 0,22. — L. 0,10. — (Legs Charbonnel, 1870.)

548. — 561. Joli petit dessin à la plume représentant la Circoncision de l'enfant Jésus. (Ecole française.)

H. 0,20. — L. 0,22. — (Legs Babinet, 1882.)

549. — 652. Mendiant assis : petit dessin à l'encre de Chine. (Ecole française.)

H. 0,27. — L. 0,22. — (Legs Babinet, 1882.)

550. — 612. Marine, croquis au crayon noir. (Ecole française.)

H. 0,35. — L. 0,42. — (Legs Babinet, 1882.)

551. — 1156. Personnage assis, époque Louis XV, jouant du violon, vu de dos ; dessin au crayon rouge. (Ecole française.)

H. 0,25. — 0,35.

552. — 1173. Petit croquis de paysage à la sépia : groupe de grands arbres. (Ecole française.)

H. 0,35. — L. 0,25.

553. — 1299. Personnage assis, époque Louis XV : dessin au crayon mine de plomb. (Ecole française.)

H. 0,23. — L. 0,22. — (Legs Babinet, 1882.)

554. — 1401. Tête de femme du temps de Louis XV : dessin au crayon noir avec retouches au crayon blanc. (Ecole française.)

H. 0,41. — L. 0,33. — (Legs Babinet, 1882.)

555. — 1406. Tête de jeune fille au crayon rouge, époque Louis XV. (Ecole française.)

H. 0,29. — L. 0,22. — (Legs Babinet, 1882.)

Dessins attribués à l'École Italienne

556. — 1405. Cadre contenant deux petits dessins à la plume : le premier représente la naissance d'un enfant, peut-être celle de la sainte Vierge ; le second représente un mariage béni par un grand prêtre, peut-être celui de la sainte Vierge avec saint Joseph. (Ecole italienne.)

H. 0,29. — L. 0,20. — (Legs Babinet, 1882.)

557. — 1335. Cadre contenant trois petits dessins à la plume et à la sépia : le premier représente sainte Madeleine en prière ; le second se compose d'un groupe de trois personnes, un homme assis et deux femmes dont l'une, au premier plan, est agenouillée, les bras croisés, tandis que l'autre est debout et tient quelque chose dans ses bras, peut-être le Christ chez Marthe et Marie. Le troisième dessin est un croquis d'enfant nu et debout. (Ecole italienne.)

H. 0,50. — L. 0,20. — (Legs Babinet, 1882.)

558. — 1399. Contre-épreuve d'un dessin lithographié au crayon : intérieur de chapelle. (Ecole italienne.)

H. 0,41. — L. 0,33. — (Legs Babinet, 1882.)

559. 1426. Contre-épreuve d'un dessin au crayon rouge : vue du clocher de Sainte-Sabine à Rome. (Ecole italienne.)

H. 0,29. — L. 31. — (Legs Babinet, 1882.)

560. — 1270. Croquis de paysage à la plume retouché à la mine de plomb : vue d'une ville d'Italie (?) Maisons et arbres. (Ecole italienne ?)

H. 0,29. — L. 0,36. — (Legs Babinet, 1882.)

561. — 1424. Croquis à la plume et à la sépia : cavaliers romains combattant contre des fantassins. (Ecole italienne.)

H. 0,29. — L. 0,31. — (Legs Babinet, 1882.)

562. — 1427. Croquis à la sépia d'une ville d'Italie. (École italienne.)

H. 0,29. — L. 0,31. — (Legs Babinet, 1882.)

563. — 1428. Croquis à la sépia de monuments d'Italie. (Ecole italienne.)

H. 0,29. — L. 0,31. — (Legs Babinet, 1882.)

564. — 1409. Croquis à la sépia : paysage. (Ecole italienne.)

    H. 0,29. — L. 0,39. — (Legs Babinet, 1882.)

565. — 1414. Croquis au crayon rouge : personnage assis. (Ecole italienne.)

    H. 0,29. — L. 0,26. — (Legs Babinet, 1882.)

566. — 1415. Croquis de paysage au crayon rouge. (Ecole italienne.)

    H. 0,29. — L. 0,31. — (Legs Babinet, 1882.)

567. — 1416. Croquis à la plume lavé à la sépia : femme assise dans un char traîné par des panthères ; en avant, groupe de Silène ou de Bacchus porté par de jeunes bacchantes ou faunes. (Ecole italienne.)

    H. 0,29. — L. 0,44. — (Legs Babinet, 1882.)

568. — 1331. Dessin à la plume et à la sépia représentant le roi David (?) assis sur un rocher, une couronne sur la tête, jouant de la harpe et entouré par des anges ou des enfants se tenant par la main, dansant en rond autour de lui ; paysage dans le fond, avec vue d'édifice. (Ecole italienne.)

    H. 0,46. — L. 0,55. — (Legs Babinet, 1882.)

569. — 1443. (N° 320). Dessin à la mine de plomb : ange sur des nuages. (Ecole italienne.)

    H. 0,41. — L. 0,10. — (Legs Babinet, 1882.)

570. — 1444. Dessin à la plume et à la sépia représentant une frise (ornement). Ecole italienne.

    H. 0,29. — L. 0,10. — (Legs Babinet, 1882.)

571. — 1202. Dessin de paysage au crayon et à la sépia : site pittoresque et sauvage représentant une caverne

au milieu de rochers, sur le bord d'une rivière, près de Tivoli ; on aperçoit, à gauche, le temple de la Sibylle. (Ecole italienne.)

H. 0,30. — L. 0,34. — (Legs Babinet, 1882.)

572. — 1237. Dessin à la plume très soigné, ombré à l'encre de Chine : au centre du tableau, de forme octogonale, gît le cadavre d'un homme que l'on vient de décapiter ; près de lui, le bourreau debout, dans une pose un peu excentrique, remet son glaive dans le fourreau ; à droite et à gauche, des spectateurs sont groupés, les uns debout, les autres assis ; au sommet de la voûte existe une ouverture circulaire à laquelle apparaît un ange tenant une banderolle ; au-dessus et au-dessous du sujet principal, croquis de personnages formant frise ou bas-relief ; dans les angles du haut, anges avec banderolles ; dans les angles du bas, personnages assis. La scène se passe dans un édifice dont les voûtes reposent sur des piliers carrés. (Ecole italienne.)

H. 0,38. — L. 0,29. — (Legs Babinet, 1882.)

573. — 1225. Dessin à la plume et à la sépia : cardinal assis sur un siège élevé de deux marches ; près de lui, se trouvent deux personnages debout dont l'un est appuyé sur une longue épée ; devant lui, sont deux autres personnages également debout, dont l'un, fort jeune, semble quitter le vêtement qu'il porte, pour en revêtir un autre que lui présente son voisin ; au premier plan, plusieurs personnages semblent être spectateurs de cette cérémonie qui représente la prise de l'habit religieux par saint Jean Gonalberg. (Ecole italienne.)

H. 0,42. — L. 0,54. — (Legs Babinet, 1882.)

574. — 1348. Dessin à la sépia représentant un groupe de trois personnages ; l'un assis, drapé, fait un geste impératif ; devant lui est un homme ayant les mains

liées derrière le dos, et près de lui un bourreau. (École italienne.)

H. 0,52. — L. 0,41. — (Legs Babinet, 1882.)

575. — 229 (N° 324.) Dessin au crayon noir représentant deux personnages debout, drapés à l'antique. (École française ?)

H. 0,39. — L. 0,61. — (Legs Babinet, 1882.)

(N° 316.) Personnage à genoux, en prière ; au-dessus de lui, debout sur des nuages, un ange tient un calice ; dessin à la plume et à la sépia signé illisiblement. (Ecole italienne.)

H. 0,39. — L. 0,61. — (Legs Babinet, 1882.)

576. — 1439. (N° 9.) Dessin à la plume représentant un groupe composé d'une femme couchée, et appuyée sur une urne renversée d'où coule de l'eau ; près d'elle, un personnage assis tient un aviron, deux enfants les entourent ; fleuve et rivière. (Ecole italienne.)

H. 0,49. — L. 0,23. — (Legs Babinet, 1882.)

Dessins attribués aux Écoles Flamande, Hollandaise et Allemande

577. — 1180. Croquis à la plume avec ombres portées à l'encre de Chine ; au premier plan, Eliézer offre des présents à Rebecca ; au second plan, à droite, un groupe de jeunes filles entoure la fontaine où Rebecca vient de puiser de l'eau ; à gauche, sous un arbre, se trouve un chameau et le serviteur d'Eliézer ; colline dans le lointain. (Ecole allemande?)

H. 0,29. — L. 0,21. — (Legs Babinet, 1882.)

578. — 1307. Croquis à la plume : paysage au premier plan, rochers et personnages sur le bord d'une rivière ;

au second plan, pont avec tour et constructions fortifiées; dans le lointain, une montagne. (Ecole allemande ou flamande ?)

H. 0,23. — L. 0,25. — (Legs Babinet, 1882.)

579. — 1435. Deux dessins dans le même cadre (N° 322) : tête de vieillard dessinée au crayon rouge. (Ecole italienne ?)

(N° 315.) Croquis à la plume, retouché à la sépia, représentant des groupes de personnages debout près d'un brasier. (Ecole flamande?)

H. 0,41. — L. 0,14. — (Legs Babinet, 1882.)

580. — 1186. Dessin à l'aquarelle : à gauche, au premier plan, constructions fortifiées avec tours, pont en avant ; à droite, rivière ou port de mer avec barques de pêche; montagne dans le lointain. (Ecole hollandaise (?) ou flamande?)

H. 0,32. — L. 0,37. — (Legs Babinet, 1882.)

581. — 1404. Vache agenouillée pour paître ; croquis au crayon rouge. (Ecole flamande ?)

H. 0,29. — L. 0,26. — (Legs Babinet, 1882.)

582. — 1288. Dessin au crayon rouge : le Christ et les larrons sur la croix ; un soldat à cheval frappe de sa lance le torse de Jésus ; à gauche, groupe de femmes et saint Jean. (Ecole hollandaise ou flamande?)

H. 0,50. — L. 0,38. — (Legs Babinet, 1882.)

583. — 1206. Dessin à la plume : groupes de personnages debout, époque Louis XIII ; à droite, se trouve un cavalier. (Ecole hollandaise ou allemande?)

H. 0,29. — L. 0,37. — (Legs Babinet, 1882.)

584. — 1349. Dessin à la plume : Atlas portant la terre ; signature peu lisible : 1529. (Ecole flamande ?)

H. 0,49. — L. 40. — (Legs Babinet, 1882.)

585. — 1402. Dessin à la plume retouché à l'encre de Chine, représentant le Christ entouré de trois personnages qui sont : Dieu le père, la sainte Vierge et saint Jean. (Ecole flamande ou allemande ?)

H. 0,46. — L. 0,40. — (Legs Babinet, 1882.)

586. — 1183 Dessin à la sépia représentant Jésus dans le temple, au milieu des Docteurs. (Ecole flamande ?)

H. 0,29. — L. 0,22. — (Legs Babinet, 1882.)

587. — 1145. Dessin au crayon noir retouché au crayon rouge : portrait d'un personnage à barbe et à cheveux blancs ; grand col blanc sur une robe noire ; calotte ronde sur la tête, XVIIe siècle. (Ecole allemande ou hollandaise ?)

H. 0,28. — L. 0,17. — (Legs Babinet, 1882.)

588. — 1308. Trois têtes de personnages du XVe siècle, dessinées à la mine de plomb. (Ecole allemande ou hollandaise ?)

H. 0,23. — L. 0,32. — (Legs Babinet, 1882.)

589. — 568. Croquis à la mine de plomb : groupe de cavaliers militaires, représentant Hudson Lowe et ses officiers parcourant l'enclos de Longwod. Signature illisible. (Ecole anglaise ?)

H. 0.25. — L. 0,31. — (Legs Babinet, 1882.)

GRAVURES AU BURIN ET A L'EAU-FORTE

ÉCOLE FRANÇAISE

AUTEURS CONNUS

BELLAY (PAUL-ALPHONSE), *graveur et peintre, né à Paris, le 22 mars 1826.*

Elève de Picot et de M. Henriquel; il entra à l'École des Beaux-Arts, le 3 avril 1851; obtint le prix de Rome en 1852 : *académie gravée (à la chalcographie du Louvre)*; une médaille de 2ᵉ classe *(gravure)* en 1861; médailles en 1866 et 1867 *en peinture*. Ses œuvres ont figuré à un grand nombre de Salons.

590. — 204. La charité ; gravure au burin d'après la statue de Paul Dubois, sculpteur.

H. 0,63. — L. 0,43. — (Don de l'Etat, 1879.)

DUBOIS (Paul), *sculpteur, dessinateur et peintre, né à Nogent-sur-Seine (Aube), le 8 juillet 1829.*

Elève de A. Toussaint; il entra à l'Ecole des Beaux-Arts, le 8 avril 1858; obtint une médaille de 2ᵉ classe en 1863; une médaille d'honneur en 1865; une médaille de 2ᵉ classe à l'exposition universelle de 1867; fut nommé chevalier de la Légion d'honneur en 1867; officier en 1874; obtint une médaille d'honneur en 1876; fut nommé membre de l'Institut en 1876; obtint une médaille d'honneur à l'exposition universelle de 1878 pour la peinture.
On a de cet éminent artiste un grand nombre de peintures, de dessins et de sculptures fort remarquables.

BOUILLARD (JACQUES), *graveur et peintre, né à Versailles (Seine-et-Oise), en 1774; mort à Paris, le 30 octobre 1806.*

Il ne fut point nommé académicien, mais fut agréé à l'Académie royale, le 26 avril 1788. Ses œuvres ont figuré à plusieurs Salons; il fut graveur du roi.

591. — 184. Venus se peignant; gravure sur cuivre, dessin par Borel d'après le tableau de Palma le vieux.

H. 0,44. — L. 0,33. — (Don de M. le marquis de N.)

Palma le vieux (Jacques), *peintre italien, né à Sermalta, en 1548, mort à Venise, en 1588.*

Il fut élève du Titien et excellait dans le portrait. Si son coloris était remarquable, son dessin manquait de correction et de noblesse. Jacques Palma *le jeune*, son neveu, était aussi un excellent peintre; il naquit à Venise en 1544 et y mourut en 1628; ses dessins sont très recherchés.

Braquemond (Joseph-Félix), *peintre et graveur, né à Paris, le 22 mai 1833.*

Elève de M. Joseph Guichard; il remporta une médaille en 1866 pour la peinture et une autre médaille en 1868 pour la gravure. Ses œuvres ont figuré à un grand nombre de Salons.

592. — 189. Portrait d'Erasme, gravure au burin d'après Holbein.

H. 0,64. — L. 0,49. — (Don de l'Etat.)

Erasme (Didier), *était fils de Pierre Gérard, bourgeois de Goude; il naquit à Rotterdam, le 28 octobre 1467 et mourut à Bâle en Suisse, le 12 juillet 1536, âgé de 68 ans.*

Ayant perdu son père et sa mère à l'âge de 14 ans, on l'obligea de prendre l'habit de chanoine régulier dans le monastère de Stein, où il fit profession en 1486. Il s'amusa quelques temps à faire de la peinture; puis il fut ordonné prêtre en 1492. Erasme fut un savant célèbre. Il a laissé de nombreux ouvrages contenant des traités dans presque tous les genres, grammaire, rhétorique, philosophie, théologie, épîtres, livres de piété, commentaires sur le nouveau testament, etc., etc. Tous ces livres sont écrits avec une pureté et une élégance remarquables.

Charles d'Autriche, roi des Pays-Bas, qui fut plus tard empereur sous le nom de Charles-Quint, le fit son conseiller d'Etat et lui donna une pension annuelle de 200 florins. François Ier lui offrit des avantages plus considérables encore pour l'attirer en France, et le Pape Paul II voulut en faire un Cardinal; mais Erasme, n'ayant point d'ambition, fit aucune démarche pour obtenir cette dignité; il vint à Bâle où il fut nommé Recteur de l'Université; il y revit ses ouvrages et y mourut en 1536.

HOLBEN ou HOLBEIN (Jean), *peintre célèbre du XVIe siècle, né à Bâle (Suisse), en 1497, mort à Londres, en 1554.*

Il s'acquit en peu de temps une grande réputation, ce qui ne l'empêcha pas d'être pauvre, par suite de sa débauche et de sa prodigalité. Erasme et le jurisconsulte Amerbach furent ses amis et l'aidèrent de leurs libéralités. Holbein alla en Angleterre, chez le chancelier Morus, auquel Erasme l'avait recommandé. Morus le présenta au roi Henri VIII qui l'accueillit favorablement et le retint à la cour. Holbein fit encore un voyage à Bâle et revint mourir à Londres en 1554.

Parmi ses œuvres on distingue surtout une Cène, les portraits de Charles-Quint, d'Erasme, de Froben et d'Holbein lui-même.

CALLOT (JACQUES), *peintre, graveur et dessinateur; né à Nancy (Meurthe), en 1592; décédé dans la même ville, le 24 mars 1635, inhumé dans le cloître des Cordeliers de Nancy.*

Callot était élève de Philippe Thomassin; il n'était âgé que de 43 ans quand il mourut. Malgré cet âge peu avancé, il a laissé un grand nombre d'œuvres puisqu'elles se composent de seize cents pièces environ.

M. Edouard Meaume, membre de l'Académie de Stanislas, a publié sur cet artiste, un travail extrêmement complet et qui résume tout ce que l'on peut dire sur la vie et les œuvres de Callot.

593. — 152. Fête publique, curieuse gravure à l'eau-forte.

H. 0,43. — L. 0,67 — (Ancien fonds du Musée.)

594. — 159. Jésus lavant les pieds des apôtres; gravure à l'eau-forte.

H. 0,9. — L. 0,21. — (Legs Charbonnel, 1870.)

595. — 160. Pilate se lavant les mains; gravure à l'eau-forte.

H. 0,09. — L. 0,21. — (Legs Charbonnel, 1870.)

596. — 161. Ecce homo ; gravure à l'eau-forte.

H. 0,09. — L. 0,21. — (Legs Charbonnel, 1870.)

COCHIN (CHARLES-NICOLAS), *graveur, né à Paris, le 29 avril 1668, mort dans la même ville, le 5 juillet 1754, aux Galeries du Louvre (Paroisse de Saint-Germain-l'Auxerrois).*

Elève de son père, Charles Cochin, peintre; il fut reçu académicien, le 31 août 1731, sur: *Les portraits gravés de Lesueur*, d'après lui-même et de *Sarrazin*, chalcographie du Louvre.

Ses œuvres ont figuré aux Salons de 1737, 1740, 1743, 1746 et 1750. On lui doit un grand nombre de gravures faites d'après ses dessins.

597. — 1516. Sacrifice et alliance jurée entre Idoménée et les princes grecs ; Mentor propose une assemblée tous les trois ans.

Gravure imprimée en rouge par J.-Baptiste-Lucien, graveur; dessin par C. N. Cochin fils.

H. 0,26. — 0,19. — (Don de M. Brouillet, 1884.)

598. — 1517. Idoménée dirigé par Mentor jouit de la félicité de ses peuples qui se manifeste par des mariages.

Gravure imprimée en rouge par J.-Baptiste-Lucien, graveur; dessin par C. N. Cochin fils.

H. 0,26. — L. 0,19. — (Don de M. Brouillet, 1884.)

599. — 1518. Mentor propose des conditions de paix aux princes grecs assemblés devant Salente pour en faire le siége.

Gravure imprimée en rouge par J.-Baptiste-Lucien, graveur, dessin par C. N. Cochin fils.

H. 0,26. — L. 0,19. — (Don de M. Brouillet, 1884.)

600. — 1519. Adieux de Télémaque et de Mentor, lorsque les alliés se séparèrent d'Idoménée.

Gravure imprimée en rouge par J.-Baptiste-Lucien, graveur, dessin par C. N. Cochin fils.

H. 0,26. — L. 0,19. (Don de M. Brouillet, 1884.)

DEMARTEAU (Gilles), *né à Liège en Belgique; vivait au XVIIIe siècle du temps de Boucher, et fut graveur du roi.*

Il vint s'établir à Paris dès sa jeunesse; il fut sinon l'inventeur, mais au moins le vulgarisateur le plus actif et le plus habile de la gravure en manière de crayon rouge ou noir.

C'est à Jean-Charles-François, né à Nancy en 1717, que revient le mérite de l'invention de ce genre de gravure.

601. — 162 Enfant jouant avec un chien; gravure au crayon rouge par Demarteau, graveur du roi, d'après Boucher.

H. 0,11. — L. 0,17. — (Legs Charbonnel, 1870.)

602. — 164. Enfant jouant de la flûte et faisant danser un chien; gravure au crayon rouge par Demarteau, d'après Boucher.

H. 0,09. — L. 0,15 (Legs Charbonnel, 1870.)

603. — 163. Enfant pêchant; gravure au crayon rouge, d'après Boucher, par Demarteau, graveur du roi.

H,09. — L. 0,15. — (Legs Charbonnel, 1870.)

DUBOUCHET (Henri-Joseph), *graveur et peintre, né à Caluire-et-Cuire (Rhône), le 28 mars 1833, élève de Vibert; il entra à l'école des Beaux-Arts, le 13 mai 1854.*

Il obtint le deuxième prix au concours pour Rome en 1856: *académie d'après nature;* le premier prix en 1860: *Académie (chalcographie du Louvre)* gravée; des médailles, en 1869 et 1879. Ses œuvres ont figuré à un grand nombre de Salons.

604. — 208. La divine tragédie, gravure au burin d'après le tableau de Chenavard.

H. 0,64. — L. 0,52. — (Don de l'État, en 1879.)

Chenavard (Paul-Marie-Joseph), *peintre, né à Lyon (Rhône), le 9 décembre 1808.*

Elève de Hersan et de Ingres; il entra à l'Ecole des Beaux-Arts, le 19 novembre 1825; fut nommé chevalier de la Légion d'honneur, le 26 juillet 1853; il obtint une médaille de 1re classe en 1855.

Edelinck (Gérard) aîné, *graveur, né en 1641, à Anvers (Belgique), mort à Paris, le 2 avril 1707, âgé de 66 ans.*

Il s'était fait naturaliser français. Corneille Galle, graveur de paysage, fut son premier maître. Ensuite il étudia à Paris sous la direction de Poilly. Il était déjà professeur à la petite académie des Gobelins quand il fut reçu académicien, le 6 mars 1677. Il fut chargé de travaux importants par Louis XIV. Il modifia beaucoup l'art de la gravure en inventant les tailles en losanges, qui n'étaient pas employées avant lui. Cet artiste n'a pris part qu'à une seule exposition, celle de 1699. Il eut un fils, Nicolas, graveur, né à Paris, qui est mort dans la même ville, en 1730.

La dernière œuvre de Gérard Edelinck est: *La visite d'Alexandre à la famille de Darius*, et encore fut-elle achevée par Devret père.

605. — 180. La famille de Darius aux pieds d'Alexandre; gravure avant la lettre de Gérard Edelinck, d'après le tableau de Lebrun daté de 1661.

H. 0,23. — L. 0,35. — (Legs Charbonnel, 1870.)

Lebrun (Charles), *peintre, graveur et architecte, né à Paris, le 24 février 1619, mort aux Gobelins, le 12 février 1690.*

Son père, sculpteur, lui donna les premières notions du dessin. Il travailla ensuite sous la direction de Perrier, dit le Bourguignon, de Simon Vouet et du Poussin, qu'il suivit à Rome, où il resta plus de quatre ans. Pierre Séguier, chancelier de France, Richelieu et Louis XIV le protégèrent. Lorsqu'il revint de Rome, précédé par une réputation méritée, il fut chargé de travaux considérables; Fouquet, surintendant, lui avait confié la décoration de son château de Vaux, et lui faisait une pension de 12,000 livres; Colbert le nomma directeur des Gobelins; Louis XIV lui commanda de peindre des sujets tirés de l'histoire d'Alexandre, destinés à être reproduits en tapisserie. Le roi lui témoigna sa satisfaction en lui donnant son portrait enrichi de diamants; il le nomma son premier peintre avec un traitement de 12,000 livres et lui donna des lettres de noblesse, ainsi que la garde générale des tableaux et des dessins de son cabinet; en 1677, il accompagna le roi pendant les campagnes de Flandre et, à son retour de Lille, il exécuta plusieurs peintures pour le château de Saint-Germain.

Lebrun fut l'un des douze fondateurs de l'Académie royale de peinture et de sculpture, fondée en 1648. Il fut nommé professeur en 1651-1652; chancelier en 1668; directeur, le 18 septembre 1683; directeur de la manufacture des Gobelins et premier peintre du roi en juillet 1668; annobli en 1662; il fonda en 1666 l'Ecole de France à Rome; fut nommé prince de l'Académie de Saint-Luc à Rome, en 1676. Lebrun a fait d'immenses travaux; on lui doit entre autres les peintures du château et des pavillons de Sceaux, les dessins des fontaines et des statues du parc; les peintures des façades des pavillons de Marly; la décoration du grand escalier du Musée de Versailles; la peinture et l'ornementation de la grande galerie de Versailles et celle de plusieurs autres parties du Palais. Il a également fourni les compositions des sculptures des bosquets et des bassins du parc.

Mais la mort de Colbert qui arriva en 1683, vint mettre un terme à la faveur immense dont avait joui Lebrun. M. de Louvois, jaloux de son prédécesseur, protégea Mignard au détriment de Lebrun. Cet artiste cessa de se montrer à la Cour, tomba dans une maladie de langueur et mourut aux Gobelins en 1690. Les Musées du Louvre et de Versailles possèdent une grande quantité d'œuvres remarquables de ce célèbre artiste et qui ont été reproduites par plusieurs graveurs habiles.

FRUYTIÈRES, *graveur. (Pas de renseignements.)* XVIIe siècle.

606. — 565. Saint Nicolas, crossé et mitré, ressuscitant des enfants; planche cuivre gravée. (Signée: L. Fruytières.) Dessin ovale.

H. 0,11. — L. 0,06. — (Legs Charbonnel, 1870.)

GAILLARD (CLAUDE-FERDINAND), *graveur, né à Paris, le 7 février 1834.*

Elève de Léon Cogniet; entra à l'école des Beaux-Arts le 10 octobre 1850; obtint en 1852, le deuxième prix au concours pour Rome, sur : *Une académie gravée d'après nature;* et le premier prix de Rome, en 1856, sur : *Une académie d'après nature;* des médailles en 1867 et 1869; une médaille de première classe en 1872; la croix de la Légion d'honneur en 1876; une médaille de première classe à l'Exposition universelle de 1878.

Cet artiste a exposé à un grand nombre de Salons.

607. — 580. Buste de femme, épreuve avant la lettre, gravure à l'eau-forte.

H. 0,38. — L. 0,28. — (Legs Babinet, 1882.)

GALLE (CH.), *graveur. (Pas de renseignements.)* XVIIe siècle.

608. — 565. L'enfant Jésus, saint Jean et Marie (en costume Louis XIII), *mater divinæ gratiæ*. (Signé : Ch. Galle.) Planche cuivre gravée.

H. 0,11. — L. 0,06. — (Legs Charbonnel, 1870.)

HAUSSOULLIER (GUILLAUME, dit WILLIAM), *peintre et graveur, né à Paris.*

Elève de Paul Delaroche; obtint une médaille pour la gravure, en 1866; ses œuvres, comme peintre et comme graveur, ont figuré à un grand nombre de Salons.

609. — 185. Combat de cavaliers; gravure d'après la peinture de Léonard de Vinci.

H. 0,49. — L. 0,67. — (Don de l'Etat, en 1879.)

VINCI (Léonard de), *né au château de Vinci (près de Florence), en 1452, mort en 1519, en France, au château de Saint-Cloud.*

Elève de A. Varrochio qu'il surpassa de bonne heure. Il se rendit à Milan, en 1489, où le duc Sforza le nomma directeur de l'Académie de peinture et d'architecture. Ce fut dans cette ville qu'il exécuta son fameux tableau de la *Cène*, devenu si célèbre. Le Sénat de Florence le chargea de peindre, avec Michel-Ange, la salle du conseil. Les deux artistes firent des chefs-d'œuvre sans

15

pouvoir se surpasser. Léonard, voyant grandir la réputation de son rival, quitta Florence pour aller à Rome avec Julien de Médicis. Léon X l'ayant froidement accueilli, Léonard partit pour la France où François Ier le reçut comme il méritait de l'être, le logea au château de Saint-Cloud où le grand artiste finit paisiblement ses jours après avoir fait une foule d'œuvres remarquables. Léonard de Vinci était peintre, sculpteur, architecte et poète. Il se distingua également dans chacune de ces différentes branches de l'art.

JACQUEMARD (Jules-Ferdinand), *peintre et graveur, né à Paris, en 1837, mort dans la même ville, le 28 septembre 1880.*

Elève de M. Albert Jacquemard, son père; il obtint des médailles en 1864 et 1866; une médaille de troisième classe à l'Exposition universelle de 1867; fut nommé chevalier de la Légion d'honneur, le 11 août 1867; obtint une médaille d'honneur à l'Exposition universelle de 1878.

610. — 152. Buste de Henri II ; gravure à l'eau-forte.

H. 0,20. — L. 0,16. — (Legs Charbonnel, 1870.)

JACQUET (Jules), *graveur, né à Paris, le 25 mai 1846.*

Elève de Bouguereau; obtint une médaille en 1868; une médaille de première classe en 1875; une médaille de troisième classe en 1878, à l'Exposition universelle; fut nommé chevalier de la Légion d'honneur en 1879.

611. — 210. Saint Bruno en prières ; gravure d'après le tableau de Lesueur.

H. 0,64. — L. 0,49. — (Don de l'Etat, 1879.)

Lesueur (Eustache), *peintre, né à Paris, le 19 novembre 1617, mort dans la même ville, le 30 avril 1655. (Enterré à Saint-Etienne-du-Mont.)*

Elève de Simon Vouet; il fut reçu maître de l'ancienne Académie de Saint-Luc, et fit partie des douze premiers fondateurs de l'Académie royale de peinture et sculpture, fondée le 1er février 1648. Il ne prit part à aucune des expositions de cette compagnie. Il fut nommé peintre de la reine-mère. Rival de Lebrun, dont il avait été le condisciple chez Vouet, il eut à souffrir de la jalousie de cet artiste. Lesueur et Lebrun reçurent, dit-on, les conseils du Poussin, mais Lebrun qui était protégé, suivit ce maître à Rome, tandis que Lesueur, sans protection, ne quitta point la France.

Les œuvres de Lesueur sont très nombreuses et répandues dans différents Musées.

612. — 198. *Gloria victis ;* gravure au burin d'après le groupe de Mercié, sculpteur.

H. 0,49. — L. 0,64. — (Don de l'Etat, 1879.)

MERCIÉ (Antonin), *sculpteur et peintre, né à Toulouse (Haute-Garonne)*.

Elève de MM. Jouffroy et Falguière; obtint le premier grand prix de Rome en 1868; une médaille de première classe en 1872; la croix de la Légion d'honneur en 1872; une médaille d'honneur en 1874; une médaille d'honneur en 1878, à l'exposition universelle; fut promu officier de la Légion d'honneur en 1879. Cet artiste est un de nos plus éminents sculpteurs. Ses œuvres ont été admirées à tous les Salons où elles ont figuré.

613. — 197. Le courage militaire; gravure d'après la statue de Paul Dubois, sculpteur.

H. 0,64. — L. 0,49. — (Don de l'Etat, 1879.)

614. — 199. Gravure faite d'après le tombeau en marbre blanc, exécuté par Chapu, sculpteur, et placé dans la galerie de l'Ecole des Beaux-Arts à Paris. Ce monument a été élevé, ainsi que l'indique l'inscription qu'on y a gravée, à la mémoire de Henri Régnault, artiste peintre et à celle des élèves de l'Ecole des Beaux-Arts, tués pendant la guerre de 1870 à 1871.

H. 0,63. — L. 0,49. — (Don de l'Etat, 1879.)

CHAPU (Henri-Michel-Antoine), *graveur en pierres fines, né au Mée (Seine-et-Marne), le 29 septembre 1833*.

Elève de Pradier et de Duret; entra à l'Ecole des Beaux-Arts le 9 octobre 1849; obtint le deuxième prix au concours pour Rome en 1851: *Neptune fait naître le cheval;* le deuxième prix en 1853: *Désespoir d'Alexandre après la mort de Clitus;* le premier prix en 1855: *Cléobis et Biton;* une médaille de troisième classe en 1863; des médailles en 1865 et 1866; la croix de la Légion d'honneur en août 1867.

REGNAULT (Alexandre-Georges-Henri), *peintre, né à Paris, le 30 octobre 1843, fut tué devant l'ennemi, au combat de Buzenval, le 19 janvier 1871.*

Elève de MM. Cabanel et Lamothe; obtint le prix de Rome en 1866, sur: *Thétis apportant à Achille les armes forgées par Vulcain;* une médaille en 1869 et 1870.

615. — 211. Les trois Muses; gravure d'après le tableau d'Eustache Lesueur.

H. 0,48. — L. 0,64. — (Don de l'Etat, 1879.)

LAHAIRE (CAMILLE-LÉOPOLD), *artiste poitevin.* (Voir aux dessins, Ecole française, la notice qui le concerne, page 148.)

616. — 1509. Château de Beaudiment (Vienne); gravure à l'eau-forte.

H. 0,27. — L. 0,35. — (Don de M. Brouillet, 1884.)

617. — 1510. La Tour du château de Beaumont (Vienne); gravure à l'eau-forte.

H. 0,27. — L. 0,35. — (Don de M. Brouillet, 1884.)

618. — 1511. Abbaye du Teil-au-Moine (Vienne); gravure à l'eau-forte, d'après un dessin de M. Brouillet.

H. 0,27. — L. 0,35. — (Don de M. Brouillet, 1884.)

619. — 1512. Château du Petit-Bois-Morand (Vienne); gravure à l'eau-forte, d'après un dessin de M. Brouillet.

H. 0,27. — L. 0,36. — (Don de M. Brouillet, 1884.)

— 229 —

620. — 1513. Château de Rouhet (Vienne); gravure à l'eau-forte.

    H. 0,27. — L. 0,35. — (Don de M. Brouillet, 1884.)

621. — 1514. Château de Monts (Vienne); gravure à l'eau-forte.

    H 0,45. — L. 0,60. — (Don de M. Brouillet, 1884.)

LENFANT, *graveur français, 1663. (Pas de renseignements.)*

622. — 193. Portrait de François Dutillet, conseiller du roy; gravure au burin. Autour du médaillon on lit : FRANCISCVS DV TILLET REGIS CONSILLIARIVS, PROTONOTARIVS, ET IN SVPREMO GALLIARVM SENATV COMMENTARIENSIS.

    Ovale de 0,26. — (Legs Charbonnel, 1870.)

LAUGIER (Jean-Nicolas), *graveur, né à Toulon (Var), le 22 juillet 1785.*

    Il entra à l'Ecole des Beaux-Arts, le 15 septembre 1813, et obtint une médaille de deuxième classe en 1817; une médaille de première classe en 1831; fut nommé chevalier de la Légion d'honneur, le 10 janvier 1835. Il a figuré à un grand nombre de Salons.

623. — 196. Léonidas aux Thermopyles; gravure d'après un tableau de David (1811).

    H. 0,58. — L. 0,79. — (Don de l'Etat, en 1828.)

Léonidas, roi de Sparte (500 ans avant J.-Ch.) défendit le célèbre passage des Thermopyles, dans le mont Œta, en Thessalie, à la tête de trois cents Spartiates, contre toute l'armée Perse, commandée par Xercès, pour l'empêcher d'envahir la Grèce. Ces héros périrent accablés par le nombre après avoir fait des Perses un sanglant hécatombe.

Le peintre a rep ésenté le moment où, à l'approche de

l'armée ennemie, les Spartiates courent à leurs armes sous les yeux de leur illustre chef, plongé dans un solennel recueillement. Tous font serment de mourir pour la défense de leur patrie, et l'un d'eux, s'élançant sur un rocher, y grave, du pommeau de son épée, ces mots devenus célèbres : *Passant, va dire à Lacédémone que nous reposons ici pour avoir obéi à ses saintes lois.*

Ce tableau, un des chefs-d'œuvre de David, fut dédié aux Hellènes. (Voir, aux dessins, la notice qui concerne David, page 139.)

LECLERC (Sébastien), *père, dessinateur, graveur et auteur, né à Metz (Moselle), le 26 septembre 1637, mort à Paris, le 25 octobre 1714.*

Il fut reçu académicien le 6 août 1672, sur une planche représentant : *Le mausolée élevé dans l'église des Pères de l'oratoire au chancelier Séguier* (Chalcographie du Louvre) et chevalier romain, en 1706. Les premiers principes du dessin lui furent donnés par son père, orfèvre à Metz. En 1660, il fut nommé ingénieur-géographe et leva les plans des principales villes du Messin et du Verdunois. Il revint à Paris où Lebrun lui conseilla de se livrer à la gravure. Colbert lui fit obtenir 1,800 livres de pension et un logement aux Gobelins. Louis XIV le nomma graveur de son cabinet et professeur aux Gobelins. L'œuvre de Leclerc est considérable et se compose de quatre mille pièces.

624. — 742. Gravure à l'eau-forte représentant la construction du Louvre à la date 1677. (*Représentation des machines qui ont servi à lever les deux grandes pierres qui couvrent le fronton de la principale entrée du Louvre gravée par Leclerc en 1677.*)

H. 0,31. — L. 0,62. — (Legs Charbonnel, 1870.)

MARTINET (Achille-Louis), *graveur, né à Paris, le 23 janvier 1806.*

Elève de MM. Forster, Pauquet et Heim ; il entra à l'Ecole des Beaux-Arts, le 1er mars 1821 ; il obtint le deuxième prix au concours pour Rome en 1826 : *Académie gravée ;* le premier prix de Rome en 1830 : *Académie gravée ;* une médaille de deuxième classe en 1835 ; une première médaille en 1843; la croix de la Légion d'honneur, le 5 juillet 1846; une médaille de deuxième classe en 1855; fut nommé membre de l'Institut en 1857; obtint une médaille de première classe à l'exposition universelle de 1867 et fut promu officier de la Légion d'honneur en 1867.

625. — 174. Saint Paul prêchant à Ephèse; gravure au burin d'après le tableau de Lesueur. (Salon de 1874 et 1878.)

H. 0,85. — L. 0,65. — (Don de l'Etat, en 1879.)

MASSARD (JEAN-BAPTISTE-RAPHAEL-URBAIN), *graveur, fils ainé de Jean Massard, graveur, né à Paris, le 10 septembre 1775.*

Elève de son père; il obtint une médaille de deuxième classe en 1810; une médaille de première classe en 1817; la croix de la Légion d'honneur en 1824. Cet artiste a fait un grand nombre de gravures très remarquables qui ont figuré à plusieurs Salons.

626 — 190. Les Sabines; gravure au burin, d'après David (1809).

H. 0,57. — L. 0,79. — (Don de l'Etat, 1828.)

Ce peintre a représenté le moment où les femmes Sabines, devenues des mères de familles romaines, depuis leur enlèvement, se précipitent dans la mêlée pour séparer les Romains des Sabins, accourus en armes pour se venger de la trahison dont ils avaient été les victimes. En effet, quelques années auparavant, les Romains, irrités contre leurs voisins qui ne voulaient pas leur donner leurs filles en mariage, les avaient violemment enlevées au milieu d'une fête publique à laquelle la population de Curet était accourue en foule.

Au milieu du tableau, Romulus, roi de Rome, et Tatius, roi de Cures, se menaçant de l'épée et du javelot, suspendent leurs coups à la vue des Sabines qui déposent leurs enfants à leurs pieds, et obtiennent par leurs supplications le rétablissement de la paix (745 ans av. J.-C.).

Antérieurement, le même peintre avait représenté

l'enlèvement des Sabines. (Voir aux dessins, la notice concernant David, page 139.)

MORSE (Auguste-Achille), *graveur, né à Paris, élève de M. Margeot père.*

Il obtint une médaille en 1867; une médaille de première classe en 1874. Au Salon de 1877, il exposa une gravure au burin : *la collaboration*, d'après Gérôme (ministère des Beaux-Arts) qui fut réexposée en 1878.

627. — 186. La collaboration, gravure au burin d'après le tableau de Gérôme.

H. 0,49. — L. 0,64. — (Don de l'État, en 1879.)

GÉRÔME (Jean-Léon), *peintre, né à Vesoul (Haute-Saône), le 11 mai 1824.*

Fut élève de Paul Delaroche; il entra à l'Ecole des Beaux-Arts, le 30 mars 1842; obtint une médaille de troisième classe en 1847; une médaille de deuxième classe en 1848 et 1855; fut nommé chevalier de la Légion d'honneur, le 14 novembre 1855; membre de l'Institut, le 2 décembre 1865; il obtint une médaille d'honneur à l'exposition universelle de 1867; fut promu officier en 1867; nommé professeur à l'Ecole des Beaux-Arts, le 7 décembre 1863; commandeur de la Légion d'honneur après l'exposition universelle de 1870.

PARIZEAU (Ph.-L.), *dessinateur et graveur.*

Elève de D.-G. Wille, graveur; il a figuré à l'exposition de la place Dauphine, en 1769 et en 1770; à l'exposition du Colisée, année 1776; à l'exposition du Salon de la Correspondance, année 1779.

628. — 178. Soldats au tombeau du Christ; gravure à l'eau-forte par Ph. Parizeau, reproduisant le sujet du tableau de Salvator Rosa, indiqué à la peinture.

H. 0,32. — L. 0,25. — (Legs Charbonnel, 1870.)

ROCHEBRUNE (Octave-Guillaume de), *graveur, né à Fontenay-le-Comte (Vendée), le 1er avril 1824.*

Elève de MM. Jouvrié et J.-L. Petit; il a obtenu des médailles en 1865 et 1868; une médaille de deuxième classe en 1872; il a été nommé chevalier de la Légion d'honneur en 1874. Les œuvres de cet artiste, depuis 1845 jusqu'en 1880, ont figuré avec honneur à vingt-deux Salons.

629. — 205. Château de Chambord ; gravure à l'eau-forte.

H. 0,69. — L. 0,96. — (Don de l'auteur.)

630. — 206. Château de Blois, intérieur de la cour ; gravure à l'eau-forte.

H. 0,64. — L. 0,89. — (Don de l'auteur.)

631. — 207. La Sainte Chapelle à Paris, vue extérieure.

H. 0,88. — L. 0,67. — (Don de l'auteur.)

SIXDENIERS, *graveur français. (Pas de renseignements.)*

632. — 172. L'apothéose de Louis XVI ; belle gravure à l'aqua-tinte, par Sixdeniers, d'après le groupe de Bosio, sculpteur.

H. 0,35. — L. 0,43. — (Legs Charbonnel, 1870.)

Bosio (François-Joseph), *sculpteur et peintre, né à Monaco (Alpes-Maritimes), le 19 mars 1768, mort à Paris, le 28 juillet 1845.* (Voir à la sculpture, Ecole française moderne, la notice qui le concerne.)

GRAVEURS

SUR LESQUELS ON N'A PAS DE RENSEIGNEMENTS.

COETICUS A. *(Pas de renseignements.)* XVIIe siècle.

633. — 565. *Sanctus Franciscus* mourant, soutenu par deux anges ; planche cuivre gravée. (Signée : A. Cœticus.)

H. 0,11. — L. 0,06. — (Legs Charbonnel, 1870.)

COR DE BONDT. (*Pas de renseignements.*) XVII⁰ siècle.

634. — 565. Sainte Véronique essuyant la figure du Sauveur; planche cuivre gravée. (Signée: Cor de Bondt.)

    H. 0,11. — L. 0,06. — (Legs Charbonnel, 1870.)

HUBERTI F., *graveur*. *(Pas de renseignements.)* XVII⁰ siècle.

635. — 565. *Sanctus Bernardus*, agenouillé, tenant un crucifix ; planche cuivre gravée. (Signée : F. Huberti.)

    H. 0,11. — L. 0,06. — (Legs Charbonnel, 1870.)

636. — *Sanctus Franciscus Borgia* ; planche cuivre gravée. (Signée : F. Huberti.)

    H. 0,11. — L. 0,06. — (Legs Charbonnel, 1882.)

637. — 565. *Sancta Appollonia*, en costume Louis XIII ; planche cuivre gravée. (Signée : F. Huberti.)

    H. 0,11. — L. 0,06. — (Legs Charbonnel, 1870.)

638. — L'enfant Jésus entre Joseph et Marie, et les instruments de la Passion ; planche cuivre gravée. (Signée : F. Huberti.)

    H. 0,11. — L. 0,06. — (Legs Charbonnel, 1870.)

JACOBUS DE MONS, *graveur du* XVII⁰ *siècle. [Pas de renseignements.]*

639. — 565. Sainte famille, le Saint-Esprit plane au-dessus ; planche cuivre gravée. (Signée : Jacobus de Mons.)

    H. 0,11. — L. 0,06. — (Legs Charbonnel, 1870.)

JODE (Pierre de), *graveur du temps de Louis XIII.*

Il y a eu deux graveurs de ce nom: Pierre de Jode *le vieux* et Pierre de Jode *le jeune*. Ce dernier, fils du précédent, naquit à Anvers en 1606. Il appartient à l'Ecole flamande de Rubens; il étudia et travailla longtemps sous la direction de son père, dont il imita si bien la manière et le genre, qu'il est difficile de distinguer les œuvres du fils d'avec celles du père. — Pierre de Jode *le jeune* fut un des graveurs les plus renommés de l'Ecole flamande.

640. — 1434. Le jugement dernier, par Jean Cousin, gravé par P. de Jode.

H. 1,65. — L. 1,20. — (Acquis en 1877.)

Magnifique composition de ce grand maître, portant ce titre : *Pourtraict du jugement universel confirmé des témoignages de l'escripture sainte qui sont rappelés au bas de cette gravure.* Elle fut dédiée à *D. Ludovico XIII Gâll. et Nav. regi De Henri IV.* Indication accompagnée des armoiries royales de France et de Navarre. Cette gravure est divisée en plusieurs feuilles réunies et collées sur toile.

COUSIN (Jean), *peintre, sculpteur, architecte, graveur, mathématicien et écrivain, naquit à Sancy, près Sens (Yonne), en 1501 et mourut à Paris, vers 1589.*

Les documents sur cet artiste sont très rares. Il existe un grand nombre d'œuvres qui lui sont attribuées. Au Musée de sculpture du Louvre, on voit la statue couchée, en albâtre, de Philippe de Chabot, amiral de France et provenant de la chapelle d'Orléans, à l'église des Célestins ; un bas-relief en marbre blanc représentant le comte François de la Rochefoucault, chambellan de François Ier, étendu mort, et près de lui, Anne de Polignac, renversée et accablée de douleur. Comme peintre verrier, on lui attribue plusieurs verrières dans un grand nombre d'églises, ainsi qu'une grande quantité de dessins conservés dans différents Musées.

MEULEN (Van Cor.), *graveur du* XVIIe *siècle. (Pas de renseignements.)*

641. — 565 *Sanctus Nicolaüs de Bari*, évêque, crossé et mitré, bénissant les saintes huiles; planche cuivre gravée. (Signée : Cor. Van Meulen.)

H. 0,11. — L. 0,06. — (Legs Charbonnel, 1870.)

642. — *Sanctus Jacobus Magor*, en cavalier, costume Louis XIV, lancé au galop et foulant aux pieds des vaincus; planche cuivre gravée. (Signée : Cor. Van. Meulen.)

H. 0,11. — L. 0,06. — (Legs Charbonnel, 1870.)

643. — *Sancta Peternella* tenant un balais à la main; ovale, planche cuivre gravée. (Signée : Cor. Van. Meulen.)

H. 0,11. — L. 0,06. — (Legs Charbonnel, 1870.)

644. — Sainte famille, dans un ovale; planche cuivre gravée. (Signée : Cor. Van. Meulen.)

H. 0,11. — L. 0,06. — (Legs Charbonnel, 1870.)

645. — *Sancta Maria-Magdalena*, en costume Louis XIII; planche cuivre gravée. (Signée : Cor. Van. Meulen.)

H. 0,11. — L. 0,06. — (Legs Carbonnel, 1870.)

646. — 565. *Sancta Christina*, tenant des serpents dans ses mains; planche cuivre gravée. (Signée : Cor. Van. Meulen.)

H. 0,11. — L. 0,06. — (Legs Charbonnel, 1870.)

MICHAEL (ASINIUS), *graveur du* XVIIe *siècle. [Pas de renseignements.]*

647 — 146. Louis XIII à cheval; gravure au burin de 1634.

H. 0,50. — L. 0,40. — (Legs Charbonnel, 1870.)

PIRANESI, *graveur*. (*Pas de renseignements.*)

648. — 203. La chapelle Pauline au Vatican, et l'exposition du Saint-Sacrement par le Pape, le 1er dimanche d'Avent, illuminations et décors du Bernin; gravé par Piranesi (Rome).

H. 0,95. — L. 0,70. — (Don de M. de Longuemar, 1879.)

TOSCHI, *graveur*. (*Pas de renseignements.*)

649. — 183. Entrée de Henri IV dans Paris; gravure au burin de Toschi, d'après Gérard (1817).

H. 0,49. — L. 0,92. — (Don de l'Etat, 1828.)

Henri IV, entouré de ses vaillants compagnons d'armes, reçoit des mains des magistrats, précédés par L'Huillier, prévôt des marchands, les clefs de la ville de Paris qui vient de se rendre à son légitime souverain.

Près du roi, qui a la tête découverte, on voit son fidèle Sully en avant de Biron, qui devait le trahir; puis, de l'autre côté, le brave Crillon portant l'étendard royal; le duc de Montmorency, de Brissac, gouverneur de Paris qui attire l'attention du roi sur le groupe des magistrats de la cité.

A la tête du cortège, le maréchal de Matignon élève son épée; au milieu, le brave Néret tient embrassés ses deux fils.

GÉRARD (François-Pascal-Simon, baron), *peintre d'histoire et lithographe, né à Rome de parents français, le 4 mai 1770, mort à Paris, le 11 janvier 1837.*

Fut élève de Pajou, Brenet et David; il obtint le deuxième prix de Rome en 1789, sur: *Joseph reconnu par ses frères* (Musée d'Angers); fut nommé chevalier de la Légion d'honneur; chevalier de Saint-Michel; membre de l'Institut en 1812; premier peintre du roi en 1817; baron le 5 septembre 1819. Un grand nombre de Musées possèdent des œuvres de Gérard.

Pendant trente-cinq ans, sa maison fut le rendez-vous des personnages les plus distingués de son temps, et tous les souverains vinrent poser dans son atelier pour se faire peindre.

Bonne composition, coloris harmonieux, touches larges et hardies, imagination poétique, telles furent ses principales qualités.

GRAVURES AU BURIN, A L'EAU-FORTE & SUR BOIS

AUTEURS INCONNUS

650. — 463. Bois gravé du XVIe siècle représentant le crucifiement; la Vierge, sainte Madeleine, saint Jean et deux anges sont au pied de la croix.

H. 0,28. — L. 0,22. — (Don de M. Dupré.)

651. — 451. Epreuve du bois, gravé ci-dessus, représentant le crucifiement.

652. — 1476. Deux planches d'anciennes cartes à jouer, les figures nommées sont, pour les rois : *David, Charles et Julien ;* pour les reines : *Lucrèce, Léonore, Isabel, Héléna ;* pour les valets : *Hector, Bodet, Capitaine.* (XVIIe siècle.)

H. 0,08. — L. 0,15.

653. — 191. Portrait de Jules Romain ; gravure au burin.

H. 0,64. — L. 0,52. — (Don de l'Etat, en 1879.)

654. — 157. Portrait de Charles Lenormand ; gravé à la machine d'après le médaillon de David, d'Angers, 1830.

H. 0,18. — L. 0,13. — (Legs Charbonnel, 1870.)

655. — 327. *Sanctus Joannes ;* gravure au burin d'après le tableau de M. Léon Perrault, artiste poitevin.

H. 0,67. — L. 0,52. — (Don de cet artiste.)

656. — 1515. Les femmes de Paris allant demander du pain à Versailles (5 octobre 1789); gravure sur bois

— 239 —

d'après une photographie du tableau de M. André Brouillet, exposé au Salon de 1882.

H 0,30. — L. 0,35. — (Don de M. Brouillet père, 1884.)

PHOTOGRAVURES

657. — 179. Notre-Seigneur Jésus-Christ au tombeau; photogravure de Goupil et Cie, d'après le tableau de M. Léon Perrault, artiste poitevin.

H. 0,00. — L. 0,00. — (Don de cet artiste.)

658. — 323. Le Miroir des Champs; photogravure de Goupil et Cie, d'après le tableau de M Léon Perrault, artiste poitevin.

H. 0,62. — L. 0,52. — (Don de l'artiste.)

PHOTOGRAPHIES

AUTEURS CONNUS ET INCONNUS

BALDUS, *photographe à Paris. [Pas de renseignements.]*

659. — 1533. La Sainte-Chapelle de Paris. Photographie d'après nature par Baldus de Paris.

H. 0,44. — L. 0,33. — (Don de M. Brouillet 1884.)

660. — 1534. Pavillon Turgot, nouveau Louvre; photographie d'après nature par Baldus, de Paris.

H. 0,88. — L. 0,68. — (Don de M. Brouillet, 1884.)

661. — 1535. Pavillon Richelieu, nouveau Louvre; photographie d'après nature par Baldus, de Paris.

H. 0,88. — L. 0,68. — (Don de M. Brouillet, 1884.)

662. — 1536. Pavillon Sully, nouveau Louvre ; photographie d'après nature par Baldus, de Paris.

H. 0,88. — L. 0,68. — (Don de M. Brouillet, 1488.)

663. — 1538. Pavillon de la Cour Carrée du vieux Louvre; photographie d'après nature par Baldus de Paris.

H. 0,88. — L. 0,68. — (Don de M. Brouillet, 1884.)

BLAIZE, *photographe à Tours*. (*Pas de renseignements*.)

664. — 1537. Vue de la ville de Tours; photographie d'après nature par Blaize de Tours.

H. 0,45. — L. 0,60. — (Don de M. Brouillet, 1884.)

FELLOT, *photographe à Poitiers*. (*Artiste peintre*.)

665. — 1539. Portail de l'église Saint-Nicolas de Civray (Vienne) ; photographie.

H. 0,33. — L. 0,42. — (Don de M. Brouillet, 1884.)

666. — 1540. Détails du portail de l'église Notre-Dame-la-Grande de Poitiers ; photographie (côté droit).

H. 0,40. — L. 0,30. — (Don de M. Brouillet, 1884.)

667. — 1541. Détails du portail de l'église Notre-Dame-la-Grande de Poitiers; photographie (côté gauche.)

H. 0,40. — L. 0,30. — (Don de M. Brouillet, 1884.)

668. — 533. Cheminée du château de Chitré (Vienne), photographie faite d'après l'original par M. Fellot artiste peintre et photographe.

H. 0,14. — L. 0,22. — (Don de l'auteur.)

Le château de Chitré-sur-Vienne, construit à l'époque de la Renaissance, est orné de plusieurs bas-reliefs de cette période. Ce manteau de cheminée porte la date de 1557, et représente, en bas-relief, les divers épisodes d'une entrée en chasse, au sortir d'une élégante demeure seigneuriale ; le milieu du tableau porte en grand relief un beau cerf ayant au cou l'écusson d'alliance des Tiercelin de la Roche du Maine et des Turpin de Crissé, anciens seigneurs de Chitré.

LHOPITAL, *photographe, à Paris. (Pas de renseignements.)*

669. — 1530. *L'Innocence,* photographie par Lhopital, de Paris, d'après une statue en plâtre de A. Broussard, sculpteur poitevin. Cette statue a obtenu une mention honorable au Salon de 1878.

H. 0,30. — L. 0,42 — (Don de M. Brouillet en 1884.)

BROUSSARD (André-Pierre-Henri), *sculpteur poitevin, né à Menigoute (Deux-Sèvres), le 30 novembre 1846, mort à Paris, le 9 mai 1881.*

Il fut élève de l'Ecole municipale des Beaux-Arts de Poitiers où il remporta les principales récompenses. C'est pendant son séjour à cette Ecole qu'il exécuta *le repos,* statuette plâtre, qui figura au Salon de 1870. Cette œuvre, qui lui valut une subvention annuelle de la ville de Niort, est aujourd'hui au Musée de cette ville. Sortant de l'Ecole de Poitiers, il entra dans l'atelier de Jouffroy à Paris. Il fut reçu à l'Ecole des Beaux-Arts. Au Salon de 1875, il exposa le *portrait de M*^{lle} *X****, buste plâtre ; en 1878, *jeune fille jouant avec un serpent,* statue plâtre, qui obtint une mention honorable; en 1880, *Christ au tombeau,* statue plâtre, qui obtint une médaille de 3e classe; en 1881, *portrait de M. X***,* sénateur, buste plâtre.

Ce jeune artiste est décédé le 9 mai 1881, à l'âge de 35 ans, à l'hôpital de la Pitié, à Paris, et d'après le désir exprimé par lui en mourant, il a été enterré à Poitiers.

MICHELEZ, *photographe, à Paris. (Pas de renseignements.)*

670. — 1532. *Le retour du marin,* scène de famille ; photographie par Michelez, de Paris, d'après un tableau de M. André Brouillet, artiste poitevin.

H. 0,34. — L. 0,33. — (Don de M. Brouillet père, 1884.)

671. — 1528. *L'attente*, photographie par Michelez, de Paris, d'après un tableau de M. André Brouillet, artiste poitevin.

H. 0,34. — L. 0,13. — (Don de M. Brouillet père, 1884.)

GOUPIL et Cie, *photographe à Paris. (Pas de renseignements.)*

672. — 1529. *L'oracle des champs*, photographie par Goupil et Cie, de Paris, d'après un tableau de M. Léon Perrault, artiste poitevin.

H. 0,35. — L. 0,25. — (Don de M. Brouillet père, 1884.)

PERLAT (ALFRED), *photographe à Poitiers ; a remporté de nombreuses médailles à différentes expositions de Beaux-Arts.*

673. — 226. Panorama de Poitiers pris dans la vallée de la Boivre ; c'est la ville vue du côté de la Préfecture.

H. 0,20. — L. 1^{m}40. — (Don de l'auteur.)

674. — 187. Panorama de Poitiers pris du haut des Dunes de la rive droite du Clain, et sur lequel se détachent les principaux monuments de cette ville.

H. 0,17. — L. 0,70. (Don de l'auteur.)

675. — 422. Façade de l'église Notre-Dame de Poitiers, splendide bas-relief du XIIe siècle.

H. 0,39. — L. 0,27. — (Don de l'auteur.)

676. — 419. Ancienne Université de Poitiers, édifice du XVe siècle qui, pendant longtemps, a servi d'Hôtel-de-Ville.

H. 0,39 — L. 0,27. — (Don de l'auteur en 1878.)

677. — 563. *L'Agriculture*, photographie faite d'après la statue de la façade de l'Hôtel-de-Ville.

H. 0,37. — L. 0,31. — (Don de l'auteur.)

678. — 528. *La Science*, photographie faite d'après la statue de la façade de l'Hôtel-de-Ville.

H. 0,37. — L. 0,31. — (Don de l'auteur.)

Ces deux statues, exécutées en pierre dure du pays, sont l'œuvre de l'éminent statuaire Barrias.

679. — 529. Photographie du grand escalier de l'Hôtel-de-Ville de Poitiers.

H. 0,16. — L. 0,12. — (Don de l'auteur.)

AUTEURS INCONNUS.

680. — 530. Photographie reproduisant un ancien plan pour le percement de l'isthme de Panama.

H. 0,23. — L. 0,30. — (Don du marquis de Nettencourt, 1879.)

681. — 442. Photographie de la statue de sainte Radegonde.

H. 0,39 — L. 0,32. — (Provenance inconnue.)

682. — 195. Photographie de la statue de la Vénus de Milo.

H. 0,35. — L. 0,20. — (Legs Charbonnel, 1870.)

683. — 1531. Le *Christ au tombeau*, photographie d'après une statue plâtre de A. Broussard, sculpteur poitevin. Cette figure a obtenu une médaille de troisième classe au Salon de 1880.

H. 0,30. — L. 0,42. — (Don de M. Brouillet en 1884.)

684. — 4. Allées couvertes de Bagneux, près Saumur, photographie.

H. 0,40. — L. 0,52. — (Don de M. de Longuemar 1880.)

LITHOGRAPHIES A LA PLUME ET AU CRAYON

AUTEURS CONNUS ET INCONNUS

ASSELINEAU (LÉON-AUGUSTE), *lithographe, peintre de paysage, né à Hambourg, de parents français, en 1808.*

> Elève de Roëhn; il a figuré, comme peintre paysagiste, aux Salons de 1836, 1838, 1840, 1846, 1847. Mais c'est surtout comme lithographe qu'il s'est fait remarquer, en collaborant aux grandes publications de Gihaut et autres; on peut citer entre autres: le *Mobilier*, le *Vieux Paris, Meubles et armes du moyen âge*, etc., etc.

685. — 131. Armes et armures du XVe et XVIe siècles; cadre contenant douze lithographies au crayon.

> H. 0,75. — L. 1,95. — (Don de M. de Longuemar, 1877.)

A. Armure du XVe siècle en acier poli. (Cabinet de M. Baron.)
B. Armure du temps de François Ier. (Collection du prince Soltikoff.)
C. Armure de Henri II. (Cabinet des médailles de la Bibliothèque nationale.)
D. Armure du XVIe siècle. (Collection Soltikoff.)
E. Armure d'Henri IV. (Bibliothèque nationale.)
F. Armure de Louis XIII. (Bibliothèque nationale.)
G. Casques. (Cabinet de M. le comte Colbert.)
H. Bassinets du XVIe siècle. (Collection Soltikoff.)
I. Bouclier repoussé, représentant la prise de Troyes. (Collection Soltikoff.)
J. Epées du XVIe siècle. (Collection Soltikoff.)
K. Arbalète et carabine à rouet, canon ciselé, bois incrusté d'ivoire. (Collection de M. Baron.)
L. Poudrière du temps de Henri IV. (Cabinet de M. Baron.)

BARON (Henri-Charles-Antoine), *peintre, né à Besançon (Doubs), en juin 1816.*

Elève de M. Gigoux; il obtint une médaille de troisième classe en 1847 et en 1855; une médaille de deuxième classe en 1848; la croix de la Légion d'honneur en juillet 1859; une médaille de troisième classe en 1867, exposition universelle. Ses œuvres ont figuré à un grand nombre de Salons.

686. — 1544. Séduction; lithographie au crayon, d'après une peinture de Henri Baron.

H. 0,35. — 0,27. — (Don de M. Brouillet, 1884.)

BAUDELOT, *lithographe français. (Pas de renseignements.)*

687. — 158. Entrée de Louis XIII à La Rochelle après le siège de cette ville, le 1er novembre 1626; lithographie au crayon, d'après le tableau original de Courtilleau.

H. 0,65. — L. 0,52. — (Provenance inconnue.)

DUTILLEUX, *géomètre de première classe. (Pas de renseignements.)*

688. — 1144. Plan géométral de la promenade de Blossac, à Poitiers.

H. 0,52. — L. 0,42. — (Provenance inconnue.)

FELON (Joseph), *sculpteur, peintre et lithographe, né à Bordeaux (Gironde), le 21 août 1818.*

Elève de l'Ecole de Bordeaux; il obtint une médaille de troisième classe, comme sculpteur, en 1861; un rappel en 1863. Ses œuvres ont figuré à plusieurs Salons.

689. — 1543. Jeune fille assise sur une escarpolette entourée de feuillage; lithographie au crayon.

H. 0,30. — L. 0,24. — (Don de M. Brouillet, 1884.)

FRANÇAIS (François-Louis), *peintre, né à Plombières (Vosges), le 17 novembre 1814.* (Voir à la peinture, Ecole française, la notice qui le concerne, page 47.)

690. — 1542. Paysage; lithographie au crayon, d'après une peinture de Decamps.

H. 0,35. — L. 0,30. — (Don de M. Brouillet, 1884.)

691. — 1546. Baigneuses, paysage avec figures; lithographie au crayon d'après une peinture de Diaz.

H. 0,00. — L. 0,00. — (Don de M. Brouillet, 1884.)

HIVONNAIT (Achille), *artiste poitevin, né à Poitiers.*

Adjoint à son père pendant plusieurs années, il lui succéda comme directeur de l'*Ecole municipale gratuite d'architecture, de sculpture et de dessin de la ville de Poitiers*, le 6 septembre 1832.

692. — 1023. Portrait de Jean-Baptiste de Bouillé, évêque de Poitiers; lithographie au crayon, imprimée chez Pichot, à Poitiers.

H. 0,32 — L. 0,25. — (Provenance inconnue.)

693. — 1108. Portrait de l'abbé Gibault, ancien conservateur du Musée de la ville de Poitiers; lithographie au crayon, imprimée chez Pichot à Poitiers.

H. 0,24. — L. 0,24. — (Provenance inconnue.)

694. — 1112. Portrait de M. Hivonnait père, ancien directeur de l'*Ecole royale gratuite de dessin de la ville de Poitiers*, aujourd'hui *Ecole municipale des Beaux-Arts*; lithographie au crayon, imprimée à Poitiers.

H. 0,33. — L. 0,24. — (Provenance inconnue.)

LAHAIRE (Camille-Léopold), *artiste poitevin.* (Voir aux dessins, Ecole française, la notice qui le concerne, page 148.)

695. — 1520. Cerf passant l'eau ; lithographie à la plume, d'après une gravure sur bois de Martinet.

H. 0,28. — L. 0,36. — (Don de M. Brouillet, 1884.)

696. — 1521 Paysage ; lithographie à la plume, d'après une peinture de M. Brouillet.

H. 0,35. — L. 0,45. — (Don de M. Brouillet, 1884.)

697. — 1522. Lithographie à la plume d'après un paysage à l'eau-forte de Malardot.

H. 0,46. — L. 0,60. — (Don de M. Brouillet, 1884.)

698. — 1523. Lithographie à la plume d'après la gravure d'un tableau de Joseph Vernet.

H. 0,46. — 0,60. — (Don de M. Brouillet, 1884.)

699. — 1524. Joueur de cornemuse ; lithographie à la plume et au crayon d'après une gravure.

H. 0,41. — L. 0,30. — (Don de M. Brouillet, 1884.)

700. — 1525. Naissance de saint Jean ; lithographie à la plume d'après une gravure.

H. 0,45. — L. 0,58. — (Don de M. Brouillet, 1884.)

LEROUX (EUGÈNE) *lithographe, né à Caen (Calvados), en 1811, mort à Paris, le 27 août 1863.*

Il obtint une médaille de troisième classe en 1851 ; une médaille de deuxième classe en 1852 ; une médaille de troisième classe à l'exposition universelle de 1855. Il a figuré à plusieurs Salons.

701. — 1547. Au bord de la haie, chèvres broutant, paysage ; lithographie au crayon d'après Troyon.

H. 0,33. — L. 0,27. — (Don de M. Brouillet, 1884.)

LESAUVAGE (Mlle MARIE-HIPPOLYTE), *artiste peintre, née à Fontenay-le-Comte (Vendée)*

Elle est élève de Louis Boulanger. Ses débuts se firent au Salon de Versailles en 1872, où elle exposa, *Nostalgie*. Ses œuvres ont figuré successivement : à Nevers, *Au bord du ruisseau* (médaille de bronze); à Lyon, *Marguerite en prison* (Goëthe); à Toulouse, *Faust et Méphistophélès*; à Auxerre, *Zulieka Medora* (Lord Byron); à Moulins, *Au camp*; à Douai, *Portrait militaire du duc d'Aumale*; à Fontainebleau, *Lorenzo et ses victimes*; à Londres, *Edylle*; à Angoulême, *François Ier*; à Paris, *Portrait de M. Jules Simon*; à Angers et à Périgueux, *Portrait de l'auteur*; à Paris, Salon de 1878, *les Victimes*; Salon de 1880, *Portrait de M. Jules Grévy* (fusain), offert par l'auteur au musée de Fécamp. On doit encore à Mlle Lesauvage un portrait de M. Thiers, offert par elle au musée de Varzy (Nièvre); enfin, elle a fait un grand nombre de peintures, de lithographies et de fusains, d'une exécution remarquable.

702. — 1545. Cadre contenant six portraits lithographiés au crayon et représentant : *Victor Hugo, Edmond About, Ernest Bosc, Louis Bonneau, Jean Alesson, Madame Adam (Juliette Lambert)*. Ces portraits ont paru dans la Galerie Universelle des Contemporains illustres, par Mlle Lesauvage, artiste peintre à Poitiers.

H. 1,03. — L. 1{m}. — (Don de l'auteur, 1832.)

PIRADON (EUGÈNE-LOUIS), *peintre et lithographe, né à Grenoble (Isère).*

Elève de MM. E. Hébert et G. Jadin. Cet artiste a exposé à un grand nombre de Salons des peintures, des gravures et des lithographies.

703. — 1548. La leçon de solfège : singes faisant chanter des chiens; lithographie au crayon, d'après une peinture de Notterman.

H. 0,35. — L. 0,27. — (Don de M. Brouillet, 1884.)

704. — 1549. Un coin de basse-cour; lithographie au crayon.

H. 0,35. — L. 0,27. — (Don de M. Brouillet, 1884.)

705. — 1550 Descente du coteau ; lithographie au crayon d'après une peinture de Palizzi.

H. 0,28. — L. 0,37. — (Don de M. Brouillet, 1884.)

CHROMO-LITHOGRAPHIES

706. — 479. Sainte Radégonde, d'après la vignette originale de la vie de sainte Radégonde.

H. 0,20. — L 0,14. — (Don de M. de Longuemar.)

Cette peinture sur velin est une œuvre du XIIe siècle. La religieuse reine, assise sur un trône, ses vêtements ornés d'orfrois et d'écussons, les pieds sur un escabeau, tient sur ses genoux des tablettes ouvertes et un roseau à écrire. Le cadre qui enveloppe cette figure est orné de rubans en zigzags diversement coloriés. Œuvre d'aspect bizantin.

707. — 491. Saint Fortunat, d'après une vignette du même manuscrit, mais de la fin du XIe siècle.

H. 0,20. — L. 0,15. — (Don de M. de Longuemar.)

Le saint évêque et poète, ami de sainte Radégonde et l'un de ses historiens, assis sur un trône en habits épiscopaux, est occupé à écrire sur des tablettes carrées avec un stylet et un grattoir. Le cadre qui l'enveloppe est orné de fleurons et de six grandes rosaces rayonnantes. Les peintures originales du manuscrit sont fatiguées. Ces reproductions ont été publiées dans les mélanges d'archéologie du père Cahier, d'après les dessins fournis et coloriés par M. de Longuemar et pris sur les originaux.

708. — 1180. Cinq tirages successifs d'une lithochromie, par M. Barroux, imprimeur-lithographe à Poitiers. Reproduction de la Vierge de Moussac et de son trône émaillé, d'après un dessin de M. de Longuemar, 1880.

H. 1,08. — L. 0,73. — (Don de M. Barroux, 1880.)

SCULPTURE

STATUES ANTIQUES.

709. — 58. Antinoüs; statue plâtre (art romain).

H. 1,75. — (Don de l'Etat, en 1872.)

Antinoüs, favori de l'empereur Adrien, était d'une merveilleuse beauté et se célébra par son attachement extraordinaire à son maître, au point de se sacrifier volontairement pour que les devins, par l'inspection de ses entrailles, puissent connaître les destinées de l'empereur. Adrien pleura son favori et lui fit élever des temples. Sa statue en marbre de *Luni*, et qui le représente orné de toutes les grâces de la jeunesse, dans une attitude méditative, fait partie de la collection du Capitole, à Rome.

Ce plâtre appartient à l'*Académie des Beaux-Arts*, fondée à Poitiers, par MM. Brouillet et Véron, en 1872.

710. — 6. Apollon Pythien, dit l'Apollon du Belvédère; plâtre (art grec ancien).

H. 2,15.

L'original de cette figure en marbre de *Luni*, l'un des chefs-d'œuvre de la sculpture antique, fut découvert à la fin du XVᵉ siècle à *Capo d'Anzo Cantium* et acquis par Jules II, qui le fit placer dans les jardins du Belvédère. Les deux mains qui manquaient ont été refaites par *Fra Jean Ange de Montorsalo*, élève de Michel-Ange.

Le dieu, fils de Jupiter et de Latone, le carquois sur l'épaule, l'arc dans la main gauche, la chlamyde attachée sur l'épaule et relevée seulement sur le bras gauche, vient de décocher la flèche qui a terrassé le serpent Python, monstre qui infestait les champs marécageux de la Phocide.

La satisfaction du triomphe est empreinte sur la physionomie et dans l'attitude majestueuse de cette figure, type complet de la beauté masculine.

Œuvre grecque du Ier siècle de notre ère.

Ce plâtre appartient à l'*Ecole municipale des Beaux-Arts de Poitiers*, et a été donné par l'Etat, lors de la fondation de cette école, par Louis XV.

711. — 42. Apollon Sauroctone ; plâtre.

H. 0,88. — (Don de l'Etat, en 1872.)

Cette gracieuse statuette d'Apollon jeune, les cheveux ceints du *Strophium*, bandeau caractéristique des rois et des dieux, et disposés comme ceux d'une femme, est debout et nonchalamment appuyé contre un tronc d'arbre, le long duquel grimpe un lézard, accessoire qui lui a valu son surnom particulier. L'original, statue grecque en marbre de *Paros*, de la villa Borghèse, est au Louvre et a probablement été exécuté sur un modèle de Praxitèle. Les bras sont d'une restauration moderne.

Ce plâtre appartient à l'*Académie des Beaux-Arts de Poitiers*, fondée par MM. Brouillet et Véron.

712. — 89. Berger avec chien ; statue plâtre.

H. 1,25.

Cette figure est nue et assise sur un rocher, dans une attitude méditative ; de sa main droite elle s'appuye sur un long bâton recourbé en crosse ; un chien accroupi à ses côtés semble aboyer.

Ce plâtre appartient à l'*Ecole municipale des Beaux-Arts*, et a été donné par l'Etat, lors de la fondation de cette Ecole, sous Louis XV.

713. — 98. Castor et Pollux ; groupe plâtre.

H. 1,45.

Ces deux figures, appuyées l'une sur l'autre, offrent un sacrifice aux dieux.

Un de ces deux frères, fils de Jupiter, tient à la main

un flambeau renversé sur un autel, et l'autre une patère pour les libations ; en arrière d'eux, la statuette de Léda, leur mère, est posée sur un socle. Sous le nom de *Dioscures*, ils présidaient à la navigation. Sous le nom de *Gémaux*, ils sont devenus l'un des signes du Zodiaque, correspondant au mois de mai.

Ce groupe appartient à l'*Ecole municipale des Beaux-Arts*, et a été donné par l'Etat, lors de la fondation de cette École, sous Louis XV.

714. — 29. Diane chasseresse ou Diane à la biche ; plâtre (art grec ancien).

H. 1,75.

L'original de cette statue en marbre de Paros, digne pendant de l'Apollon du Belvédère, est en France depuis Henri IV, et figura longtemps dans la galerie de Versailles ; il est aujourd'hui au Musée du Louvre à Paris.

Cette déesse, fille de Jupiter et de Latone, coiffée d'un diadème, vêtue d'une courte tunique, une écharpe jetée sur l'épaule et nouée autour de la taille, chaussée de riches sandales, tire de la main droite une flèche du carquois suspendu à son épaule ; de la main gauche, elle retient sa favorite, la biche aux cornes d'or et aux pieds d'airain du mont Corynée et qu'Hercule vainquit à la course.

Il est probable que le sculpteur a voulu représenter le moment où Diane veut défendre la biche qui lui était consacrée contre le fils d'Alcmène.

Cette figure est pleine de mouvement. L'original en marbre *de Paros* est une œuvre grecque du Ier siècle de notre ère.

Les deux mains sont des restaurations de Laâge de Toulouse. Ce plâtre appartient à l'*Ecole municipale des Beaux-Arts de Poitiers ;* il a été donné par l'Etat, lors de la fondation de cette École, sous Louis XV.

715. — 38. Faune dansant, dit le Faune au Syrinx ; plâtre.

H. 1,40. — (Don de l'Etat, en 1872.)

Cette figure, nue, la tête couronnée de feuillage, est pleine d'animation et de gaîté; tout son corps est en mouvement. De la main droite relevée, elle tient un syrinx ou flûte de Pan, et de son pied droit, armé d'un *scabellum*, semelle épaisse et articulée à ressort, elle marque la mesure.

Ce plâtre appartient à l'*Académie des Beaux-Arts*, fondée par MM. Brouillet et Véron en 1872.

716. — 66. Faune flûteur; plâtre.

H. 1,25.

Cette figure, nue, et négligemment appuyée du bras gauche sur un pilastre recouvert d'une peau de panthère, joue de la flûte. Elle forme le contraste le plus complet avec le faune dansant. L'original en marbre de *Paros* de cette charmante statue du Louvre, qui provient de la villa Borghèse, est, selon l'opinion de Visconti, une imitation en marbre du satyre de Praxitèle.

Les mains et la flûte sont des restaurations.

Ce moulage fait partie du matériel de l'*Ecole municipale des Beaux-Arts de Poitiers*, et a été donné par l'Etat lors de la fondation de cette école, sous Louis XV.

717. — 401. Groupe de Laocoon; plâtre.

H. 1,85.

Ce moulage a été fait sur le célèbre groupe en marbre attribué aux trois sculpteurs grecs de Rhodes: *Agésandre, Polydore* et *Athénodore*. Prêtre d'Apollon, Laocoon excita les Troyens à détruire le cheval de bois que les Grecs avaient introduit dans les murs de cette ville. Pour se venger de lui, Minerve, protectrice des assiégeants, suscita deux serpents qui surprirent Laocoon et ses deux fils au moment où ils offraient un sacrifice.

Ce grand prêtre est tombé assis sur l'autel, sa poitrine est gonflée, ses bras se raidissent pour se délivrer des redoutables enlacements des reptiles, et les convulsions de la douleur se font sentir dans la contraction de tous ses muscles. Le contraste des attitudes des trois statues, la hardiesse des contours, la science anatomique, la figure du père décelant l'horreur de ses tourments, l'émotion de l'un de ses fils, l'abattement de l'autre, font de ce groupe savamment composé, un des chefs-d'œuvre de l'art antique.

Trouvé en 1506, dans les Thermes de Titus, Jules II le fit placer au Vatican.

Il a été gravé par Bervic et un grand nombre d'autres artistes.

Ce plâtre appartient à l'*Ecole municipale des Beaux-Arts de Poitiers*, et a été donné par l'Etat lors de la fondation de cette école, sous Louis XV.

718. — 402. Le gladiateur combattant ; plâtre.

H. 2^m.

Ce chef-d'œuvre de vérité, de hardiesse, de science et d'exécution, est l'œuvre du sculpteur grec *Agadias* qui vivait du temps d'Alexandre.

Winckelmann et Visconti ont démontré que cette figure était celle d'un guerrier combattant un personnage à cheval, et recevant sur son bouclier le coup auquel il se préparait à riposter avec l'épée, peut-être même *Télamon*, père d'Agax, qui va tuer Ménalippe, reine des Amazones.

Cette statue en marbre grec, type de force et de beauté masculine que fait valoir encore sa pose mouvementée, fut trouvée au XVIIe siècle à *Antium*, dans les mêmes ruines où l'on avait découvert l'Apollon Pythien.

Elle a été gravée par Girardet et Bouillon. Ce plâtre appartient à l'*Ecole municipale des Beaux-Arts de Poitiers* et a été donné par l'Etat lors de la fondation de cette Ecole sous Louis XV.

719. — 167. Matrone romaine (?) pierre.

H. 1^m.

Cette statue, décapitée, est vêtue d'une robe talaire à plis concentriques ; elle tient d'une main un vase à long col et de l'autre un vase plein de fruits pour l'offrande.

Cette statue, d'une grossière exécution, a été exhumée de la rue de l'Industrie à Poitiers en 1852 (époque gallo-romaine).

720. — 80. Statuette de femme romaine ; marbre.

H. 0,50. — (Don de l'État en 1863.)

Cette figure, drapée avec élégance, est assise dans l'attitude de la méditation ; elle provient du Musée Campana.

721. — 109. Torse antique du Belvédère ; plâtre.

H. 1m25.

Ce moulage, fait sur le marbre original du Louvre, est un remarquable type de la puissance musculaire de ce fils de Jupiter et d'Alcmène. Persécuté par Junon et son frère Eurysthée, il dut accomplir les douze travaux qui lui furent imposés. Il tua l'hydre de Lerne, la biche du Ménale, le lion de Némée, le sanglier d'Érymanthe, les oiseaux du lac Hymphale, le taureau de Crète, le géant de Géryon, le dragon des Hespérides, punit le cruel Diomède, nettoya les écuries d'Augias, défit les Amazones, délivra Thésée des enfers, et beaucoup d'autres encore qu'il accomplit volontairement.

Ce torse, *dit du Belvèdère à Rome*, est d'*Apollonius* d'Athènes ; c'est la plus célèbre statue d'Hercule. Il a été retrouvé à la fin du XVe siècle près le théâtre de Pompée.

Les insignes habituels de ce dieu sont la massue et la peau de lion. Ce plâtre appartient à l'*Ecole municipale des Beaux-Arts de Poitiers* et a été donné par l'État, lors de la fondation de cette Ecole sous Louis XV.

722. — 106. Torse de Bacchus Thébain ; plâtre (art grec ancien).

H. 1m10.

Ce plâtre a été moulé sur la statue en marbre du Louvre. C'est le type de la beauté masculine un peu efféminée. La la tête est coiffée de longs cheveux bouclés et flottants sur lesquels est posée une couronnne de lierre. Ce dieu était fils de Jupiter et de Sémélé. La vigne lui était consacrée ; le thyrse, baguette entourée de pampres et terminée par une pomme de pin, était son principal attribut, les *bacchanales* étaient des fêtes célébrées en son honneur par ses prêtresses, les bacchantes. Elles décorent souvent les vases antiques. Ce plâtre appartient à l'*Ecole municipale des Beaux-Arts de Poitiers* et a été donné par l'Etat lors de la fondation de cette Ecole sous Louis XV.

723. — 94. Torse de l'Amour adolescent ; plâtre.

H. 0,60.

Moulage en plâtre fait sur le marbre grec du Musée Pio-Clémentin. Sur les épaules on voit les traces de trous faits pour recevoir les ailes ; les jambes et les bras manquent.

724. — 47. Venus *Victrix* (dite Venus de Milo) ;

H. 2^m. — (Don de l'Etat, 1872.)

Le surnom donné à cette magnifique statue, dont l'original est en marbre *de Paros*, vient de ce qu'elle fut découverte en 1820, sur l'emplacement des murs antiques de la ville de Milo (archipel grec). Acquise par M. de Rivière, ambassadeur à Constantinople, elle fut donnée par lui au Musée du Louvre. Cette figure à demi-nue, et dont le bas du corps est seul enveloppé d'une savante draperie, est formée de deux blocs principaux, et, au moment de sa découverte, le haut du corps était seul enfoui, tandis que la partie inférieure se trouvait encore en place, dans une niche des murs d'enceinte de Milo.

La tête de la déesse, coiffée en cheveux, est d'une rare beauté. Les bras de la déesse ont été malheureusement brisés, et n'ont pu être retrouvés ; de la main gauche levée, la déesse tenait probablement la pomme, prix de la victoire que lui avait décerné le berger Pâris, tandis que la main droite abaissée retenait sa draperie prête à tomber. La statue est formée de cinq morceaux réunis.

Son auteur inconnu fut probablement un élève de Scopas (IVe siècle avant Jésus-Christ). Ce chef-d'œuvre tient le milieu entre l'art sévère de Phidias et celui, plus dégagé et plus gracieux, de Praxitèle. Ce plâtre appartient à l'*Académie des Beaux-Arts*, fondée à Poitiers par MM. Brouillet et Véron en 1872.

BUSTES ANTIQUES

725 — 155. Buste de Dame romaine ; pierre.

H. 0,45. — (Don de M. Gaudonnet en 1873.)

Ce buste décapité est entouré d'une draperie à larges plis sur laquelle retombent les extrémités de deux mèches de cheveux (extrait du sol poitevin).

726. — Buste d'Apollon Pythien ; plâtre.

H. 0,50.

Ce buste a été moulé sur la statue dont nous avons déjà parlé. La satisfaction du triomphe que le dieu vient de remporter, en terrassant le serpent Python, est empreinte sur les traits de cette belle tête.

Ce plâtre appartient à l'*Ecole municipale des Beaux-Arts*.

727. — 60. Buste de Dame romaine (?) ; pierre.

H. 0,35.

La tête est diadémée ; les cheveux sont relevés en arrière ; un collier de perles entoure le cou et des pendants ornent les oreilles ; les prunelles creuses ont perdu les pierres coloriées qui devaient les remplir autrefois.

Provient du sol poitevin et a été donné, en 1852, par M. Bonsergent, ancien bibliothécaire de la ville de Poitiers, archéologue distingué.

Sa mauvaise exécution le désigne comme une œuvre de la décadence romaine.

— 258 —

728. — 17. Buste de femme romaine ; pierre.
H. 0,18.

La tête est voilée ; les seins sont découverts, et son exécution grossière accuse la décadence. Ce buste provient des fouilles faites au vieux Poitiers. Donné en 1841 par M. Laurendeau.

729. — 65. Buste de jeune romain ; marbre mutilé.
H. 0,40.

Tête imberbe et cheveux coupés ras ; bonne exécution. Provient de la collection Campana et a été donné par l'Etat en 1863.

730. — 76. Buste d'Homère, célèbre poète épique du IXe ou Xe siècle avant Jésus-Christ. Sept villes de l'Asie-Mineure se disputèrent l'honneur de l'avoir vu naître. Il mourut à *Ios*, l'une des Cyclades ; il fut l'auteur de l'*Illiade* et de l'*Odyssée* ; deux épopées qui lui valurent une réputation immortelle.
Buste plâtre, moulé sur l'original antique.
H. 0,40.

731. — 63. Buste de Sophocle (?), célèbre poète tragique grec ; né à Colone, au IVe siècle avant Jésus-Christ. Il composa 127 tragédies, dont sept seulement sont arrivées jusqu'à nous (495-405 avant Jésus-Christ).
Buste plâtre, moulé sur l'original antique.
H. 0,40.

732. — 000. Buste de Démosthènes ; plâtre moulé sur l'original antique. Né à Athènes, IVe siècle avant J.-C.; il fut le plus célèbre des orateurs grecs. Il s'empoisonna pour ne pas être livré vivant à Antipater (322 ans avant Jésus-Christ).
Provient de la Bibliothèque de Poitiers et avait été acquis par l'abbé Gibault.
H. 0,40.

733. — 111. Buste de Lucius-Junius Brutus, célèbre romain qui institua la République à Rome après en avoir chassé les Tarquins, et dont il fut le 1er consul (509 ans avant Jésus-Christ). Fils de Servilia, sœur de Tarquin le Superbe et contemporain de César, dont il fut un des meurtriers. Dans un combat qu'il eut à soutenir avec le fils de Tarquin, ils se chargèrent avec tant de fureur qu'ils se tuèrent l'un et l'autre.

Buste plâtre, moulé sur l'original antique. Provient de la Bibliothèque de Poitiers et avait été acquis par l'abbé Gibault.

H. 0,46.

734. — 120. Buste de Cicéron (Marcus-Tullius), né à Arpinum, 106 ans avant Jésus-Christ ; célèbre auteur et orateur romain. Il fut successivement préteur, édile et consul. Il déjoua la conjuration de Catilina, ce qui lui fit mériter le nom de Père de la Patrie. Il fut égorgé en 43 avant Jésus-Christ, par ordre du triumvir Antoine.

Buste plâtre, moulé sur l'original antique.

H. 0,55.

735. — 119. Buste plâtre d'un personnage antique, moulé sur le marbre original. (Epoque romaine.)

H. 0,47.

736. — 85. Buste en plâtre de Diogène le Cynique, moulé sur un marbre antique (art grec ancien).

Diogène fut un philosophe célèbre de l'École des Cyniques (413-320 ans av. J.-C.). Alexandre le Grand étant à Corinthe l'alla voir et le pressa de lui demander ce qu'il voudrait, lui promettant de le lui accorder ; mais Diogène, repoussant les offres du monarque, le pria seulement de se détourner de son soleil. Il mourut, suivant l'opinion admise, vers 520 avant Jésus-Christ, s'étant étouffé lui-même en retenant son haleine.

H. 0,55.

— 260 —

737. — 71. Buste de femme romaine ; marbre.

Les cheveux, disposés en bandeaux, sont relevés par derrière en tresses ; le nez est une restauration moderne. Ce buste provient de la collection Campana et a été donné par l'Etat en 1863.

H. 0,40.

738. — 34. Buste de guerrier romain ; marbre.

Tête casquée, ornée de deux têtes de bélier. A été acquis par l'abbé Gibault en 1825. Il provient des environs de Saumur. Exécution peu remarquable.

H. 0,37.

739. — 123. Masque antique de Jupiter ; plâtre.

Ce moulage sur l'original en marbre grec de la meilleure époque de l'art est propre à rappeler avec quelle profonde observation et quelle puissance d'exécution les grands artistes de l'antiquité donnaient à chacune de leurs œuvres le cachet qui leur était propre. Cette figure du souverain de l'Olympe respire bien la sérénité de la toute-puissance dans la plus haute expression.

H. 0,40. — (Don de M. de Longuemar, en 1878.)

740. — 77. Statuette d'enfant ; pierre.

Cette petite figure, décapitée, est d'une exécution peu remarquable et son origine romaine me paraît très douteuse. Elle est debout, les jambes croisées, appuyée contre un socle et de la main droite elle soutient son bras gauche dans l'attitude de la méditation ; elle a été exhumée du sol de Poitiers en 1852.

H. 0,35.

741. — 1473. Tête d'homme antique, marbre blanc très mutilé.

Cette tête, débris d'une statue en marbre blanc, d'une exécution remarquable, provient du château de Richelieu et faisait partie du legs Charbonnel en 1870.

H. 0,34.

742. — 31. Tête d'Hercule ; pierre.
La barbe et les cheveux sont bouclés, l'air est hagard et l'exécution grossière ; elle a été trouvée rue de l'Industrie à Poitiers, et donnée par M. Mauduyt en 1852.

  H. 0,35.

743. — 18. Tête de femme romaine ; pierre.
Les cheveux sont bouclés ; elle porte un collier et des pendants d'oreille ; l'exécution en est grossière ; elle a été trouvée rue de l'Industrie, et donnée en 1852 par M. Bonsergent, ancien bibliothécaire de Poitiers.

  H. 0,15.

744. — 1473. Tête d'homme antique ; marbre.
Elle a été creusée à la partie supérieure en forme de mortier ; elle appartenait à une statue en marbre blanc d'une bonne exécution ; elle provient de l'ancien château de Richelieu et faisait partie du legs Charbonnel fait en 1870.

  H. 0,34.

745. — 53. Tête d'homme antique ; marbre mutilé.
Cette tête, débris d'une statue en marbre blanc, de bonne exécution, provient également de l'ancien château de Richelieu et faisait partie du legs Charbonnel en 1870.

  H. 0,34.

746. — 154. Tronc de statue d'une dame romaine ; pierre.
Cette statue est décapitée. Elle tient à la main l'extrémité d'une corne d'abondance ; les draperies qui l'enveloppent sont largement fouillées ; elle a été donnée par M. Gaudonnet en 1873, et provient de la rue Saint-Louis à Poitiers.

  H. 0,50. — L. 0,35.

BUSTES MODERNES

747. — 182. Amyot (Jacques), célèbre écrivain français (1513-1598) qui fut évêque d'Auxerre. Il est surtout connu par sa traduction de Plutarque.
Buste plâtre moulé sur un marbre existant.

H. 0,60.

748. — 226. Bourdaloue, né à Bourges en 1632, mort en 1704, célèbre prédicateur de l'Ordre des Jésuites.
Buste plâtre moulé sur une statue existant.

H. 0,62.

749. — 260. Corneille (Pierre), né à Rouen en 1606, mort en 1684 ; poète français, surnommé *le Grand Corneille*. Il est considéré comme le véritable créateur de l'art dramatique.
Buste plâtre moulé sur une statue existant.

H. 0,60.

750. — 1050. Dante Alighieri, né à Florence, en 1265, mort en 1321 ; poète italien qui s'est rendu immortel par son poème de la *Divine Comédie*.
Masque moulé sur une statue existant.

H. 0,20.

751. — 000. De L'Hôpital (Michel), nommé chancelier de France par François II, né à Aigueperse (Auvergne) en 1505, mort à Paris, en 1573.
Buste plâtre.

H. 0,60.

752. — 279. La Fontaine (Jean de), né à Château-Thierry, en 1611, mort en 1695. Considéré comme le premier des fabulistes.
Buste plâtre moulé sur une statue existant.
H. 0,65.

753. — 149. Masque en plâtre représentant un enfant pleurant.
H. 0,40. — (Don de Mme Lacroix.)

754. — 241. Massillon (J.-B.), né en 1663, mort en 1742 ; oratorien, célèbre prédicateur français, fut évêque de Clermont en 1717.
Buste plâtre moulé sur une statue existant.
H. 0,64.

755. — 1015. Michel-Ange Buonarotti, né en 1474, mort en 1564, peintre et sculpteur italien d'un grand talent. On lui doit des chefs-d'œuvre qui font encore l'admiration des artistes modernes ; on peut citer entre autres la fameuse coupole de Saint-Pierre à Rome. Voir aux dessins, école italienne, page 166, la notice qui le concerne.
Masque en plâtre moulé sur une statue existant.
H. 0,38.

756. — 1072. Mirabeau (Comte de), né en 1749, mort en 1791 ; le plus grand orateur de la Révolution française, fut surnommé le *Démosthènes français*.
Masque moulé sur nature.
H. 0,25.

757. — 298. Molière (J.-B. Poquelin, dit), né en 1622, mort en 1673 ; considéré comme le premier des auteurs

comiques français; il prenait lui-même le principal rôle dans ses pièces, qui, presque toutes, sont des chefs-d'œuvre.
Buste plâtre moulé sur une statue existant.
H. 0,64.

758. — 000. Montesquieu (Charles de Secondat, baron de), célèbre écrivain français, né au château de la Brède, en 1689, et mort à Paris en 1755 ; auteur de l'*Esprit des Lois*, des *Lettres Persanes*, de la *Grandeur et décadence des Romains*.
Buste plâtre.
H. 0,60.

759. — 291. Pascal (Blaise), né en 1623, mort en 1662 ; écrivain et géomètre français, auteur des *Pensées* et des *Provinciales*.
Buste plâtre moulé sur une statue existant.
H. 0,60.

760. — 385. Pithou (Pierre), né en 1539, mort en 1596, l'un des auteurs de la *Satyre Ménippée* ; fut un savant magistrat français.
Buste plâtre moulé sur une statue existant.
H. 0,60.

761. — 261. Racine (Jean), né en 1639, mort en 1699 ; poète tragique français, l'une des plus grandes gloires de la scène.
Buste plâtre moulé sur une statue existant.
H. 0,65.

762. — 399. Rousseau (Jean-Jacques), né à Genève en 1712, mort en 1778 ; célèbre écrivain français, auteur d'ouvrages remarquables par leur style, mais dont les idées sont souvent paradoxales.
Buste plâtre moulé sur une statue existant.
H. 0,60.

763. — 398. Voltaire (Arouet de), célèbre écrivain français et l'un des plus grands esprits des temps modernes (1694-1778) ; il fut le chef de l'école dite des encyclopédistes.
Buste plâtre moulé sur la statue de Houdon.
H. 0,60.

SCULPTURE MODERNE ET CONTEMPORAINE

ÉCOLE FRANÇAISE

BARRIAS (LOUIS-ERNEST), *sculpteur, fils de Félix-Joseph Barrias, peintre, né à Paris le 13 avril 1841.*

Élève de MM. Jouffroy, Cavelier et Léon Cogniet; il entra à l'Ecole des Beaux-Arts, le 9 avril 1857. Il obtint le 2e prix au concours pour Rome en 1861: *Chryséis rendue par son père à Ulysse;* le prix en 1865: *la fondation de Marseille; Gyptis, fille de Nanus, roi Gaulois, choisit son époux Protis, ambassadeur Phocéen;* une médaille en 1870; une médaille de 1re classe en 1872; une médaille d'honneur au Salon en 1878; une médaille de 1re classe à l'exposition universelle de 1878; la croix de la Légion d'honneur en 1878.

764. — 234. L'Agriculture; statuette plâtre; modèle de la statue en pierre placée en pendant de la Science sur le campanile de l'Hôtel-de-Ville de Poitiers et fait au tiers de la grandeur d'exécution (1872).
H. 0.85.

765. — 390. La Science; statuette plâtre; modèle de la statue en pierre placée en pendant de l'Agriculture sur le campanile de l'Hôtel-de-Ville de Poitiers, et fait au tiers de la grandeur d'exécution (1872).
H. 0,85. — (Don de l'auteur.)

766. — 416. La Science; modèle de cariatide pour le grand escalier d'honneur de l'Hôtel-de-Ville de Poitiers; plâtre fait au tiers de la grandeur d'exécution.

 H. 1m. — (Don de l'auteur.)

767. — 456. Les Arts; modèle de cariatide pour le grand escalier d'honneur de l'Hôtel-de-Ville de Poitiers, plâtre fait au tiers de la grandeur d'exécution.

 H. 1m. — (Don de l'auteur.)

768. — 532. Modèle de gaine de l'une des cariatides du grand escalier d'honneur de l'Hôtel-de-Ville de Poitiers fait au tiers de la grandeur d'exécution.

 H. 0,11.

BOSIO (FRANÇOIS-JOSEPH), *sculpteur et peintre, né à Monaco (Alpes-Maritimes), le 19 mars 1768; mort à Paris le 28 juillet 1815.*

 Élève de Pajou; chevalier de Saint-Michel; Baron; premier sculpteur du roi; officier de la Légion d'honneur; membre du jury du Musée; chevalier de l'ordre du Mérite civil de Savoie; membre de l'Institut en 1816 (7e fauteuil qu'il occupa dès sa fondation); professeur à l'académie des Beaux-Arts.

769. — 408. La nymphe Salmacis; statue plâtre; moulage fait sur le marbre original du Louvre, exposé au Salon de 1819. Don de l'Etat en 1875; appartient à l'Ecole des Beaux-Arts de la ville de Poitiers.

 H. 0,84.

BROUILLET (PIERRE-AMÉDÉE), *peintre, sculpteur et archéologue, né à Châtain (Vienne), le 6 septembre 1826.*

 Elève de l'Ecole municipale des Beaux-Arts de Poitiers et de M. Picot dans l'atelier duquel il entra en 1842.

Comme travaux archéologiques on lui doit :
1. **Promenade pittoresque et archéologique dans l'Angoumois et le Poitou**; vieux châteaux, abbayes, églises, ruines, dessinés et lithographiés aux deux crayons par M. Brouillet, avec **Notices historiques et archéologiques**, in-folio. — Typ. Chatenet, à Angoulême, 1851 (24 planches).
2. **Description des reliquaires trouvés dans l'ancienne abbaye de Charroux, le 9 août 1856**, in-8° avec 6 planches. — Bulletins de la Société des Antiquaires de l'Ouest en 1860.
3. **Notes sur la tombelle de Brioux, commune de Payré**; in-8° avec 2 planches. — Bulletins de la Société des Antiquaires de l'Ouest, 1862.
4. **Époques antéhistoriques du Poitou** ou recherches et études sur les monuments de l'âge de pierre recueillis dans les cavernes, le diluvium et les ateliers celtiques en plein air de cette contrée, avec 10 planches in-4° sur papier teinté ; in-8°, 1865. — Mémoires de la Société des Antiquaires de l'Ouest, xxix° volume.
5. **Appendice aux époques antéhistoriques du Poitou**, nouvelle découverte d'ateliers de l'âge de pierre en Poitou, 12 planches, in-8°, 1864.
6. **Indicateur archéologique de l'arrondissement de Civray**, depuis l'époque antéhistorique jusqu'à nos jours, pour servir à la statistique monumentale du département de la Vienne, orné de 5 cartes monumentales cantonales et de 150 planches in 4°, 1865. — Librairie Ferriol, Civray.
7. **Notes sur une excursion archéologique dans les communes de Bouresse, Gouëx, Verrières, Lhommaizé, Mazerolles, Château-Larcher, Vivône, Saint-Martin-Lars, Charroux et Savigné** (département de la Vienne). — Imprimerie de P.-A. Ferriol, à Civray, 1863, in-4°.
8. **Documents fournis par M. Brouillet pour prouver la fausseté des allégations contenues dans la brochure intitulée** : *Réponse au rapport de M. Bardy lu à la séance du 22 décembre 1864, à la Société des antiquaires de l'Ouest, et à la note additionnelle publiée, le 4 janvier 1864, par M. Meillet, membre démissionnaire de cette Société;* 11 février 1865, in-8°.
9. **Notice des tableaux, dessins, gravures, statues, objets d'arts anciens et modernes, curiosités, etc.**, composant les collections de la ville de Poitiers, in-8°, imprimerie Marcireau et Cie à Poitiers, 2 vol.
10. **Notice historique de l'École municipale des Beaux-Arts de Poitiers**, son origine, son passé, son présent, in-8° avec planches.

La plupart de ces publications ont été insérées dans les bulletins et les mémoires de la Société des antiquaires de l'Ouest. M. Brouillet a également publié plusieurs brochures et fourni de nombreux articles à différents journaux. Il a collaboré au *Répertoire archéologique du département de la Vienne*. Il a fondé et dirigé, en 1867, une revue artistique, scientifique et littéraire : *Le Glaneur Poitevin*.

Comme sculpteur, il a exécuté des travaux religieux en pierre dans les églises de Saint-Claud-sur-le-Son (Charente), de Charroux, de Civray, de la Chapelle-Bâton, du Vigean, de Liglet (Vienne), etc.

Un groupe de la *Charité* sur la façade du cercle du Commerce à Poitiers; deux statues représentant les *Arts* et l'*Industrie*, pour la façade du cercle industriel à Poitiers; les modèles de douze cariatides et de douze bustes pour la façade du grand hôtel du Palais à Poitiers; les bustes en marbre de *Bonceune* et d'*Allard* pour l'Ecole de droit; de l'abbé *Gibault* pour la bibliothèque de Poitiers; de *Dalayrac* (commande de l'Etat en 1868) pour la bibliothèque du Conservatoire national de musique; de *Gay-Lussac* (commande de l'Etat en 1874), pour la façade de l'Ecole normale supérieure à Paris; de *Bourbeau*, ancien ministre, du docteur *Pingault*, d'*Odysse Barot*; ceux en plâtre de MM. *Orillard*, ancien maire de Poitiers, *Jallet*, docteur-médecin; enfin il a fait un grand nombre de médaillons en bronze et en plâtre, des statues exposées aux salons annuels à Paris : *jeune fille endormie*, S. 1866; *Erigone*, S. 1867; *nymphe à la coquille*, S. 1868; *Regrets*, S. 1869; *Sapho*, S. 1870; *Gay-Lussac*, S. 1874; *Nyse et Bacchus*, S. 1875; *Diane et Andymion*; *baigneuse*, etc.

En 1872, la ville du Dorat (Haute-Vienne) l'a chargé d'ériger une fontaine monumentale en granit, dont il a fourni les plans et les modèles, haute de 8 mètres 50, avec vasques, dauphins, mascarons, bas-reliefs et statue en fonte.

Comme peintre, on lui doit des décorations et des sujets religieux dans l'église de *Notre-Dame-la Grande*, la chapelle de l'hôpital-général, la chapelle Saint-Cybard, le réfectoire des frères de l'Ecole chrétienne (à Poitiers), l'église de Civray, l'église de Champniers (Vienne).

Il a exécuté encore, dans différentes villes, un grand nombre de décors pour théâtre, et dirigé des travaux de décorations dans des établissements publics ; comme dessinateur, il a fait une très grande quantité de dessins d'architecture et d'archéologie, d'aquarelles, de fusains, de gravures à l'eau-forte et de lithographies.

Il a été nommé directeur-adjoint de l'École communale de dessin, d'architecture et de sculpture de la ville de Poitiers, le 27 août 1861; directeur, le 4 février 1879; conservateur-adjoint du Musée des Beaux-Arts et d'archéologie, le 7 mars 1879; conservateur des Musées de la ville de Poitiers, le 28 juillet 1881; l'école de dessin ayant été réorganisée en 1881 par l'administration municipale, avec le concours de l'État, sous le nom d'*École municipale des Beaux-Arts*, il en a été nommé directeur le 21 juillet 1882.

M. Brouillet est membre de plusieurs sociétés savantes et artistiques de Paris et de province. Il a obtenu quatre médailles à différentes expositions artistiques de province et une médaille d'or décernée par la *Société des Antiquaires de l'Ouest*, dans sa séance publique en 1864.

Enfin les Musées de Poitiers, de la Société des Antiquaires de l'Ouest et de Saint-Germain en-Laye, possèdent de remarquables séries d'objets offerts par lui à ces établissements.

770. — 487. Les Regrets ; statue plâtre, grandeur naturelle. Jeune femme nue, assise et penchée, appuyant sa tête et son bras droit sur un tronçon de colonne en partie recouvert par une draperie ; de la main gauche elle tient une couronne destinée au défunt qu'elle pleure. Salon de 1865.

H. 1ᵐ. — (Don de l'auteur.)

771. — 395. Sapho ; statue plâtre. Cette figure, de grandeur naturelle, est debout, la main droite appuyée sur un rocher ; du pied droit elle foule sa lyre jetée à terre. Elle contemple l'abîme où elle va se précipiter ; une grande draperie recouvre une partie du torse, le bras droit et les jambes. Salon de 1870.

H. 0,62. — (Don de l'auteur.)

772. — 391. Erigone ; statue plâtre, grandeur naturelle. Cette figure est nue ; le haut du corps est renversé en arrière, du bras gauche elle s'appuie sur un socle, et du bras droit levé, elle tient une coupe vers laquelle son visage est tourné. Cette statue a figuré au Salon de 1866.

H. 1ᵐ68. — (Don de l'auteur.)

773. — 414. Nymphe à la coquille ; statue plâtre. Figure nue, grandeur naturelle, dont la jambe gauche est agenouillée sur le sol, la jambe droite pliée, le corps penché en avant, le bras gauche allongé et appuyé sur un

rocher, tandis que du bras droit elle tient une coquille dans laquelle elle donne à manger à une colombe. Salon de 1868.

H. 1m70. — (Don de l'auteur.)

774. — 393. Baigneuse; statue plâtre. Figure de grandeur naturelle debout, le corps incliné en avant, la jambe droite levée et posée sur un rocher; elle tient dans ses mains une draperie qu'elle appuie sur sa jambe.

H. 1m52. — (Don de l'auteur.)

775. — 413. Jeune fille endormie; statue plâtre. Figure d'enfant couchée sur le côté droit, tenant une draperie ramenée sur la poitrine, par la main droite. Salon de 1866.

L. 1m45. — (Don de l'auteur.)

776. — 550. Gay-Lussac, né en 1778 à Saint-Léonard (Haute-Vienne), mort en 1850; savant chimiste français dont les travaux et l'enseignement ont fait faire un grand progrès à la science.
Ce buste a été commandé par l'État et exécuté en marbre pour la façade de la cour de l'École normale supérieure de Paris en 1874. — Il a figuré au Salon de 1874.

H. 1m. — L. 0,80. (Don de l'auteur.)

777. — 352. Buste en plâtre de M. P. Genin, naturaliste à Poitiers, auteur de la curieuse et remarquable collection de champignons en cire que possède le Musée, et qui a été donnée à la ville, ainsi que ce buste, par Madame Roulleau, légataire de M. Genin, en 1880. (Epoque moderne.)

H. 0,65

CAIN (AUGUSTE), *sculpteur animalier, né à Paris, le 16 novembre 1822.*

Elève de F. Rude et de Guionnet; obtint une médaille de 3e classe en 1851; un rappel de médaille en 1863; une médaille en 1864; une médaille de 3e classe à l'exposition universelle de 1867; la croix de la Légion d'honneur en 1869; une médaille de 2e classe à l'exposition universelle 1878.

Cet artiste a exécuté un grand nombre de groupes d'animaux qui sont très remarquables et qui ont figuré à plusieurs Salons.

778. — 406. Modèle en plâtre qui a servi à l'exécution des lions en plomb repoussé placés sur le campanille de l'Hôtel-de-Ville de Poitiers.

H. 2m. — L. 1,40.

779. — 405. Modèle en plâtre qui a servi à l'exécution des lions en plomb repoussé placés sur le campanille de l'Hôtel-de-Ville de Poitiers.

H. 2m.

CHARRON (AMÉDÉE-JOSEPH ALFRED), *sculpteur poitevin, né à Poitiers, le 8 juillet 1863.*

D'abord élève de son père, sculpteur habile, directeur de l'atelier de sculpture religieuse de Saint-Hilaire à Poitiers, M. Alfred Charron est entré à l'atelier de Cavelier à Paris; il a été reçu à l'Ecole des Beaux-Arts en 1882 et a débuté au Salon de 1883 par deux portraits en médaillon.

Buste de M...; buste de M. Charron père

780. — 00. Le joueur de violon; statuette plâtre; étude d'après nature.

H. 1m. — (Don de l'auteur, 1884.)

781. — 487. Brennus; statuette en terre cuite, modelée et donnée par M. Charron fils en 1880.

H. 0,80.

782. — 485. Clovis après Tolbiac ; statuette en terre cuite, modelée et donnée par M. Charron fils, en 1881.

H. 0,80.

CHARRON (AMÉDÉE), *sculpteur, né à Saint-Denis, près Blois en 1837.*

Il débuta à l'École municipale des Beaux-Arts de Poitiers, dont il suivit assidûment les cours avec beaucoup de succès pendant plusieurs années.

M. Charron dirige depuis longtemps déjà, en collaboration avec M. Beausoleil, architecte, un des ateliers de sculptures religieuses les plus importants de France, et dans lequel un grand nombre de sculpteurs ornemanistes et de tailleurs de pierre sont occupés à l'année.

Les travaux d'ornement et de statuaire exécutés sur pierre, sur bois et sur marbre, qui sortent de cet atelier pour être expédiés non seulement dans toute la France, mais encore à l'étranger, se font remarquer par la pureté du style, l'habileté et le fini de leur exécution, la richesse de leur savante composition. Ils peuvent être comparés, avec un avantage certain, à tous les travaux de sculpture du même genre qui se font tant à Paris qu'en province.

783. — 000. Portrait de Mlle B***. Buste plâtre modelé d'après nature.

H. 0,45. — (Don de l'auteur, 1884.)

DUPUIS (DANIEL-JEAN-BAPTISTE), *sculpteur, graveur en médaille, né à Blois (Loir-et-Cher), le 15 février 1819.*

Elève de MM. Farochon et Cavelier ; remporta le premier accessit au prix de Rome en 1869 ; le prix de Rome en 1872 ; une médaille de troisième classe en 1877 ; une médaille de troisième classe à l'exposition universelle de 1878.

784. — 690. Buste plâtre. Portrait inconnu.

H. 0,60. — (Don de M. Brouillet, 1883.)

LES GIROUARD, *famille de sculpteurs poitevins.*

Ils habitaient, rue des Trois-Piliers, dans la paroisse de Saint-Porchaire, une maison qui devint la propriété de la communauté des Hospitalières de Poitiers (de 1697 à 1706) en achetant la part de chacun des héritiers, leur établissement l'environnant de toute part.

Jean Girouard, maître sculpteur, marié à Joachim Pastoureau, eut cinq fils et deux filles.

Quatre de ses fils furent sculpteurs : Jean, Pierre, Joseph et Jacques ; le cinquième, autre Jean, fut orfèvre.

Le fils *Jean*, sculpteur distingué, qualifié de noble homme en 1695, dans son acte de vente, c'était l'aîné.

Pierre, aussi maître sculpteur, demeura en 1703, rue des Trois-Rois, paroisse Saint-Germain, et en 1706, rue de la Psalette Saint-Hilaire, paroisse de Sainte-Triaise. (Note de M. Rédet sur les archives des Hospitalières.)

Dans les affiches du Poitou pour 1774, de Jouyneau-des-Loges, on lit : vers 1687, Jean Girouard fut chargé d'exécuter la statue en pied de Louis XIV pour le corps des marchands de Poitiers, sur le marché vieil (aujourd'hui Place-d'Armes) et qui fut détruite en 1791 ; le portail de la juridiction consulaire ; celui de l'église des pères Augustins ; à Ancenis il fit *Saint-Pierre* ; à Rennes *la foi* et une *flagellation* ; à Vannes le *Mausolée de la famille Montigny* ; à Auray, *deux saints* ; au couvent des Chartreux voisin, *un Saint-Bruno* ; en 1720, à l'abbaye de *Prière*, près Vannes, *deux anges en adoration*, et comme il commençait le second il mourut ; ce fut son frère qui l'acheva (note de l'abbé Auber, 1er trim. 1842).

785. — 403. Statue de la Prudence ; pierre.

Figure, assise appuyée sur le ceintre de la porte, regarde dans un miroir qu'elle tient à la main.

H. 2^m. — L. de la base, 1^{m}20.

786. — 404. Statue de la Justice, également en pierre.

Elle est assise comme la précédente, et tient un glaive d'une main et une balance de l'autre.

Ces deux statues ornaient autrefois le fronton du portail d'entrée de la juridiction consulaire, rue de la Mairie à Poitiers, qui fut construit en 1686 et démoli en 1847. Plus grandes que nature, et formées de plusieurs assises superposées, ces figures ont éprouvé quelques avaries dans leur déplacement. Destinées à être vues d'en bas, et à une certaine élévation, elles ont été largement traitées par le sculpteur ; elles sont très décoratives.

H. de 2^m. — L. 2,20

GOMY (PAUL), *sculpteur poitevin, né à Chauvigny (Vienne).*

Elève de l'Ecole municipale des Beaux-Arts de Poitiers où il fit ses premières études de sculpture et de dessin. Il obtint une subvention du département de la Vienne pour aller à Paris continuer sa carrière artistique; entra à l'atelier de M. Dumont. Ses œuvres ont figuré aux Salons suivants; en 1876 : *portrait de Blanche,* buste plâtre; 1877, *la prière d'Ismaël,* statue plâtre; en 1879: *Bayadère,* statue plâtre.

787. — 454. La prière d'Ismaël, statue plâtre, Salon de 1877 ; adolescent ayant un genoux à terre et tenant un vase dans ses mains.

H. 0,85. — L. . (Don de l'Etat, en 1879.)

788. — 425. Médaillon en pierre, provenant du château de Bonnivet et représentant une tête d'homme casquée du XVIe siècle.

H. 0,37.

789. — 546. Médaillon en plâtre représentant Henri IV et Marie de Médicis.

L. 0,25. (Don de M. de Longuemar.)

790. — 749. Médaillon en fonte représentant J. Lafitte, par David d'Angers.

L 0,14.

DAVID (d'Angers, PIERRE-JEAN), *sculpteur et homme politique, fils de Pierre-Louis David sculpteur. Il naquit à Angers (Maine-et-Loire), le 12 mars 1789, mourut à Paris le 5 janvier 1856.*

Elève de David et de Rolland ; obtint le 2e grand prix au concours de Rome en 1810: *Othoriades dernier des Lacédémoniens, écrit de son sang sur son bouclier : « Les Lacédémoniens vainqueurs des Argiens »* (Musée d'Angers); le premier prix en 1811: *mort d'Epaminondas* (musée d'Angers. Il fut nommé chevalier de la Légion d'honneur, le 11 janvier 1825; membre de l'Institut, le 5 août 1826; professeur à l'Ecole des Beaux-Arts depuis le 6 décembre 1826. David a laissé une grande quantité d'œuvres remarquables.

791. — 751. Médaillon de Châteaubriand; moulage exécuté avec une composition chimique, faite par M. Malapert père, chimiste distingué de Poitiers, offert par lui.

L. 0,19.

CHATEAUBRIAND (Fr.-René, vicomte de), *né à Saint-Malo en 1768, mort à Paris en 1848.— Homme d'Etat, historien et littérateur remarquable, membre de l'Acamie française.*

792. — 754. Médaillon en terre cuite, représentant Lamartine.

L. 0,11. (Don de M. Augé.)

LAMARTINE (Alphonse de), *poète français d'un grand talent, né en 1790, mort en 1860; il fut membre du gouvernement provisoire en 1848.*

793. — 429. Médaillon en marbre blanc, représentant un personnage du temps de Louis XII (XVIe siècle).

H. 0,35. — L. 0.30.

794. — 418. Petit bas-relief en plâtre, fait à l'Ecole municipale des Beaux-Arts de Poitiers, et représentant des enfants moissonnant.

H. 0,43. — L. 0,45. (Don de l'Ecole de Poitiers.)

795 — 417. Petit bas-relief en plâtre, fait à l'Ecole municipale des Beaux-Arts de Poitiers, et représentant des enfants vendangeant.

H. 0,43. — L. 0,45. (Don de l'Ecole de Poitiers)

796. — 588. Petit bas-relief en bronze, représentant le Christ descendu de la croix, époque moderne.

H. 0,14. — L. 0,12.

797. — 537. Petit bas-relief en bronze, représentant Jésus portant sa croix, époque moderne.

H 0,14. — L. 0,12.

MOUSSET (JEAN), *sculpteur, né à Poitiers en 1826.*

Elève de l'Ecole municipale des Beaux-Arts de Poitiers dont il suivit les cours avec succès pendant plusieurs années. M. Mousset est un des habiles sculpteurs de l'atelier Saint-Hilaire dirigé par MM. Charron et Beausoleil.

798. — 1433. Christ sur la croix, d'après Girardon, sculpture sur bois d'une exécution remarquable.

H 1ᵐ. — (Don de l'auteur.)

799. — 750. Petit bas-relief en plâtre d'après une sculpture de Jean Goujon. (XVIᵉ siècle.)

H. 0,42. — 0,22. (Legs Charbonnel, 1870.)

GOUJON (JEAN), *sculpteur et architecte du roi Henri II (1550), architecte du Connétable (1547); on ignore le lieu de sa naissance.*

Il exécuta en 1541 et 1542 les tombeaux de la cathédrale de Rouen; en 1556 il fit les quatre cariatides de la tribune de la salle des Suisses, au Louvre (aujourd'hui Musée des antiques); il travailla à la décoration du palais du Louvre, de 1555 à 1562, et reçut pour ces travaux 4860 livres tournois. On lui attribue aussi toutes les sculptures de la façade du levant de la cour du Louvre, reconstruite au XVIᵉ siècle; il a encore exécuté des sculptures dans la chapelle du château d'Ecouen; dans l'église de Saint-Germain-l'Auxerrois; à l'Hôtel-de-Ville de Paris, détruit par l'incendie de la Commune en 1871; à l'hôtel Carnavalet; à la Fontaine de Saint-Innocent à Paris. Le Musée du Louvre possède neuf ouvrages authentiques de Jean Goujon.

800. — 1049. Petit bas-relief en plâtre du XVIe siècle : figure de femme, de Jean Goujon ; moulage des Musées nationaux.

    H. 0,43. — L. 0,23. — (Legs Babinet, 1882.)

801. — 1073. Petit bas-relief en plâtre du XVIe siècle ; figure de femme, de Jean Goujon ; moulage des Musées nationaux.

    H. 0,43. — L. 0,23. — (Legs Babinet, 1882.)

802. — 477. Petit bas-relief en pâte de doreur, moulé pour applique, et destiné à être doré ; réminiscence mythologique du XIXe siècle.

    H. 0,34. — L. 0,68.

803. — 425. Petite niche en bois doré avec statuette de la Vierge. (XVIIe siècle.)

    H. 0,27. (Legs Charbonnel, 1870.)

804. — 612. Reliquaire ou porte-montre, en bois sculpté et doré, XVIIe siècle.

    H. 0,30. (Legs Charbonnel, 1870.)

805. — 262. Statue en marbre blanc de Jeanne de Vivône, fille d'André de Vivône et de Louise d'Aillon ; elle avait épousé Claude de Clermont, seigneur de Dampierre, vicomte de Taillard, qui fut tué à la bataille de Moncontour en 1569. Après la mort de son époux, Henri III la choisit pour être dame d'honneur de la reine Louise. Elle mourut en avril 1583. Cette statue était primitivement placée sur un tombeau, dans la chapelle des Cordeliers de Poitiers, mais M. Lenoir la fit transporter au Musée des Petits-Augustins à Paris, où elle resta jusqu'en 1820, époque à laquelle elle fut rendue à la ville de Poitiers par les soins de M. l'abbé Gibault, alors conservateur du Musée.

    H. 1m40. — L. 0,55.

— 278 —

806. — 536. Statuette de femme sans bras ; ébauche de sculpture sur bois du XVIIIe siècle.

> H. 0,65. (Don de M. Bourcier.)

807. — 440. Statuette en bois doré du XVIIIe siècle, représentant la Vierge foulant aux pieds un serpent.

> H. 0,31. (Legs Charbonnel, 1870.)

808. — 1487. Statuette en bois d'un bénédictin du XVIIe siècle.

> H. 0,09. (Legs Charbonnel, 1870.)

809. — 430. Statuette en bois de saint Benoist en méditation (XVIIIe siècle).

> H. 0,76.

810. — 608. Statuette en pierre d'une religieuse de l'Ordre de Saint-Benoist. (XVIIe siècle).

> H. 0,95.

811. — 935. Statuette en pierre représentant sainte Valérie tenant sa tête dans ses mains, fragment. (XVIe siècle).

> H. 0,30.

812. — 615. Statuette d'enfant tenant une corne d'abondance dans ses bras ; sculpture sur pierre du XVIe siècle.

> H. 0,45.

813. — 1445. Statuette de sainte Magdeleine, en terre cuite dorée. (XVIIIe siècle).

> H. 0,39. (Legs Charbonnel, 1870.)

814. — 739. Tête de la statue de Louis XIV, exécutée en

pierre par Girouard, sculpteur poitevin, et élevée autrefois sur la place d'Armes de Poitiers.

   H. 0,35.

815. — 1074. Tête d'homme couronnée, en pierre, trouvée à Couhé-Vérac (Vienne).

   H. 0,40. — (Don de M. Moître.)

816. — 614. Tête humaine sculptée sur pierre, provenant du château de Bonnivet. (XVIᵉ siècle.)

   H. 0,20.

Bas-reliefs moulés sur des monuments égyptiens du Louvre et représentant des scènes religieuses ou familières.

817. — 33. Bas-relief plâtre, moulé sur un monument égyptien. (Epoque égyptienne.)

   H. 0,95. — L. 0,45. (Don de M. Mallet, sculpteur ornemaniste.)

818. — 32. Bas-relief plâtre, moulé sur un monument égyptien. (Epoque égyptienne.)

   H. 0,33. — L. 1ᵐ. — (Don de M. Mallet sculpteur ornemaniste.)

819. — 26. Bas-relief plâtre, moulé sur un monument égyptien. (Epoque égyptienne.)

   H. 0,66. — L. 0,42. — (Don de M. Mallet, sculpteur ornemaniste).

820. — 27. Bas-relief plâtre, moulé sur un monument égyptien. (Epoque égyptienne.)

   H. 0,40. — L. 0,79. — (Don de M. Mallet, sculpteur ornemaniste).

821. — 51. Bas-relief plâtre, moulé sur un monument égyptien. (Epoque égyptienne.)
>H. 0,47. — L. 0,75. — (Don de M. Mallet, sculpteur ornemaniste.)

822. — 52. Bas-relief plâtre, moulé sur un monument égyptien. (Epoque égyptienne.)
>H. 0,33. — L. 1^m. — (Don de M. Mallet, sculpteur ornemaniste.)

823. — 69. Bas-relief plâtre, moulé sur un monument égyptien. (Epoque égyptienne.)
>H. 0,42. — L. 0,83. — (Don de M. Mallet sculpteur ornemaniste.)

824. — 68. Bas-relief plâtre, moulé sur un monument égyptien. (Epoque égyptienne.)
>H. 0,33. — L. 0,93. — (Don de M. Mallet, sculpteur ornemaniste.)

825. — 41. Bas-relief plâtre, moulé sur un monument égyptien. (Epoque égyptienne.)
>H. 0,45. — L. 1^m. — (Don de M. Mallet, sculpteur ornemaniste.)

826. — 61. Bas-relief plâtre, moulé sur un monument égyptien. (Epoque égyptienne.)
>H. 0,41. — L. 1^m. — (Don de M. Mallet, sculpteur ornemaniste.)

827. — 62. Bas-relief plâtre, moulé sur un monument égyptien. (Epoque égyptienne.)
>H. 0,32. — L. 0,92. — (Don de M. Mallet, sculpteur ornemaniste.)

828. — 95. Bas-relief d'un tombeau de Judée ; moulage fait sur l'original en plomb rapporté de Judée par M. de Saulcy et paraissant remonter jusqu'aux anciens rois de Juda.
>H. 0,35. — L. 0,42. — (Don de M. de Saulcy.)

ÉPOQUE ROMAINE ET GALLO-ROMAINE

Sculptures diverses.

829. — 117. Autel gallo-romain en pierre, provenant de Bapteresse, près Poitiers et offert par M. Desbois, maire de Bapteresse, au nom du Conseil municipal de cette commune. Cet autel, de forme carrée, est orné sur chaque face de personnages en bas-relief, représentant : *Minerve, Mercure, Apollon et Hercule.*

H. 0,86. — L. 0,60.

830. — 109. Base de colonne romaine cannelée, en pierre, provenant de la rue du Puygarreau, à Poitiers, en 1877.

H. 0,40. — L. 0.60.

831. — 21. Bas-relief en terre cuite, représentant une offrande à Bacchus, provient de la collection Campana.

H. 0,40. — L. 0,43. — (Don de l'Etat.)

832. — 130. Borne de carrefour en pierre, à quatre visages, trouvée sur le plan Saint-Simplicien à Poitiers, en 1857. (Epoque gallo-romaine.)

H. 0,55.

833. — 22. Cadre en bois contenant un carreau en pierre provenant de la villa romaine d'Andillé (Vienne), et sur lequel on a représenté un vase dont le contour est en relief sur un fond évidé et destiné à être rempli par un ciment de couleur. (Epoque gallo-romaine.)

H. 0,30. — L. 0,30. — (Don de l'abbé Gibault, 1820.)

834. — 20. Cadre en bois contenant un carreau en pierre provenant de la villa romaine d'Andillé, et sur lequel on a représenté un ornement en relief sur fond évidé destiné à être rempli par un ciment de couleur. (Epoque gallo-romaine.)

H. 0,30. — L. 0,30. — (Don de l'abbé Gibault, 1820.)

835. — 10. Cadre contenant un carreau en pierre provenant de la villa romaine d'Andillé, et représentant une rosace en relief sur fond évidé destiné à un remplissage de ciment en couleur. (Epoque gallo-romaine.)

H. 0,30. — L. 0,30. (Don de l'abbé Gibault en 1820.)

836. — 11. Carreau en pierre, provenant de la villa romaine d'Andillé, représentant un ornement en relief sur fond évidé et destiné à recevoir un remplissage en ciment de couleur. (Epoque gallo-romaine.)

H. 0,20. — L. 0,20. — (Don de l'abbé Gibault, 1820.)

837. — 90. Carreau en pierre dure, provenant de la villa romaine d'Andillé, sur lequel on a représenté un vase dont le contour est en relief sur un fond évidé et destiné à être rempli par un ciment de couleur. (Epoque gallo-romaine.)

H. 0,32. — L. 0,35. — (Don de l'abbé Gibault, 1820.)

838. — 50. Chapiteau en plâtre, moulé sur l'original en marbre, existant au temple Saint-Jean à Poitiers. (Epoque gallo-romaine.)

H. 0,21. — L. 0,40.

839. — 46. Chapiteau en plâtre, moulé sur l'original en marbre, existant au temple Saint-Jean à Poitiers. (Epoque gallo-romaine.)

H. 0,29. — L. 0,43.

840. — 36. Chapiteau en plâtre, moulé sur l'original en marbre, existant au temple Saint-Jean à Poitiers. (Epoque gallo-romaine.)
  H. 0,40. — 0,41.

841. — 1482. Chapiteau composite en plâtre, moulé sur un chapiteau en marbre, existant au temple Saint-Jean à Poitiers. (Epoque gallo-romaine.)
  Ces quatre chapiteaux sont un spécimen de l'art romain payen à son contact avec l'art chrétien naissant. Ils rappellent ceux de la crypte de *La Ferté-sous-Jouarre*, datant des premiers siècles chrétiens.
  H. 0,40. — L. 0,42.

842. — 45. Cippe funéraire d'une femme romaine, provenant du vieux Poitiers. (Epoque gallo-romaine.)
  H. 0,48. — L. 0,36. — (Don de M. Laurendeau.)

843. — 87. Cippe ou autel, à tête de taureau, supportant une statue de femme dont on voit encore le bas de la tunique et un pied. Ce morceau de pierre provient de la rue de l'Industrie à Poitiers, où il a été trouvé en 1852. (Epoque gallo-romaine.)
  H. 0,53. — L. 0,25.

844. — 79. Débris d'une statue équestre triomphale en bronze doré trouvés près du mur d'enceinte gallo-romain de Poitiers, dans le terrain de l'ancien évêché. Les caves de cette habitation sont creusées dans l'épaisseur de ce mur qui n'avait pas moins de six mètres de large. On y remarque encore des fragments d'arc de triomphe que surmontait, peut-être, la statue en bronze doré d'un empereur romain, à laquelle appartiennent certainement les deux pieds de cheval que possède le Musée de Poitiers. Sur le sabot de l'un de ces pieds, on remarque une marque ou une lettre ressemblant à un E ou à un F ; peut-être la signature du fondeur ou du sculpteur. (Epoque gallo-romaine.)
  H. 0,35. — (Don des Dames religieuses Hospitalières.)

845. — 9. Fragment de colonne en pierre, avec feuilles imbriquées, provenant de la rue du Puygarreau à Poitiers. (Epoque romaine.)

H. 0,70. — L. 0,40. — (Acquisition du Musée.)

846. — 64. Fragment d'une colonne cannelée en pierre, provenant de la rue du Puygarreau à Poitiers (Epoque romaine.)

H. 0,90. — L. 0,41. — (Acquisition du Musée.)

847. — 30. Fragment d'une colonne romaine trouvée à Poitiers, grand'rue, chez M. Lorne, brasseur. La partie inférieure, haute de 95 cent., est ornée de rosaces carrées disposées en damier; la partie supérieure était décorée de feuilles imbriquées. (Epoque romaine.)

H. 1m10. — L. 0,40. — (Don de M. Lorne.)

848. — 43. Fragment d'une colonne romaine en pierre, à feuilles imbriquées, trouvé au vieux Poitiers. (Epoque romaine.)

H. 0,95. — L. 0,40. — (Don de M. Laurendeau.)

849. — 67. Fragment de chapiteau de pilastre en pierre, trouvé dans la communauté des Hospitalières à Poitiers. (Epoque romaine.)

H. 0,20. — L. 0,43. — (Don de Mme la Supérieure.)

850. — 55. Fragment d'un chapiteau romain en pierre, provenant de Poitiers. (Epoque romaine.)

H. 0,20. — L. 0,53.

851. — 73. Fragment de colonne cannelée avec chapiteau ionique en pierre, trouvé à Poitiers. (Epoque romaine.)

H. 0,73. — L. du fût 0,40. — Du chapiteau 0,50.

852. — 49. Fragment de sculpture sur pierre provenant de la station romaine de St-Cyprien-sur-Gartempe (Vienne). Epoque gallo-romaine.

    H. 0,47. — L. 0,38. — (Don de M. Maréchal, de Saint-Savin, 1880.)

853. — 88. Fragment de chapiteau en pierre (volute), provenant de Poitiers. (Epoque romaine.)

    H. 0,26. — L. 0,30.

854. — IIII. Fac-simile en terre des vomitoires des anciennes arènes de Poitiers ; modelage fait par M. de Longuemar. (Epoque gallo-romaine.)

    H. 0,30. — L. 0,45.

855. — 97. Fragment de frise en pierre, présumée de l'époque romaine, trouvé à Poitiers.

    H. 0,35. — L. 22.

856. — 93. Fragment de sculpture sur pierre, provenant de la station romaine de Saint-Cyprien-sur-Gartempe (Vienne). Epoque gallo-romaine.

    H. 0,38. — L. 0,25. — (Don de M. Maréchal, de Saint-Savin, 1880.)

857. — 57. Fragment de frise en pierre, provenant de la station romaine de St-Cyprien-sur-Gartempe (Vienne). Epoque gallo-romaine.

    H. 0,50. — L. 25. — (Don de M. Maréchal, de Saint-Savin, 1880.)

858. — 59. Fragment de sculpture sur pierre, provenant de la station romaine de Saint-Cyprien-sur-Gartempe (Vienne). Epoque gallo-romaine.

    H. 0,41. — L. 0,40. — (Don de M. Maréchal, de Saint-Savin, 1880.)

859. — 1477. Petit torse en marbre blanc, débris d'une statuette grecque remarquable.

  H. 0,25. — L. 0,10. — (Don de M. Babinet, 1882.)

860. — 2. Sculpture de la station romaine de Saint-Cyprien-sur-Gartempe (Vienne), frise en pierre; fragment de rinceau de feuilles d'achante. (Epoque gallo-romaine.)

  H 0,48. — L. 0,75. — (Don de M. Maréchal, de Saint-Savin, 1880)

861. — 92. Stèle avec effigie de femme romaine voilée, en bas-relief, vêtue de la robe talaire et du peplum des dames romaines; de la main droite elle tient un objet mutilé, peu reconnaissable, et de la gauche elle relève un pan de sa robe et laisse voir ses pieds nus; trouvé rue de l'Industrie à Poitiers. (Epoque gallo-romaine.)

  H. 0,90. — L. 0,28.

ÉPOQUES MÉROVINGIENNE ET CARLOVINGIENNE

Sculptures diverses.

862. — 138. Bas-relief des extrémités du tombeau de saint Abre à Saint-Hilaire-le-Grand à Poitiers; moulage en plâtre. (Epoque gallo-romaine ou mérovingienne.)

  H. 0,16. — L. 0,33.

863. — 139. Bas-relief des extrémités du tombeau de saint Abre à Saint-Hilaire-le-Grand à Poitiers; moulage en plâtre. (Epoque gallo-romaine ou mérovingienne.)

  H. 0,15. — L. 0,29.

864. — 141. Bas-relief réparti sur les côtés du tombeau de saint Abre à Saint-Hilaire-le-Grand à Poitiers;

moulage en plâtre. (Epoque gallo-romaine ou mérovingienne.)

H. 0,18. — L. 0,30.

865. — 142. Bas-relief réparti sur les côtés du tombeau de *saint Abre* à Saint-Hilaire-le-Grand à Poitiers ; moulage en plâtre. (Epoque gallo-romaine ou mérovingienne ?)

H. 0,17. — L. 0,30.

866. — 121. Décoration du tombeau dit : *de sainte Abre* dans l'église Saint-Hilaire-le Grand à Poitiers (1er côté); moulage en plâtre. (Epoque gallo-romaine ou mérovingienne ?) Extrémité postérieure.

H. 0,27. — L. 0,78.

867. — 122. Décoration du tombeau dit *de sainte Abre* dans l'église Saint-Hilaire-le-Grand à Poitiers (2e côté); moulage en plâtre. (Epoque gallo-romaine ou mérovingienne ?) Extrémité antérieure.

H. 0,25. — L. 0,82.

Ce tombeau, « en beau marbre blanc, de forme hémicylindrique, est décoré, à ses extrémités et sur les croisillons qui le coupent dans sa longueur, de figures et d'emblêmes qui rappellent l'ornementation des sépultures des catacombes, tels qu'une tête et un vase ornés de fleurons épanouis à l'entour, des dauphins et des roues dont on retrouve les analogues sur les pignons de Saint-Jean de Poitiers, ce vétéran du christianisme en Poitou. » (De Longuemar, *Essai hist. sur Saint-Hilaire.*)

868. — 100. Fragment de colonne en pierre avec chapiteau, provenant de Poitiers. (Epoque mérovingienne et carlovingienne.)

H. 0,80. — Fût 0,28 de large, chapiteau 0,35.

869. — 13. Fragments du tombeau dit : de *Gilbert de la Porée,* évêque de Poitiers au xiii° siècle.

Ces six fragments en marbre, réunis dans un même cadre, sont les seuls débris qui restent d'un ancien tombeau qui s'élevait jadis dans la chapelle Saint-Fortunat à Saint Hilaire-le-Grand ; un dessin fait sur l'original, antérieurement à sa mutilation, par Beaumesnil, permet de rapporter ces quelques fragments de personnages, encore reconnaissables, à la scène de Jésus amené devant Pilate.

Ces débris exhumés en 1829 du sol de Saint-Hilaire, où ils étaient enfouis depuis la destruction du tombeau en 1793, ont été donnés au Musée par M. le curé Pestre. Cette œuvre remontait certainement au iv° ou v° siècle, et c'est une nouvelle preuve que les cénotaphes anciens furent parfois utilisés dans les siècles postérieurs pour des morts illustres.

H 0,25. — L. 0,70. — (Don de M. le curé Pestre.)

870. — 116. Fragments du tombeau dit : *la pierre qui pue ;* marbre fétide gris. Ces deux fragments réunis sont les extrémités d'un sarcophage des premiers siècles ; quoique fort mutilés, ils laissent encore voir : 1° les pieds d'un personnage d'aspect romain, debout entre deux lions ; 2° une partie d'une scène pastorale où figurent des chèvres (?) broutant, ou au repos. Ils proviennent d'un tombeau qu'on voyait autrefois dans l'église Saint-Hilaire de Poitiers, que les uns ont attribué au paganisme et les autres, avec plus de raison, aux premiers chrétiens qu'on ensevelissait parfois dans des sarcophages ornés de sujets mythologiques ou de scènes familières payennes, comme à Saint-Remy de Reims et à Déols, près Châteauroux.

Cette décoration a du reste une grande analogie avec celle du tombeau de Saint-Léger de Loudun, notamment par la figure entre les lions, qui est *un Orphée* devenu *Daniel,* ou le Sauveur lui-même, sous la figure de son prophète, les premiers chrétiens voilant leurs symboles sous des figures empruntées au paganisme. Ces fragments ont été recueillis par l'abbé Gibault et publiés dans l'*Histoire de l'église Saint-Hilaire*, par M. de Longuemar en 1857. (Epoque gallo-romaine ou mérovingienne ?)

H. 0,30. — L. 1m22.

871. — 14. Fragment de colonne ronde provenant du tombeau dit : *la pierre qui pue*, trouvé dans l'église Saint-Hilaire-le-Grand à Poitiers. (Epoque gallo-romaine ou mérovingienne ?)

H. 0,20. — L. 0,19.

872. — 12. Fragment d'un tombeau provenant de l'église Saint-Hilaire-le-Grand à Poitiers, appelé *la pierre qui pue ;* en frappant cette pierre, il s'en dégage une odeur sulfureuse très forte. (Epoque gallo-romaine ou mérovingienne ?)

H. 0,19. — L. 0,17.

873. — 145. Moulage d'une brique antique trouvée au chevet d'une sépulture chrétienne, près Yssoire (Puy-de-Dôme). Epoque inconnue.

H. 0,42. — L. 0,28.

X^e, XIe, XIIe Siècles.

874. — 74. Animal symbolique sculpté en bas-relief sur pierre, provenant de l'église Saint-Porchaire de Poitiers. (Epoque romane du XIe au XIIe siècle.)

H. 0,25. — L. 0,32.

875. — 72. Animal symbolique sculpté en bas-relief sur pierre, provenant de l'ancienne abbaye de Saint-Cyprien de Poitiers. (Epoque romane du Xe au XIe siècle.)

H. 0,25. — L. 0,35.

876. — 70. Animaux symboliques sculptés en bas-relief sur pierre, provenant d'un monument de Poitiers. (Epoque romane du XIIᵉ siècle.)

H. 0,15. — L. 0,19.

877. — 1. Chapiteau avec lions affrontés, sculptés sur pierre, provenant de Saint-Hilaire de Poitiers. (Période romane du XIᵉ et XIIᵉ siècles.)

H. 0,55. — L. 0,77.

878. — 1504. Fleuron en pierre provenant du tombeau de Benoist XII, deuxième pape d'Avignon ; sur cette pierre, on a reproduit l'inscription tracée sur ce tombeau et ainsi conçue : *Hic jacet Benedictus XII, obiit die XXV aprilio anni* MCCCXIII (XIIIᵉ siècle).

H. 0,10. — L. 0,10.

879. — 75. Fragment de bas-relief en pierre avec personnage, provenant de l'église Saint-Porchaire de Poitiers. (Epoque romane, Xᵉ ou XIᵉ siècle.)

H. 0,27. — L. 0,35.

880. — 147. Fac-simile en plâtre, représentant une tête humaine provenant d'un tombeau antique. (Epoque romane, XIᵉ siècle.)

H. 0,17. — L. 16.

881. — 147 (bis). Fac-simile en plâtre représentant une rosace provenant d'un tombeau antique. (Epoque romane, XIᵉ siècle.)

H. 0,15. — L. 0,14.

882. — 585. Le Christ triomphant ; moulage en plâtre donnant le creux et le relief d'une sculpture faite en creux sur pierre et placée dans le mur extérieur de l'abside de

l'église de Saint-Benoist, près Poitiers. Cette pierre a été signalée et moulée par M. A. Brouillet. (Epoque romane, XIe siècle.)

H. 0,38. — L. 0,32. — (Don de M. A. Brouillet.)

883. — 596. Modillon en pierre, provenant de la nef de l'église Saint-Cybard de Poitiers. (Epoque romane, X.I^e siècle.)

H. 0,22. — L. 20.

884. 134. — Modillon en pierre, provenant du marché Notre-Dame de Poitiers. (Epoque romane, XIIe siècle.)

H. 0,25. — L. 0,22.

885. — 131. Modillon en pierre, représentant une tête humaine et provenant du marché Notre-Dame de Poitiers. (Epoque romane, XIIe siècle.)

H. 0,21. — L. 0,17.

886. — 1491. Modillon en pierre provenant du cloître de Notre-Dame-la-Grande. (XI et XIIe siècle.)

H. 0,25. — L. 0,24.

887. — 1480. Modillon en pierre des cloîtres de Saint-Hilaire-le-Grand de Poitiers. (XI et XII° siècle.)

H. 0,24. — L. 0,20.

888. — 1021. Modillon en pierre, provenant d'une ancienne église de Poitiers. (Epoque romane, XIIe siècle.)

H. 0,23. — L. 0,20.

889. — 1013. Modillon en pierre, provenant d'une ancienne église de Poitiers. (Epoque romane, XIIe siècle.)

H. 0,22. — L. 0,20.

890. — 1016. Modillon en pierre, provenant d'une ancienne église de Poitiers. (Époque romane, XII° siècle.)

H. 0,21. — L. 20.

891. — 475. Moulage en plâtre d'une frise romane. (XII° siècle.)

H. 0,18. — 0,49.

892 — 8. Moulage d'un chapiteau de l'église Saint-Hilaire-le Grand de Poitiers, offert par M. Lecointre. Il représente la mort d'un saint personnage étendu sur un lit ; à ses pieds un prêtre est penché sur lui ; au chevet un prêtre assis tient un livre et récite des prières ; de chaque côté de ce personnage, deux autres prêtres récitent également des prières et tiennent des livres. Celui de gauche est assis et celui de droite est debout ; au-dessus du mort, deux anges emportent au ciel l'âme du défunt, représentée sous la forme humaine ; au sommet du chapiteau, apparaît la main de Dieu bénissant à la manière latine. Curieuse et naïve composition de l'époque romane. (XI° siècle.)

H. 0,71. — L. 0,95.

893. — 753. Petit bas-relief en plâtre, représentant le Christ assis dans une gloire et entouré des quatre symboles évangéliques. (XI ou XII° siècle.)

H. 0,25. — L. 0,11.

894. — 1481. Pierre tombale représentant en bas-relief un évêque, ou un abbé, sculpté sur pierre d'une façon grossière ou inachevée. (Époque romane, X° ou XI° siècle.)

H. 0,60. — L. 0,44.

895. — 16. Saint Hilaire et sainte Triaise ; bas-relief sculpté sur pierre, provenant de l'église Saint-Hilaire-le-Grand de Poitiers.

H. 0,80. — L. 0,60.

— 293 —

896. — 135. Statuette d'évêque trouvée à Saint Hilaire de la Celle, à Poitiers, au monastère des Carmélites; moulage en plâtre offert par le R. P. de la Croix, qui en a fait la découverte en 1880. (Epoque romane, XIe et XIIe siècles.)

H. 0,59. — L. 0,30.

897. — 1068. Type d'un bénitier, provenant de l'église de Smarves (Vienne). Epoque romane, XIIe siècle.

H. 0,59. — L. 0,30.

XIII° Siècle

898. — 527. Chapiteaux géminés, provenant de l'ancien cloître de Notre-Dame de Poitiers, sculpture sur pierre. (Epoque romano-ogivale, XIIIe siècle.)

H. 0,30. — L. 0,45. — (Don de M. Gaudonnet.)

899. — 1064. Chapiteaux géminés, provenant de l'ancien cloître de Notre-Dame de Poitiers, sculpture sur pierre. (Epoque romano-ogivale, XIIIe siècle.)

H. 0,29. — L. 0,46. — (Don de M. Gaudonnet.)

900. — 555. Chapiteaux géminés, provenant de l'ancien cloître de Notre-Dame de Poitiers, sculpture sur pierre. (Epoque romano-ogivale, XIIIe siècle.)

H. 0,30. — L. 0,46. — (Don de M. Gaudonnet.)

901. — 542. Chapiteaux géminés, provenant de l'ancien cloître de Notre-Dame de Poitiers, sculpture sur pierre. (Epoque romano-ogivale, XIIIe siècle.)

H. 0,30. — L. 0,46. — (Don de M. Gaudonnet.)

— 294 —

XIVe Siècle

902. — 519. Moulage en plâtre reproduisant des ornements arabes de l'Alhambra de Grenade sous les rois Maures. (xive siècle.)

H. 0,18. — L. 0,38.

903. — 511. Ornements arabes de l'Alhambra de Grenade. (xive siècle.)

H. 0,22. — L. 0,31.

904. — 738. Ornements arabes de l'Alhambra de Grenade. (xive siècle.)

H. 0,38. — L. 0,42.

905. — 737. Ornements arabes de l'Alhambra de Grenade. (xive siècle.)

H. 0,38. — L. 0,48.

906. — 1051. Ornements arabes de l'Alhambra de Grenade. (xive siècle.)

H. 0,43. — L. 0,40.

907. — 618. Ornements arabes de l'Alhambra de Grenade. (xive siècle.)

H. 0,40. — L. 0,40.

XVe Siècle

908 — 1047. Anges tenant un écusson ; sculpture sur pierre, console du xve siècle.

H. 0,28. — L. 0,35.

— 295 —

909. — 1031. Clef de voûte en pierre avec écusson, sculpture du XVe siècle.

    H. 0,22. — L. 0,25.

910. — 741. Clef d'arceaux armoriée, sculpture sur pierre du XVe siècle.

    H. 0,40. — L. 0,33.

911. — 1063. Clef d'arceaux armoriée, provenant de l'ancienne église de Saint-Cybard de Poitiers, sculpture sur pierre du XVe siècle.

    H. 0,50. — L. 0,40.

912. — 516. Console en pierre, avec sculptures à jour, provenant de l'ancienne église Saint-Savin de Poitiers. (XVe siècle.)

    H. 0,25. — 0,30. — (Don de M. Poumailloux.)

913. — 504. Console en pierre trouvée dans la communauté des dames Hospitalières de Poitiers. (XVe siècle.)

    H. 0,35. — L. 0,35. — (Don de la communauté.)

914. — 1032. Console en pierre, provenant de l'ancienne église Saint-Cybard de Poitiers, sculpture du XVe siècle.

    H. 0,30. — L. 0,40.

915. — 1041. Console en pierre avec écusson sculpté, provenant d'une chapelle de Poitiers. (XVe siècle.)

    H. 0,30. — L. 0,35.

916. — 140. Console en pierre, provenant de l'ancienne église Saint-Cybard de Poitiers, sculpture du XVe siècle.

    H. 0,30. — L. 0,40.

— 296 —

917. — 1018. Console en pierre, provenant de l'ancienne église Saint-Cybard de Poitiers, sculpture du XVe siècle.

H. 0,89. — L. 0,47.

918. — 526. Console en pierre représentant un homme couché, provenant d'une ancienne maison de Poitiers, sculpture du XVe siècle.

H. 0,30. — L. 0,74.

919. — 1508 Console en pierre, provenant de l'église Saint-Paul de Poitiers, représentant l'aigle de Saint-Jean. (XVe siècle.)

H. 0,33. — L. 0,30.

920. — 1485. Ecusson d'Amboise, *pallé d'or et de gueules de 6 pièces*. (XVe siècle.) Ancienne clef de voûte tenue par des anges.

H. 0,30. — L. 0,20.

921. — 1027. Ecusson sculpté sur pierre, provenant de l'ancienne église Saint-Cybard de Poitiers. (XVe siècle.)

H. 0,32. — L. 0,35.

922. — 1017. Ecusson d'André de l'Haillé, maire de Poitiers en 1462; sculpture sur pierre, provenant de l'église Sainte-Opportune de Poitiers. (XVe siècle.)

H. 0,30. — L. 0,30.

923. — 1075. Ecusson aux armes de France sculpté sur un manteau de cheminée du XVe siècle.

H. 0,60. — L. 0,65. — (Don de M. Nachet.)

924. — 1020. Ecusson sculpté sur pierre, représentant trois troncs d'arbres arrachés. (Epoque du XVe siècle.)

H. 0,26. — L. 0,33.

925. — 1052. Fragment d'un dais de niche en pierre sculpté. (Epoque du XVe siècle.)

H. 0,25. — L. 21.

926. — 1488. Fragment de clef de voûte en pierre avec un agneau pascal tenant une croix, et entouré d'une inscription gothique du XVe siècle ; provenant de l'abbaye Sainte-Croix de Poitiers.

H. 0,25. — L. 0,20. — (Legs Charbonnel, 1870.)

927. — 1489. Fragment de chou frisé en pierre. (XVe siècle.)

H. 0,16. — L. 0,06.

928. — 681. Fragment de voussoirs (six morceaux), avec feuillages à jour sculptés sur pierre, provenant du portail de l'église Saint-Hilaire-le-Grand de Poitiers. (XVe siècle.)

H. 1m. — L. 0,85.

929. — 1110. Fragments de voussoirs (six morceaux), avec niches et personnages sculptés sur pierre, provenant du portail de l'église Saint-Hilaire-le-Grand de Poitiers. (XVe siècle.)

H. 1m. — L. 0,85.

930. — 411. Frise ou fragment de manteau de cheminée en pierre avec sculptures du XVe siècle.

H. 0,70. — L. 0,85.

931. — 1026. Grande fleur de lis sculptée sur pierre, provenant d'une cheminée du couvent de la Visitation de Poitiers. (XVe siècle.)

H. 0,75. — L. 0,30.

932. — 1059. Grande fleur de lis sculptée sur pierre, provenant d'une cheminée du couvent de la Visitation de Poitiers. (xve siècle.)

H. 0,75. — L. 30.

933. — 1045. Montant de porte en pierre avec tête de fou formant console. (xve siècle.)

H. 0,32. — L. 0,55. — (Don de M. Gaudonnet.)

934. — 1076. Montant de porte en pierre avec console représentant un joueur de bignou. (xve siècle.)

H. 0,32. — L. 0,55. — (Don de M. Gaudonnet.)

935. — 1010. Pierre sépulcrale d'un commandeur de l'Ordre de Malte avec écusson sculpté. (xve siècle.)

H. 0,40. — L. 0,35.

936. — 1484. Sommet de chou frisé en pierre. (xve siècle.)

H. 0,25. — L. 0,15.

937. — 1487. Sommet de chou frisé en pierre. (xve siècle.)

H. 0,35. — L. 0,15.

XVIe Siècle

938. — 1046. Armoiries de François de la Beraudière, abbé de Nouaillé, puis évêque de Périgueux, sculpture sur pierre inachevée. (xvie siècle.)

H. 0,65 — L. 0,48.

939. — 523. Caisson en pierre avec sculpture renaissance, provenant du château de Bonnivet (Vienne). (xvie siècle.)

H. 0,42. — L. 0,40. — (Don de l'abbé Gibault, 1820.)

940. — 522. Caisson en pierre avec sculptures renaissance, provenant du château de Bonnivet (Vienne). XVIᵉ siècle.

    H. 0,65. — L. 0,40. — (Don de l'abbé Gibault, 1820.)

941. — 472. Caisson en pierre avec sculptures renaissance, provenant du château de Bonnivet (Vienne). XVIᵉ siècle.

    H. 0,50. — L. 0,45. — (Don de l'abbé Gibault, 1820.)

942. — 931. Caisson en pierre avec sculptures renaissance, provenant du château de Bonnivet (Vienne). XVIᵉ siècle.

    H. 0,42. — L. 0,40. — (Don de l'abbé Gibault, 1820.)

943. — 629. Caisson en pierre avec sculptures renaissance, provenant du château de Bonnivet (Vienne). XVIᵉ siècle.

    H. 0,38. — L. 0,42. — (Don de l'abbé Gibault, 1820.)

944. — 538. Caisson en pierre avec sculptures renaissance, provenant du château de Bonnivet (Vienne). XVIᵉ siècle.

    H. 0,48. — L. 0,44. — (Don de l'abbé Gibault, 1820.)

945. — 1486. Caisson en pierre, avec médaillon de femme entouré de fleurs et de fruits, provenant du château de Bonnivet. (XVIᵉ siècle).

    H. 0,45. — L. 0,35. — (Don de l'abbé Gibault, 1820.)

946. — 508. Caisson en pierre avec sculptures renaissance, provenant du château de Bonnivet (Vienne). XVIᵉ siècle.

    H. 0,42. — L. 0,38. — (Don de l'abbé Gibault, 1820.)

— 300 —

947. — 509. Caisson en pierre avec sculptures renaissance, provenant du château de Bonnivet (Vienne). XVIᵉ siècle.

H. 0,58. — L. 0,47. — (Don de l'abbé Gibault, 1820).

948. — 510. Caisson en pierre avec médaillon renaissance, provenant du château de Bonnivet (Vienne). XVIᵉ siècle.

H. 0,42. — L. 0,38. — (Don de l'abbé Gibault, 1820.)

949. — 506 Caisson en pierre avec sculptures renaissance, provenant du château de Bonnivet (Vienne). XVIᵉ siècle.

H. 0,42. — L. 0,39. — (Don de l'abbé Gibault, 1820.)

950. — 507. Caisson en pierre avec sculptures renaissance, provenant du château de Bonnivet (Vienne). XVIᵉ siècle.

H. 0,42. — L. 0,39. — (Don de l'abbé Gibault, 1820.)

951. — 626. Caisson en pierre avec sculptures renaissance, provenant du château de Bonnivet (Vienne). XVIᵉ siècle.

H. 0,33. — L. 0,42. — (Don de l'abbé Gibault, 1820.)

952. — 930. Caisson en pierre avec sculptures renaissance, provenant du château de Bonnivet (Vienne). XVIᵉ siècle.

H. 0,42. — L. 0,38. — (Don de l'abbé Gibault, 1820.)

953. — 476. Caisson en pierre avec sculptures renaissance, provenant du château de Bonnivet (Vienne). XVIᵉ siècle.

H. 0,35. — L. 0,43. — (Don de l'abbé Gibault, 1820.)

954. — 544. Caisson en pierre avec sculptures renaissance, provenant du château de Bonnivet (Vienne). (XVIᵉ siècle.)

    H. 0,40. — L. 0,42. — (Don de l'abbé Gibault, 1820.)

955. — 528. Caisson en pierre avec sculptures renaissance, provenant du château de Bonnivet (Vienne). XVIᵉ siècle.

    H. 0,40 — L. 0,35. — (Don de l'abbé Gibault, 1820.)

956. — 625. Caisson en pierre avec sculptures renaissance, provenant du château de Bonnivet (Vienne). XVIᵉ siècle.

    H. 0,38. — L. 0,42. — (Don de l'abbé Gibault, 1820.)

957. — 546. Caisson en pierre avec sculptures renaissance, provenant du château de Bonnivet (Vienne). XVIᵉ siècle.

    H. 0,40. — L. 0,43. — (Don de l'abbé Gibault, 1820.)

958. — 937. Caisson en pierre avec sculptures renaissance, provenant du château de Bonnivet (Vienne). XVIᵉ siècle.

    H. 0,40. — L. 0,42. — (Don de l'abbé Gibault, 1820.)

959. — 1078. Caisson en pierre avec sculptures renaissance, provenant du château de Bonnivet (Vienne). XVIᵉ siècle.

    H. 0,40. — L. 0,42. — (Don de l'abbé Gibault, 1820.)

960. — 512. Caisson en pierre avec sculptures renaissance, provenant du château de Bonnivet (Vienne). XVIᵉ siècle.

    H. 0,45. — L. 0,42. — (Don de l'abbé Gibault, 1820.)

961. — 470. Caisson en pierre avec sculptures renaissance, provenant du château de Bonnivet (Vienne). XVIe siècle.

H. 0,40. — L. 0,75. — (Don de l'abbé Gibault, 1820.)

962. — 471. Caisson en pierre avec sculptures renaissance, provenant du château de Bonnivet (Vienne). XVIe siècle.

H. 0,40. — L. 0,40. — (Don de l'abbé Gibault, 1820.)

963. — 600. Chapiteau historié du château de Bonnivet (Vienne), sculpture sur pierre du XVIe siècle.

(Don de M Hivonnait père.)

964. — 1501. Clef de voûte tombante en pierre, époque renaissance, provenant d'un escalier du château de Bonnivet. (XVIe siècle.)

H. 0,25. — L. 0,30.

965. — 1495. Clef de voûte en pierre avec un serpent enroulé sur une rosace tenue par une main d'ange, provenant du château de Bonnivet. (XVIe siècle.)

H. 0,10. — L. 0,18.

966. — 597. Console en pierre sculptée, provenant de l'église Saint-Nicolas, en 1861, et représentant l'Annonciation. (XVIe siècle)

H. 0,66. — L. 0,65.

967. — 428. Console en pierre avec sculpture renaissance, provenant du château de Bonnivet (Vienne). (XVIe siècle)

H. 0,90. — L. 0,65. — (Don de M. l'abbé Gibault, 1820.)

968. — 736. Console en pierre du XVIᵉ siècle avec sculpture représentant une figure accroupie.

H. 0,15. — L. 0,25.

969. — 423. Console en pierre avec sculpture renaissance, provenant du château de Bonnivet (Vienne). (XVIᵉ siècle.)

H. 0,90. — L. 0,48. — (Don de l'abbé Gibault, 1820.)

970. — 420. Couronnement de lucarne en pierre, provenant du château de Bonnivet (Vienne). XVIᵉ siècle.

L. 0,40. — L. 0,60.

971. — 1030. Cippe aux armoiries d'un chevalier, orné sur les côtés de têtes de chérubins. (XVIᵉ siècle.)

H. 0,86. — L. 0,04.

972. — 1484. Cul de lampe en pierre avec sculptures renaissance, provenant du château de Bonnivet (Vienne). (XVIᵉ siècle)

H. 0,35. — L. 0.26.

973. — 936. Culot en pierre avec sculptures renaissance, provenant du château de Bonnivet (Vienne). XVIᵉ siècle.

H. 0.25. — L. 0,27.

974. — 1500. Culot de rosace renaissance en pierre, provenant du château de Bonnivet. (XVIᵉ siècle.)

H. 0,12. — L. 0,13.

975. — 1019. Culot de rosace renaissance, provenant du château de Bonnivet (Vienne). XVIᵉ siècle.

H. 0,16. — L. 0,26.

976. — 696. Ecusson provenant de la démolition des murs de l'ancien château de Poitiers lors de la construction de l'abattoir ; sculpture sur pierre du XVIe siècle, offerte par M. Martin, directeur des travaux de la ville, 1883.

H. 0,48. — L. 0,45.

977. — 1011. Ecusson sculpté sur pierre provenant de l'église Saint-Cybard de Poitiers. (XVIe siècle.)

H. 0,25. — L. 0,44.

978. — 455. Ecusson de Montmorency-Gouffier, sculpture sur pierre, provenant du château de Bonnivet. (XVIe siècle.)

H. 0,33. — L. 0,33.

979. — 478. Ecusson de l'amiral Bonnivet à la devise « Festina lente », sculpture sur pierre provenant du château de Bonnivet. (XVIe siècle.)

H. 0,33. — L. 0,33.

980. — 1065. Ecusson sculpté sur pierre. (XVIe siècle.)

H. 0,22. — L. 20.

981. — 601. Épi en terre cuite du faîte d'un pavillon du château de Bonnivet (Vienne). XVIe siècle.

H. 0,30. — L. 0,25.

982. — 1498. Fleur de lis sculptée sur pierre du XVIe siècle.

H. 0,15. — L. 0,15.

983. — 1496. Fleuron de pilastre en pierre provenant d'une ancienne maison de Poitiers, située derrière Saint-Hilaire. (XVIe siècle.)

H. 0,30. — L. 0,25.

984 — 1483. Fragment de frise en pierre du xvie siècle, provenant d'une maison de Poitiers située près de Saint-Hilaire-le-Grand.

   H. 0,39. — L. 0,31.

985. — 1505. Fragment de sculpture renaissance, provenant du château de Bonnivet. (xvie siècle.)

   H. 0,20. — L.

986. — 1490. Fragment de pierre sépulcrale avec divers emblèmes. (xvie siècle.)

   H. 0,32. — 0,30.

987. — 1497. Fragment d'un bas-relief en pierre, provenant d'une maison de Poitiers située derrière l'église Saint-Hilaire-le-Grand (xvie siècle.)

   H. 0,33. — L. 0,40.

988. — 1507. Fragment d'une frise en pierre du xvie siècle.

   H. 0,12. — L. 0,12.

989. — 695. Fragment de sculpture sur pierre trouvé dans la démolition des murs de l'ancien château de Poitiers, lors de la construction de l'abattoir. (xvie siècle.)

   H. 0,30. — L. 0,70. — (Don de M. Martin, directeur des travaux de la ville, 1883.)

990. — 599. Fragment de sculpture sur pierre, époque renaissance, provenant du château de Bonnivet; enfant avec lance et bouclier. (xvie siècle.)

   H. 0,22. — L. 0,21.

991. — 934. Fragment de sculpture sur pierre, époque renaissance, provenant d'une ancienne maison de Poitiers, près Saint-Hilaire. (XVIe siècle.)

H. 0,55. — L. 0,31.

992. — 932. Fragment de chapiteau du XVIe siècle, provenant du château de Bonnivet (Vienne).

H. 0,15. — L. 0,35. — (Don de l'abbé Gibault, 1820.)

993. — 1033. Fleuron en pierre sculpté du XVIe siècle.

H. 0,15. — L. 0,20.

994. — 424. Frise renaissance, sculpture sur pierre provenant du château de Bonnivet. (XVIe siècle.)

H. 0,37. — L. 1m80. — (Don de l'abbé Gibault, 1820.)

995. — 630. Frise du château de Bonnivet, sculpture sur pierre représentant *Hercule à Némée* et un griffon, époque renaissance. (XVIe siècle.)

H. 0,35. — L. 0,90.

996. — 933. Médaillon en pierre avec sculpture de la renaissance, provenant du château de Bonnivet près Poitiers. (XVIe siècle.)

H. 0,37. — L. 0,37.

997. — 744. Médaillon en terre cuite représentant un ornement du XVIe siècle.

H. 0,30. — L. 0,20.

998. — 427. Moulage en plâtre de la magnifique rosace en pierre, style renaissance, provenant du château de Bonnivet. (XVIe siècle.)

L. 0,51. — (Don de M. Hivonnait père.)

999. — 863. Moulage en plâtre d'un bouclier du XVIe siècle, réduction, époque renaissance.

H. 0,35.

1000. — 426. Rosace en pierre d'un plafond du château de Bonnivet, sculpture renaissance. (XVIe siècle.)

H. 0,11. — L. 0,06. — (Don de l'abbé Gibault, 1820.)

1001. — 1502. Pinacle gothique en pierre d'une niche du XVIe siècle, provenant d'une ancienne maison située derrière Saint-Hilaire-le-Grand à Poitiers.

H. 0,23. — L. 0,12.

1002. — 1503. Rosace du XVIe siècle, provenant d'une ancienne maison de Poitiers située près de Saint-Hilaire-le-Grand.

H. 0,25. — L. 0,32.

1003. — 591. Saint Luc évangéliste, petit bas-relief sculpté sur pierre. (XVIe siècle.)

H. 0,18. — L. 0,20. — (Legs Charbonnel, 1870.)

1004. — 118. Vase en plâtre moulé sur l'original, style renaissance. (XVIe siècle.)

H. 0,53.

1005. — 227. Vase en plâtre, style renaissance.

H. 0,53.

1006. — 388. Vase en plâtre, style renaissance.

H. 0,53.

1007. — 345. Vase en plâtre, style renaissance.

H. 0,53.

1008. — 287. Vase en plâtre, style renaissance.
>H. 0,53.

1009. — 389. Vase en plâtre, style renaissance.
>H. 0,53.

1010. — 386. Vase en plâtre, style renaissance.
>H. 0,53.

1011. — 259. Vase en plâtre, style renaissance.
>H. 0,53.

1012. — 266. Vase en plâtre, style renaissance.
>H. 0,53.

1013. — 1499. Volute d'un chapiteau renaissance avec mascarons, pierre provenant du château de Bonnivet. (XVIe siècle.)
>H. 0,16. — L. 0,20.

1014. — 118. Grande coupe en plâtre composée sur le modèle de celle de Warvich, ornée de huit figures en demi-relief.
>H. 0,70. — L. 0,80.

1015. — 1067. Sommet d'un pilastre en pierre provenant du jardin de la manutention à Poitiers; sculpture du XVIe ou XVIIe siècle.
>H. 0,70. — L. 0,43.

1016. — 1038. Campanille du pavillon central de l'Hôtel-de-Ville de Poitiers, modèle exécuté en plâtre. (XIXe siècle.)
>H. 1m80. — L. 0,65. — (Don de M. Guérinot, architecte de l'Hôtel-de-Ville.)

1017. — 1008. Modèle en plâtre d'une console exécutée à l'Hôtel-de-Ville de Poitiers, époque moderne, style renaissance. (XIX° siècle.)

H. 0,54. — L 0,20.

1018. — 823. Modèle en plâtre d'une console exécutée à l'Hôtel-de-Ville de Poitiers, époque moderne, style renaissance. (XIX° siècle.)

H. 0,54. — L. 0,20.

TABLE ALPHABÉTIQUE

DES ARTISTES DE TOUTES LES ÉCOLES

Peintres, Sculpteurs, Graveurs, Dessinateurs, Lithographes, etc., etc.,

Dont le Musée de Poitiers possède des Ouvrages décrits dans cette Notice

A

Pages

Adam Victor-Jean, peintre (école française), né en 1801, mort en 1867. 132

Agadias, sculpteur grec. 254

Agésandre, sculpteur grec. 253

Albane (l'), voyez Albani, peintre (éc. italienne), né en 1578, mort en 1660. 74

Albani Francesco, dit l'Albane, peintre (éc. ital.), né en 1578, mort en 1660. 74

Albert Durer, peintre (éc. all.), né en 1471, mort en 1528. 198

Allegrain Etienne, peintre (éc. fr.), né en 1653, mort en 1736. 21

Allori-Ange, dit le Bronzino, peintre (éc. ital.), né en 1501, mort en 1570. . . . . 75 et 161

Allori Christofano, dit Bronzino, peintre (éc. ital.), né en 1577, mort en 1619 ou 1621. 161

Amaury-Duval Eugène-Emmanuel, peintre (éc. fr.), né en 1808. 22

André del Sarto, voyez Vannuchi, peintre (éc. ital.), né en 1488, mort en 1530. 87

Andrieux Clément-Auguste, peintre et dessinateur (éc. fr.), né en 1829. 133

Pages

Appiani François, peintre (éc. ital.), né en 1701, mort en 1791. 161
Apollonius, sculpteur grec. 255
Asselineau Léon-Auguste, peintre lithographe (éc. fr.). 244
Aquilano, voyez Michel-Angelli, peintre, (éc. ital.), né en 1700. 176
Athenodore, sculpteur grec. 74
Augé Etienne, peintre (éc. fr.), vivait au XVII° siècle. 133

B

Baglione Jean, peintre (éc. ital.), né en 1573. 162
Baldus, photographe (éc. fr.), XIX° siècle. 239
Barrault Eustache, peintre (éc. fr.), XIX° siècle. . . . 23
Barbieri Gian-Francesco, dit le Guerchin, peintre (éc. ital), né en 1590, mort en 1666. 76
Baron Henri-Charles-Antoine, peintre-lithographe (éc. fr.), XIX° siècle. 245
Barrias Louis-Ernest, sculpteur (éc. fr.), né en 1841. 265
Barroci, voyez Fiori, peintre (éc. ital.), né en 1528, mort en 1612. 173
Basset L., peintre (éc. fr.), vivait en 1865. 22
Baudelot, lithographe (éc. fr.), XIX° siècle. 245
Baudoins Pierre-Antoine, peintre (éc. fr.), né en 1723, mort en 1769. 133
Beham ou Boëhm, Jean-Sébald, peintre (éc. allemande), né en 1500, mort en 1550. 200
Bellay Paul-Alphonse, graveur (éc. fr.), né en 1826. 218
Bella Stefano-Della, peintre-graveur (éc. ital.), né en 1610, mort en 1664. 164
Benouville François-Léon, peintre (éc. fr.), né en 1821, mort en 1859. 134
Benvenuto Cellini, peintre-sculpteur (éc. ital.), né en 1500, mort en 1570. 164
Beni-Gruié Victor, peintre (éc. fr.), XIX° siècle. . . . 23
Berrettini Pietro, Pierre de Cortone, peintre (éc. ital.), né en 1596, mort en 1669. 77

	Pages
Bertrand James, peintre (éc. fr.), né à Lyon, xix° siècle.	69
Bézard Jean-Louis, peintre (éc. fr.), né en 1799.	24
Blaize, photographe (éc. fr.), xix° siècle.	
Bicker, voyez Méel, peintre (éc. flam.), né en 1599, mort en 1656.	91
Biscaino Bartholomeo, peintre (éc. ital.), né en 1632, mort en 1656.	165
Bischof G. D. T., peintre (éc. inconnue), xviii° siècle.	201
Boilly Louis-Léopold, peintre (éc. fr.), né en 1761, mort en 1845. . . . . 24 et	133
Boissieu (Jean-Jacques de), peintre (éc. fr.), né en 1736, mort en 1810.	134
Bol Ferdinand, peintre (éc. hol.), né en 1610, mort en 1681.	98
Bonnat Léon-Joseph-Florentin, peintre (éc. fr.), né en 1833.	25
Bosio, sculpteur (éc. fr.), né en 1768, mort en 1815.	
Bouchardon Edme, sculpteur (éc. fr.), né en 1698, mort en 1762.	135
Boucher François, peintre (éc. fr.), né en 1703, mort en 1770.	26
Bouguereau Adolphe-William, peintre (éc. fr.), né en 1825.	136
Bourguignon, voyez Courtois, peintre (éc. fr.), né en 1621, mort en 1676. . . . . 37 et	139
Bouer, peintre (éc. fr.), vivait au xvii° siècle.	136
Bouillard Jacques, graveur (éc. fr.), né en 1774, mort en 1806.	218
Boussaton, dessinateur-lithographe (éc. fr.) vivait en 1843.	136
Braquemond Joseph-Félix, graveur (éc. fr.), né en 1833.	219
Bril Mathieu, peintre (éc. flam.), né en 1550, mort en 1584.	189
Brizio Francesco, peintre (éc. ital.), né en 1574, mort en 1625.	165
Bronzino, voyez Allori-Ange, peintre (éc. ital.), né en 1501, mort en 1570.	75

	Pages
Brouillet Pierre-Amédée, peintre-sculpteur, (éc. fr.), né en 1826.	266
Brouillet Pierre-Aristide-André, peintre (éc. fr.), né en 1856.	27
Broussard André-Pierre-Henri, sculpteur (éc. fr.), né en 1846, mort en 1881.	24
Brugel ou Breughel, peintre (éc. flam.), vivait au XVIIe siècle.	189
Brunet Jean-Baptiste, peintre (éc. fr.), né en 1848.	29
Brunet Alexandre, peintre (éc. fr.), vivait en 1884.	137
Bruyères Hyppolite, peintre (éc. fr.), né en 1800, mort en 1855.	30
Buonaccorsi Pierre, dit Perino del Vaga, peintre (éc. ital.), né en 1500, mort en 1547	166
Buonaroti Michel-Angelo, Michel-Ange, peintre-sculpteur (éc. ital.), né en 1474, mort en 1564.	166
Burgkmay Jean, peintre (éc. allem.), né en 1473, mort en 1559.	104
Burthe Léopold, peintre (éc. fr.), vivait en 1842.	34
Bujiardini Juliano, peintre (éc. ital.), né en 1481, mort en 1556.	166

C

Cain Auguste, sculpteur (éc. fr.), né en 1822.	271
Caldara Polydoro, dit le Carravage (éc. ital.), né en 1495, mort en 1540 ou 1543.	167
Calliari Paolo, dit Paul Véronèse, peintre (éc. ital.), né en 1528, mort en 1588.	168
Callot Jacques, graveur (éc. fr.), né en 1592, mort en 1635.	220
Calvart Denis, peintre (éc. flam.), né en 1565, mort en 1619.	190
Canaletto, voyez Canal, peintre (éc. ital.).	78
Canal Antoine, dit Canaletto, peintre (éc. ital.), né en 1697, mort en 1768.	78
Carracci Louis, dit Carrache, peintre (éc. ital.), né en 1555, mort en 1619.	169

	Pages
Carracci Antoine, dit Carrache, peintre (éc. ital.), né en 1578, mort en 1613.	169
Carracci Augustin, dit Carrache, peintre (éc. ital.), né en 1558, mort en 1601.	170
Carracci Annibal, dit Carrache, peintre (éc. ital.), né en 1560, mort en 1609.	170
Carrache Louis, voyez Carracci, peintre (éc. ital.), né en 1555, mort en 1619.	169
Carravage, voyez Caldara Polydoro (éc. it.), né en 1495, mort en 1540 ou 1543.	167
Carpentier, peintre (éc. fr.), vivait en 1756.	36
Cavedone Jacopo, peintre (éc. ital.), né en 1557, mort en 1660.	171
Chapu Henri-Michel-Antoine, sculpteur (éc. fr.), né en 1833.	227
Charron Amédée-Joseph-Alfred, sculpteur (éc. fr.), né en 1863.	271
Charron Amédée, sculpteur (éc. fr.), né en 1837.	282
Chasseriau Théodore, peintre (éc. fr.), né en 1819, mort en 1856.	36
Chenavard Paul-Marie-Joseph, peintre (éc. fr), né en 1808.	223
Clerget Hubert, dessinateur (éc. fr.), né en 1818.	133
Cochin Charles-Nicolas, graveur (éc. fr.), né en 1668, mort en 1754.	221
Coeticus A., graveur (éc. inconnue), XVII° siècle.	233
Constantin Jean-Antoine, peintre (éc. fr.), né en 1756, mort en 1844.	37
Cor de Bondt, graveur (éc. inconnue), XVII° siècle.	234
Cortone (Pierre de), voyez Berrettini, peintre (éc. ital.), né en 1596, mort en 1669.	77
Courtois Jacques, dit le Bourguignon, peintre (éc. fr.), né en 1621, mort en 1676.	37
Cousin Jean, peintre (éc. fr.), né en 1501, mort en 1539.	235
Coutaud, peintre (éc. fr.), vivait au XVIII° siècle.	123
Coypel Noël, peintre (éc. fr.), né en 1628, mort en 1707.	38

Pages.

Crespi Joseph-Marie, peintre (éc. ital.), né en 1665, mort en 1747. 171
Croy Raoul de, peintre (éc. fr.), né en 1806, mort en 1879. 39
Curzon Marie-Alfred de, peintre (éc. fr.), né en 1820, 39 et 123

D

David Jacques-Louis, peintre (éc. fr.), né en 1748, mort en 1825. 139
David d'Angers Pierre-Jean, sculpteur (éc. fr.), né en 1789, mort en 1856. 274
Decamps Alexandre-Jules, peintre (éc. fr.), né en 1803, mort en 1860. 140
Dehodencq Edme-Alfred-Alexis, peintre (éc. fr), né en 1822. 43
Delacroix Ferdinand-Victor-Eugène, peintre (éc. fr.), né en 1798, mort en 1863. 123
Demarteau Gilles, graveur (éc. fr.), vivait au xviiie siècle. 222
Deroges, peintre (éc. fr.), vivait au xixe siècle. . . . 44
Deschamps Pierre-Hilaire-André, peintre (éc. fr.), né en 1784, mort en 1867. 45
Desportes François, peintre (éc. fr.), né en 1661, mort en 1745. 46
Desvaux, peintre (éc. fr.), vivait au xviiie siècle. . . 46
Dieterich Christian-Wilhelm-Ernest, peintre graveur (éc. all.), né en 1712, mort en 1774. 104
Donato Areti, peintre (éc. ital.), né en 1359. 172
Doyen Gabriel-François, peintre (éc. fr.), né en 172?, mort en 1806. 44
Dracke de, peintre (éc. inconnue). 201
Dubois Paul, peintre, sculpteur (éc. fr.), né en 1829. . 218
Dubois père, Ambroise, peintre (éc. fr.), né en 1543, mort en 1614. 142
Dubouchet Henri-Joseph, graveur (éc. fr.), né en 1833, mort en 1854. 222

	Pages
Dujardin Karl, peintre (éc. hol.), né en 1635, mort en 1678.	99
Dupré Jules, peintre (éc. fr), né en 1812.	143
Dupuis Daniel-Jean-Baptiste, sculpteur (éc. fr.), né en 1819.	272
Dutilleux, géomètre et lithographe (éc. fr.).	245

E

Edelinck Gérard, graveur (éc. fr.), né en 1641, mort en 1707.	223
Eyk Abraham Van der, peintre (éc. hol.), vivait au XVIIe siècle.	193

F

Facini Pierre, peintre (éc. ital.), né en 1566, mort en 1602.	172
Fellot, photographe-peintre (éc. fr.), vivait au XIXe siècle.	
Felon Joseph, peintre-lithographe (éc. fr.), né en 1818.	245
Feti Dominique, peintre (éc. ital.), né en 1589, mort en 1624.	132
Fiesole Jean-Baptiste, dit il Beato-Angelico ou Fra Angelico, peintre (éc. ital.), né en 1387, mort en 1454.	172
Fiori Frédérico, dit Barrocci, peintre (éc. ital.), né en 1528, mort en 1612.	173
Flandrin Jean-Hippolyte, peintre (éc. fr.), né en 1809, mort en 1864.	143
Fontaines Jacques des, voyez Sweback, peintre (éc. fr.), né en 1769, mort en 1823.	159
Fournier Charles, architecte (éc. fr.), vivait au XIXe siècle.	130
Fra Diamente, peintre (éc. ital.), né en 1840.	79
Français François Louis, peintre (éc. fr.), né en 1814.	47
Franck Sébastien, peintre (éc. fl.), né en 1575, mort en 1636.	190
Franck Franz, dit le vieux, peintre (éc. fl.), né en 1544, mort en 1616.	90

	Pages
Fra Girolamo de Brescia, monsignori ou Fra Girolamo, peintre (éc. ital.), né en 1500.	173
Fragonard Jean-Honoré, peintre (éc. fr), né en 1732, mort en 1806.	143
Froment Jacques-Victor-Eugène, peintre (éc. fr.), né en 1820.	124
Fromentin Eugène, peintre (éc. fr.), né en 1820, mort en 1876.	47
Fruytières, graveur (éc. fr.), xviie siècle.	224

G

	Pages
Gaillard Claude-Ferdinand, graveur (éc. fr.), né en 1834.	224
Galle Ch., graveur (éc. fr.), xviie siècle.	225
Gellée Claude-Lorrain, peintre (éc. fr.), né en 1600, mort en 1632.	144
Géricault, peintre (éc. fr.), né en 1791, mort en 1824.	145
Gennari Benedetto, peintre (éc. ital.), né en 1633, mort en 1715.	173
Gérard François-Pascal-Simon, baron de, peintre (éc. fr.), né en 1770, mort en 1837.	237
Gérôme Jean-Léon, peintre (éc. fr.), né en 1824.	232
Giovani de San Giovanino, peintre (éc. ital.).	174
Les Girouard, sculpteurs, (éc. fr.), xviiie siècle.	272
Gobert Alfred Thompson, dessinateur-peintre (éc. fr.), né en 1822.	124
Gomy Paul, sculpteur (éc. fr.), xixe siècle.	274
Goujon Jean, sculpteur (éc. fr.), xvie siècle.	276
Goubeau ou Gouban, peintre (éc. fr.), vivait au xviie siècle.	145
Goupil, photographe (éc. fr.), xixe siècle.	239
Goyen Jean Van, peintre (éc. hol.), né en 1596, mort en 1656.	194
Granet François-Marius, peintre (éc. fr.), né en 1775, mort en 1849.	146
Grillon, peintre (éc. fr.), né en 1851.	48
Grosley, peintre (éc. fr.), vivait en 1852.	49

	Pages
Guardi Francesco, peintre (éc. ital.), né en 1712, mort en 1793.	79
Guerchin C., voyez Barbieri, peintre (éc. ital.), né en 1590, mort en 1666.	76
Guérithault Pierre-Eugène, peintre-verrier (éc. fr.), né en 1829.	48
Guido René, dit le Guide, peintre (éc. ital.), né en 1575, mort en 1642.	79
Guide, voyez Guido René, peintre (éc. ital.), né en 1575, mort en 1642.	79

H

Hamon Jean-Henri, peintre (éc. fr.), né en 1821, mort en 1874.	146
Haussoullier Guillaume, dit William, peintre, graveur, XIXe siècle.	225
Hivonnait Achille, peintre-dess. (éc. fr.), vivait en 1842.	246
Holben ou Holbein Jean, peintre-graveur (éc. al.), né en 1497, mort en 1554.	220
Housez Charles-Gustave, peintre (éc. fr.), né en 1822.	49
Hubert, peintre (éc. fr.), vivait en 1779.	50
Huberti F., graveur (éc. inconnue), XVIIe siècle.	234
Huet Jean-Baptiste, peintre (éc. fr.), né en 1745, mort en 1811.	146
Huysum Jacques Van, peintre (éc. fl.), viv. au XVIIIe siècle.	190

I

Isabey Eugène-Louis-Gabriel, peintre (éc. fr.), né en 1803.	51
Ingres Jean-Auguste-Dominique, peintre (éc. fr.), né en 1780, mort en 1867.	50

J

Jacobus de Mons, graveur (éc. fr.), XVIIe siècle.	234
Jacque Charles-Emile, graveur, peintre (éc. fr.), né en 1813.	147
Jacquemard Jules-Ferdinand, peintre, graveur (éc. fr.), né en 1837, mort en 1880.	226

	Pages
Jacquet Jules, graveur (éc. fr.), né en 1846.	226
Johannot Tony, dessinateur, peintre (éc. fr.), né en 1808, mort en 1852.	147
Jode Petrus de, graveur (éc. fl.), né en 1606.	202
Joyant Jules, peintre (éc. fr.), né en 1803, mort en 1854.	51
Jouvenet Jean, dit le Grand, peintre (éc. fr.), né en 1644, mort en 1717.	148

K

Kobell Ferdinand Van der, peintre (éc. all.), né en 1740, mort en 1796.	200

L

Lafage Nicolas-Raymond de, dessinateur, graveur (éc. fr.), né en 1656, mort en 1690.	149
Lahaire Camille-Léopold, peintre, lithographe (éc. fr.), né en 1849.	148
Lallemand Martin-Jacques, peintre, graveur (éc. fr.), né en 1826.	52
Lancret Nicolas, peintre (éc. fr.), né en 1690, mort en 1743.	149
Lanfranc Jean, peintre (éc. ital.), né en 1581, mort en 1647.	80
Lantara Simon-Mathieu, peintre (éc. fr.), né en 1729, mort en 1778.	52
Lapierre Louis-Emile, peintre (éc. fr.), né en 1817.	53
Largillière Nicolas de, peintre (éc. fr.), né en 1656, mort en 1746.	53
Laugier Jean-Nicolas, graveur (éc. fr.), né en 1785.	229
Le Bas Gabriel-Hyppolite, peintre (éc. fr.), vivait en 1845.	54
Leblanc Léonide-Joséphine, peintre (éc. fr.), vivait en 1878.	130
Lebrun Charles, peintre (éc. fr.), né en 1619, mort en 1690.	223
Leclerc Pierre, peintre (éc. fr.), vivait en 1836.	150
Lecointre Charles-Joseph, peintre (éc. fr.), né en 1824.	54

	Pages
Leclerc Sébastien, graveur (éc. fr.), né en 1637, mort en 1714.	230
Lefebvre Claude, peintre (éc. fr.), né en 1632, mort en 1675.	55
Lemoine François, peintre (éc. fr.), né en 1688, mort en 1737.	150
Le Natur Jules-Maurice, peintre, dessinateur (éc. fr.), né en 1851.	56
Lenfant, graveur, XVIIe siècle (éc. fr.)	229
Leroux Eugène, peintre, lithographe (éc. fr.), né en 1811, mort en 1863.	247
Lesauvage Marie-Hyppolite, peintre (éc. fr.), XIXe siècle.	248
Lesueur Eustache, peintre (éc. fr.), né en 1617, mort en 1655.	226
Lhopital, photographe (éc. fr.), XIXe siècle.	241
Lingelbach Jean, peintre (éc. hol.), né en 1625, mort en 1687.	194
Lippi, frère Philippe, peintre (éc. ital.), né en 1412, mort en 1469.	81
Lippo Memmi, peintre (éc. ital.), né en 1343, mort en 1354.	82
Locatelli Jacques, peintre (éc. ital.), né en 1580, mort en 1628.	82
Longuemar Le Touzé de, littérateur-dessinateur (éc. fr.), XIXe siècle, né en 1803, mort en 1831.	131
Loo Jean-Baptiste Van, peintre (éc. hol.), né en 1684, mort en 1745.	99
Lucchesino, voyez Testa Piétro, peintre (éc. ital.), né en 1617, mort en 1650.	185
Luminais Evariste Vital, peintre (éc. fr.), né en 1822.	65

M

Maas Nicolas, peintre (éc. hol.), né en 1632, mort en 1693.	100
Magne Désiré-Alfred, peintre (éc. fr.), né en 1855.	57

	Pages
Marlet Laurent-Jules, peintre (éc. fr.), vivait en 1848.	58
Martinet Louis, peintre (éc. fr.), vivait en 1833.	58
Martinet Achille-Louis graveur (éc. fr.), né en 1806.	230
Massard Jean-Baptiste-Raphaël-Urbain, graveur (éc. fr.), né en 1775.	231
Massaccio, dit Maso ou Thomas Guidi di San Giovanni, peintre (éc. ital.), né en 1401, mort en 1443.	82
Mauflâtre, peintre (éc. fr.), vivait en 1880.	57
Mazzuchelli Piétro Francesco, dit il Morazzone, peintre (éc. ital.), né en 1571, mort en 1626.	174
Mazzuoli Francesco, dit le Parmessan, peintre (éc. ital.), né en 1503, mort en 1540.	175
Meel Jean, dit Bicker, peintre, graveur (éc. fl.), né en 1599, mort en 1664 ou 1656.	91
Medula André, dit le Schiavone, peintre (éc. ital.), né en 1522, mort en 1582.	176
Mengs Antoine-Raphaël, peintre (éc. al.), né en 1728, mort en 1777.	201
Mercié Antoine, sculpteur (éc. fr), xixe siècle.	227
Meulen Antoine-François Van der, peintre (éc. fl.), né en 1631, mort en 1690.	191
Meulen Van Cor, graveur (éc. fl.), xviie siècle.	235
Michaël Asinius, graveur (éc. incon.), xviie siècle.	236
Michelez, photographe (éc. fr.), vivait en 1880.	241
Michel-Ange, voyez Buonaroti, peintre, sculpteur (éc. ital.), né en 1474, mort en 1564.	166
Michel-Angelli Francesco, dit l'Aquilano, peintre (éc. ital.), né en 1700.	176
Mignard Pierre, peintre (éc. fr.), né en 1610, mort en 1695.	59
Millet Jean-Francisque, peintre (éc. fr.), né en 1666, mort en 1723.	151
Mola Francesco Pietro, peintre (éc. ital.), né en 1612, mort en 1668.	176
Molenaer Jean, peintre (éc. hol.), xviie siècle.	190
Molenaar Nicolas, peintre (éc. hol.), né en 1649.	195

	Pages
Monginot Charles, peintre (éc. fr.), né en 1825.	60
Monnoyer Baptiste, peintre (éc. fr.), né en 1634, mort en 1699.	60
Mons Jacobus, graveur (éc. incon.), xviiie siècle.	234
Mony Jean de, peintre (éc. hol.), né en 1698, mort en 1771.	195
Morazone Jacques, peintre (éc. ital.), né en 1441.	177
Morazone Piétro, voyez Mazzuchelli, peintre (éc. ital.) né en 1571, mort en 1626.	174
Morse Auguste-Achille, graveur (éc. fr.), xixe siècle.	232
Mousset, sculpteur (éc. fr.), xixe siècle.	276
Munari César, dit Pellegrino Aretusi, peintre (éc. ital.), né en 1612.	177
Muret Jean-Baptiste, (éc. fr.), né en 1835, mort en 1866.	125
Murillo Barthélemy-Estéban, peintre (éc. esp.), né en 1618, mort en 1671.	89

N

Natali Joseph, peintre (éc. ital.), né en 1652, mort en 1722.	178
Nautré, peintre (éc. fr.), vivait en 1619.	60
Netscher Constantin, peintre (éc. fl.), né en 1670, mort en 1712.	191
Nicolla V. J., peintre (éc. ital.), xviiie siècle.	178

O

Oost le vieux, Jacob Van, peintre (éc. fl.), né en 1600, mort en 1671.	92
Oostade Adriaan Van, peintre (éc. hol.), né en 1610, mort en 1685.	101
Oudry Jean-Joseph, peintre (éc. fr.), né en 1686, mort en 1755.	151

P

Padovanino, voyez Varatori Alexandre, peintre (éc. ital.), né en 1590, mort en 1650.	186

	Pages
Pagani Paolo, peintre (éc. ital.), né en 1661, mort en 1716.	178
Pajou Jacques-Augustin, peintre (éc. fr.), né en 1766, mort en 1820.	62
Palma le vieux, peintre (éc. ital.), né en 1548, mort en 1588.	219
Palmariel, peintre (éc. fr.), xviiie siècle.	125
Parmessan, voyez Mazzuoli Francesco, peintre (éc. ital.), né en 1503, mort en 1540.	175
Parizeau Ph. L., graveur (éc. fr.), vivait en 1769.	232
Parocel Joseph, peintre (éc. fr.), né en 1646, mort en 1704.	152
Pasinelli Laurent, peintre (éc. fr.), né en 1629, mort en 1700.	178
Patel Pierre, peintre (éc. fr.), né en 1620, mort en 1676.	63
Pellegrino Aretusi, voyez Munari, peintre (éc. ital.), né en 1612.	177
Penchaud Gaston-Charles, peintre (éc. fr.), né en 1856.	89
Penni Luc, peintre (éc. ital), né en 1500.	179
Perrault Jean-Bazile-Léon, peintre (éc. fr.), xixe siècle.	64
Perlat Alfred, photographe (éc. fr.), xixe siècle.	242
Perino del Vaga, voyez Buonaccorsi Pietro, peintre (éc. ital.), né en 1500, mort en 1547.	166
Pervinquière Henry, baron, peintre (éc. fr.), vivait en 1880.	66
Picaut J., peintre (éc. fr.), vivait au xixe siècle.	66
Pierre Jean-Baptiste-Marie, peintre (éc. fr.), né en 1713, mort en 1789.	66
Pillement Jean, peintre (éc. fr.), né en 1727, mort en 1808.	152
Pils Isidore-Alexandre-Augustin, peintre (éc. fr.), né en 1815, mort en 1875.	153
Pippi Jules, dit Jules Romain, peintre (éc. ital.), né en 1492, mort en 1546.	179
Piradon Eugène-Louis, peintre lithographe (éc. fr.), xixe siècle.	248
Piranesi E., graveur (éc. ital.), xixe siècle.	237

— 325 —

Pages

Pittoni Jean-Baptiste, peintre (éc. ital.), né en 1686, mort en 1766 ou 1767. 182
Poerson ou Person Charles, peintre (éc. fr.), né en 1609, mort en 1667. 151
Polydore, sculpteur grec (éc. grecque). 253
Porta Joseph, dit Salviati le jeune, peintre (éc. ital.), né en 1570. 180
Potier Joseph-Hubert, peintre (éc. fr.) né en 1803. . . 67
Pourbus ou Porbus François, dit le vieux, peintre (éc. fl.), né en 1510, mort en 1580 92
Poussin Nicolas, peintre (éc. fr.), né en 1594, mort en 1665. 155
Primatice, voyez Primatico Francesco, peintre (éc. ital.), né en 1490, mort en 1570. 180
Primatico Francesco, dit le Primatice, peintre (éc. ital.), né en 1490, mort en 1570. 180
Prudhon Pierre, peintre (éc. fr.), né en 1758, mort en 1823. 68
Pujol Abel-Alexandre-Denis de, peintre (éc. fr.), né en 1785, mort en 1861. 156

R

Raffet Denis-Auguste-Marie, peintre, dessinateur (éc. fr.), né en 1801, mort en 1860. 158
Rafaellino del Garbo, peintre (éc. ital.), né en 1466, mort en 1524. 181
Raphaël, voyez Sanzio, peintre (éc. ital.), né en 1483, mort en 1520. 184
Ravestein Jean Van, peintre (éc. hol.), né en 1572, mort en 1657. 102
Raynolds sir Josué, peintre (éc. angl.), né en 1723, mort en 1799. 105
Regnault Alexandre-Georges-Henri, peintre (éc. fr.), né en 1843, mort en 1871. 228
Rembrandt Van Ryn Paul, peintre (éc. hol.), né en 1606, mort en 1664. 195

Ricci Sebastiano, peintre (éc. ital.), né en 1659, mort en 1734.	182
Richard Hortense, peintre (éc. fr.), né en 1859.	69
Rigaud, peintre (éc. fr.), né en 1659, mort en 1743.	69
Rizzi Étienne, peintre (éc. ital.), né au XVIe siècle.	182
Robert Hubert, peintre (éc. fr.), né en 1733, mort en 1808.	158
Robusti Jacopo, dit le Tintoret, peintre (éc. ital.), né en 1512, mort en 1594.	85 et 183
Rochebrune Octave-Guillaume de, graveur (éc. fr.), né en 1824.	232
Romain Jules, voyez Pippi Jules, peintre (éc. ital.), né en 1492, mort en 1546.	179
Romanelli Jean-François, peintre (éc. ital.), né en 1617, mort en 1662.	83
Roos Johanne-Henrick, peintre (éc. hol.), né en 1631.	196
Roqueplan Camille-Joseph, peintre (éc. fr.), né en 1800, mort en 1855.	70
Rosa Salvator, peintre (éc. ital.), né en 1615, mort en 1675.	84
Rottenhammer Johanne, peintre (éc. al.), né en 1564, mort en 1623.	105
Rothmann L., dessinateur, XIXe siècle.	125
Rubens Peter-Paul, peintre (éc. fl.), né en 1577, mort en 1640.	93
Ruggiéro-Ruggiéro, peintre (éc. ital.), né au XVIe siècle.	183
Ruysdaël Jacob, peintre (éc. hol.), né en 1630, mort en 1681.	102

S

Saftleven Herman, peintre (éc. hol.), né en 1609, mort en 1685.	197
Salimbini Archangelo, peintre (éc. ital.), né en 1579.	184
Salviati, voyez Porta Joseph, peintre (éc. ital.), né en 1520, mort en 1570.	180
Santerre Jean-Baptiste, peintre (éc. fr.), né en 1650, mort en 1711.	71

	Pages
Sanzio Raphaël del Santo ou de Santi, peintre (éc. ital.), né en 1483, mort en 1520.	184
Sartonis, peintre (éc. fr.), vivait au xix° siècle.	71
Sauvage M., peintre (éc. fl.), né en 1744, mort en 1818.	94
Schiavone, voyez Medula André, peintre (éc. ital.), né en 1522, mort en 1582.	176
Schut Corneille, peintre (éc. fl.), né en 1590, mort en 1671.	192
Schwind, peintre (éc al.), vivait au xix° siècle.	105
Scott Samuel, peintre (éc. angl.), né en 1772.	202
Sebron Hyppolite, peintre (éc. fr.), né en 1801.	72
Sixdeniers, graveur (éc. fr.), xix° siècle.	233
Sperwer Pierre, peintre (éc. fl.).	59
Stock Ignace Van den, peintre (éc. fl.), vivait en 1660.	95
Swebach Jacques des Fontaines, peintre (éc. fr.), né en 1769, mort en 1823.	159

T

Tampesta Antoine, peintre (éc. ital.), né en 1555, mort en 1630.	184
Taytaud Alphonse, peintre (éc fr.), vivait en 1843.	73
Teniers David le jeune, peintre (éc. fl.), né en 1610, mort en 1694.	95
Testa Piétro, dit le Lucchesino, peintre (éc. ital.), né en 1617, mort en 1650.	185
Thuillier Pierre, peintre (éc. fr.), vivait en 1841.	159
Thulden Théodore Van, peintre (éc. hol.), né en 1607, mort en 1681.	197
Tintoret, voyez Robusti Jacopo, peintre (éc. ital.), né en 1512, mort en 1594.	85
Tisio Benvenuto, dit il Garofalo, peintre (éc. ital.), né en 1418, mort en 1559.	185
Titien, voyez Vincelli Tiziano peintre (éc. ital.), né en 1477, mort en 1576.	188
Toschi, graveur, xix° siècle.	237
Trinquet, dessinateur (éc. fr.), vivait en 1782.	159

V

	Pages
Valentina Jacques de, peintre (éc. ital.), né en 1502.	186
Vandyck Antoine, peintre (éc fl.), né en 1599, mort en 1641.	96 et 192
Vannucchi, dit Andréa del Sarto, peintre (éc. ital.), né en 1488, mort en 1530.	87
Varotari Alexandre, dit Padovanino, peintre (éc. ital.), né en 1590, mort en 1650.	186
Vasari Giorgio, peintre (éc. ital.), né en 1512, mort en 1574.	187
Velde Adriaan Van den, peintre (éc. hol.), né en 1639, mort en 1672.	103
Velde Guillaume Van de, peintre (éc hol.), né en 1610, mort en 1693.	198
Verbruggen Gaspard Pierre, peintre (éc. fl.), né en 1668, mort en 1720.	98
Vereycke Jean, peintre (éc. fl.), né en 1551.	193
Vergelli ou Verzelli Joseph Thiburce, peintre (éc. ital.), né en 1700.	187
Vernet Emile-Jean-Horace, peintre (éc. fr.), vivait en 1812.	160
Vernet Claude-Joseph, peintre (éc. fr.), né en 1714, mort 1789.	74
Véronèse Paul, voyez Calliari Paolo, peintre (éc. ital.), né en 1528, mort en 1588.	168
Verotz, peintre (éc. in.), xvii° siècle.	202
Verschuuring Henrick, peintre (éc. hol.), né en 1617, mort en 1690.	197
Vinci Léonard de, peintre (éc. ital.), né en 1452, mort en 1519.	225
Vincelli-Tiziano, dit le Titien, peintre (éc. ital.), né en 1477, mort en 1576.	188

W

Watteau Jean-Antoine, peintre (éc. fr.), né en 1684, mort en 1721.	160

Z

	Pages
Zeeman, peintre (éc. hol.), vivait au XVIIIe siècle. . .	198
Ziem Félix, peintre (éc. fr.), né en 1822.	160
Zuccaro ou Zucchero Thadéo, peintre (éc. ital.), né en 1529, mort en 1566.	188
Zuccaro ou Zucchero Frederico, peintre (éc. ital.), né en 1542, 1609.	188

TABLE CHRONOLOGIQUE

DES ARTISTES DE TOUTES LES ÉCOLES

Dont les Ouvrages sont décrits dans cette Notice et exposés au Musée de la Ville de Poitiers

XIVᵉ SIÈCLE.

Lippo Memmi (école italienne), né en 1347, mort en 1354.
Donato Areti (éc. ital.), né en 1359.
Fiésole Jean-Baptiste, il Beato Angelo, Fra Angelo (éc. ital.), né en 1387, mort en 1454.

XVᵉ SIÈCLE.

Fra Diamente (Ecole italienne), né en 1400.
Massaccio, dit Maso (éc. ital.), né en 1401, mort en 1443.
Lippi, frère Philippe (éc. ital.), né en 1412, mort en 1469.
Tisio Benvenuto, dit le Garofalo (éc. ital.), né en 1481, mort en 1559.
Morazone Jacques (éc. ital.), né en 1441.
Rafaellino del Garbo (éc. ital.), né en 1466, mort en 1524.
Albert Durer (école allemande), né en 1471, mort en 1528.
Burgkmay Jean (éc. al.), né en 1473, mort en 1559.
Buonaroti Michel-Ange (éc. ital.), né en 1474, mort en 1564.
Vincelli Tiziano, le Titien, (éc. ital.), né en 1477, mort en 1570.

Bujiardini Juliano (éc. ital.), né en 1481, mort en 1556.
Sanzio Raphaël (éc. ital.), né 1483, mort en 1520.
Vannucchi, André del Sarto (éc. ital.), né en 1488, mort en 1530.
Primatico Francesco, dit Primatice (éc. ital.), né en 1490, mort en 1570.
Pippi Jules, dit Jules Romain (éc. ital.), né en 1492, mort en 1546.
Caldara Polidoro, dit le Carravage (éc. ital.), né en 1495, mort en 1540.
Holbein ou Holben Jean (éc. all.), né en 1497, mort en 1558.

XVIᵉ SIÈCLE.

Fra Girolamo de Brescia (éc. ital.), né en 1500.
Penni Luc, (éc. ital.), né en 1500.
Beham ou Boëhm, Jean Sebald (éc. al.), né en 1500, mort en 1550.
Buonaccorsi Pierre, dit Perino del Vaga (éc. al.), né en 1500, mort en 1547.
Benvenuto Cellini (éc. ital.), né en 150', mort en 1570.
Allori-Ange, dit le Bronzino (éc. ital.), né en 1501, mort en 1570.
Valentina Jacques de (éc. ital.), né en 1502.
Mazzuoli Francesco, dit le Parmessan (éc. ital.), né en 1503, mort en 1540.
Vasari Giorgio (éc. ital.), né en 1512, mort en 1574.
Robusti Jacopo, dit le Tintoret (éc. ital.), né en 1512, mort en 1594.
Porta Joseph, dit Salviati jeune (éc. ital.), né en 1520, mort en 1570.
Medula André, dit le Schiavone (éc. ital.), né en 1522, mort en 1582.
Calliari Paolo, Paul Véronèse, (éc. ital.), né en 1528, mort en 1588.
Fiori Frédérico, dit Barocci (éc. ital.), né en 1528, mort en 1612.
Zuccaro ou Zucchero Thadeo (éc. ital.), né en 1529, mort en 1566.
Pourbus François, dit le vieux (éc. flam.), né en 1540, mort en 1580.

Zuccaro ou Zucchero Frederico (éc. ital.), né en 1542, mort en 1609.
Dubois Ambroise (éc. fran.), né en 1543, mort en 1614.
Palma le vieux (éc. ital), né en 1548, mort en 1581.
Bril Mathieu (éc. flam.), né en 1550, mort en 1584.
Vereycke Jean (éc. flam.), né en 1551.
Bril Paul (éc. flam.), né en 1554, mort en 1626.
Franck Franz, dit le vieux (éc. flam.), né en 1554, mort en 1616.
Carracci Louis, dit Carrache (éc. ital.), né en 1555, mort en 1616.
Tampesta Antoine (éc. ital.), né en 1555, mort en 1680.
Cavedone Jacopo (éc. ital.), né en 1557, mort en 1660.
Carracci Augustin, dit Carrache (éc. ital.), né en 1558, mort en 1601.
Carracci Annibal, dit Carrache (éc. ital.), né en 1560, mort en 1609.
Rottenhammer Johanne (éc. al.), né en 1564, mort en 1623.
Calvart Denis (éc. flam.), né en 1565, mort en 1619.
Facini Pierre (éc. ital.), né en 1566, mort en 1602.
Mazzuchelli Pietro, dit il Morazzone (éc. ital.), né en 1571, mort en 1626.
Ravestein Jean Van (éc. hol.), né en 1572, mort en 1657.
Baglione Jean (éc. ital.), né en 1573.
Brizzio Francesco (éc. ital.), né en 1574, mort en 1625.
Franck Sébastien (éc. flam.), né en 1575, mort en 1636.
Guido René, dit Le Guide (éc. ital.), né en 1575, mort en 1681.
Rubens Peter Paul (éc. flam.), né en 1577, mort en 1640.
Allori Christofano, dit Bronzino (éc. ital.), né en 1577, mort en 1619.
Carracci Antoine, dit Carrache (éc. ital.), né en 1578, mort en 1613.
Albani Francesco, dit l'Albane (éc. ital.), né en 1578, mort en 1660.
Salimbini Archangelo (éc. ital.), né en 1579.
Locatelli Jacques (éc. ital.), né en 1580, mort en 1628.
Lanfranc Jean (éc. ital), né en 1581, mort en 1647.
Feti Dominique (éc. ital.), né en 1589, mort en 1624.

Varotari Alexandre, dit Padovanino (éc. ital.), né en 1590, mort en 1650.
Schut Corneille (éc. flam.), né en 1590, mort en 1671.
Barbieri Gian Francesco, dit le Guerchin (éc. ital.), né en 1590, mort en 1666.
Callot Jacques (éc. fran.), né en 1592, mort en 1635.
Poussin Nicolas (éc. fran.), né en 1594, mort en 1665.
Berettini Piétro, Pierre de Cortone (éc. ital.), né en 1596, mort en 1669.
Goyen Jean Van (éc. hol.), né en 1596, mort en 1656.
Vandyck Antoine (éc. flam.), né en 1599, mort en 1641.
Meel Jean, dit Bicker (éc. flam.), né en 1599, mort en 1656.

XVIIe SIÈCLE.

Oost le vieux, Jacob Van (éc. flam.), né en 1600, mort en 1671.
Stock Ignace Van den (éc. flam.), vivait en 1600.
Gellée Claude Lorrain (éc. fran.), né en 1600, mort en 1682.
Rembrandt Van Ryn Paul (éc. hol), né en 1603, mort en 1664.
Thulden Théodore Van (éc. hol.), né en 1607, mort en 1681.
Saftleven Hermann (éc. hol.), né en 1609, mort en 1685.
Poerson ou Person Charles (éc. fran.), né en 1609, mort en 1667.
Velde Guillaume Van den (éc. hol.), né en 1610, mort en 1693.
Bella Stefano Della (éc. ital.), né en 1610, mort en 1664.
Teniers David le jeune (éc. flam.), né en 1610, mort en 1694.
Bol Ferdinand (éc. hol), né en 1610, mort en 1681.
Ostade Adrian Van (éc. hol.), né en 1610, mort en 1685.
Mignard Pierre (éc. fran.), né en 1610, mort en 1695.
Mola Francesco Pietro (éc. ital.), né en 1612, mort en 1668.
Munari César, dit Pellegrino Aretusi (éc. ital.), né en 1612.
Rosa Salvator (éc. ital.), né en 1615, mort en 1673.
Testa Piétro, dit Lucchesino (éc. ital.), né en 1617, mort en 1650.
Romanelli Jean Francesco (éc. ital.), né en 1617, mort en 1662.
Murillo Barthélemy Esteban (éc. esp.), né en 1618, mort en 1771.
Nautré, peintre poitevin (éc. fran.), vivait en 1619.

Le Brun Charles (éc. fran.), né en 1619, mort en 1690.
Patel Pierre (éc. fran.), né en 1620, mort en 1676.
Courtois Jean, dit le Bourguignon (éc. fran.), né en 1621, mort en 1676.
Lengelbach Jean (éc. hol.), né en 1625, mort en 1687.
Verschuuring Henrick (éc. hol.), né en 1627, mort en 1690.
Coypel Noël (éc. fran.), né en 1628, mort en 1707.
Pasinelli Laurent (éc. ital.), né en 1629, mort en 1700.
Ruysdaël Jacob (éc hol.), né en 1630, mort en 1681.
Meulen Antoine Van der (éc. flam), né en 1031, mort en 1670.
Roos Johanne (éc. hol.), né en 1631.
Biscaino Bartolomeo (éc. ital.), né en 1632, mort en 1657.
Lefèbvre Claude (éc. fran.), né en 1632, mort en 1675.
Maas Nicolas (éc. hol.), né en 1632, mort en 1693.
Gennari Benedetto (éc. ital.), né en 1633, mort en 1715.
Monnoyer Baptiste (éc. fran.), né en 1634, mort en 1699
Dujardin Karl (éc. hol), né en 1635, mort en 1678.
Velde Adriaan Van den (éc. hol.), né en 1639, mort en 1672.
Edelinck Gérard (éc. fran.), né en 1611, mort en 1707.
Parocel Joseph (éc. fran), né en 1616, mort en 1704.
Molenaar Nicolas (éc. hol.), né en 1649.
Santerre Jean-Baptiste (éc. fran.), né en 1650, mort en 1711.
Natali Joseph (éc. ital.), né en 1652, mort en 1722.
Allegrain Etienne (éc. fran.), né en 1653, mort en 1736.
Largillière Nicolas (éc. fran.), né en 1656, mort en 1746.
Rigaud (éc. fran.), né en 1659, mort en 1743.
Ricci Sebastiano (éc. fran.), né en 1659, mort en 1710.
Pagani Paolo (éc. ital.), né en 1661, mort en 1716.
Desportes François (éc franç.), né en 1661, mort en 1745.
Crespi Joseph-Marie (éc. ital.), né en 1665, mort en 1747.
Millet Jean-Francisque (éc. franç.), né en 1666, mort en 1723.
Verbruggen Gaspard Pierre (éc. flam.), né en 1668, mort en 1720.
Cochin Charles-Nicolas (éc. franç.), né en 1668, mort en 1754.
Netscher Constantin (éc. flam.), né en 1670, mort en 1712.
Watteau Jean (éc. franç.), né en 1684, mort en 1721.
Loo Jean-Baptiste Van (éc. hol.), né en 1684, mort en 1745.

Pittoni Jean-Baptiste (éc. ital.), né en 1686, mort en 1766.
Oudry Jean-Baptiste (éc. franç.), né en 1686, mort en 1755.
Lemoine François (éc. franç.), né en 1688, mort en 1737.
Mony Jean de (éc. hol.), né en 1698, mort en 1771.
Bouchardon (éc. franç.), né en 1698, mort en 1762.
Canal Antoine, dit Canaletto (éc. ital.), né en 1697, mort en 1768.
Augé Etienne (éc. franç.), vivait au XVII° siècle.
Bouer (éc. franç.), vivait au XVII° siècle.
Gouban ou Goubeau (éc. franç.), vivait au XVII° siècle.
Molenaar Jean (éc. hol.), vivait au XVII° siècle.
Sperwer Pierre (éc. flam.), vivait au XVII° siècle.
Demarteau Gille (éc. franç.), vivait au XVII° siècle.
Eyk Abraham Van den (éc. hol.), vivait au XVII° siècle.
Brugel ou Breughel (éc. flam.), vivait au XVII° siècle.
Huysum Jacques Van (éc. flam.), vivait au XVII° siècle.

XVIII° SIÈCLE.

Michel Angelli Francesco, dit l'Aquilano (éc. ital.), né en 1700.
Vergelli ou Verzelli Joseph Thiburce (éc. ital.), né en 1700.
Appiani Francesco (éc. ital.), né en 1701, mort en 1791.
Boucher François (éc. franç.), né en 1704, mort en 1770.
Palmariel (éc. franç.), vivait au XVIII° siècle.
Dieterich Christian Wilhelm (éc. al.), né en 1712, mort en 1774.
Coutaud, artiste poitevin (éc. franç.), vivait au XVIII° siècle.
Guardi Francesco (éc. ital.), né en 1712, mort en 1793.
Pierre Jean-Baptiste-Marie (éc. franç.), né en 1713, mort en 1789.
Vernet Claude-Joseph (éc. franç.), né en 1714, mort en 1789.
Baudoins Pierre-Antoine (éc. franç.), né en 1723, mort en 1769.
Raynolds [sir Josué] (éc. angl.), né en 1723, mort en 1792.
Doyen Gabriel-François (éc. franç.), né en 1726, mort en 1806.
Pillement Jean (éc. franç.), né en 1727, mort en 1808.
Mengs Antoine-Raphaël (éc. allem.), né en 1728, mort en 1777.
Lantara Simon-Mathurin (éc. franç.), né en 1729, mort en 1778.

Fragonard Jean-Honoré (éc. franç.), né en 1732, mort en 1806.
Robert Hubert (éc. franç.), né en 1733, mort en 1808.
Boissieu (éc. franç.), né en 1736, mort en 1810.
Kobell Ferdinand (éc. allem.), né en 1740, mort en 1790.
Zeeman (éc. holl.), vivait en 1744.
Huysum Jacques [Van] (éc. flam.), vivait au xviiie siècle.
Sauvage M. (éc. flam.), né en 1744, mort en 1818.
Huet Jean-Baptiste (éc. franç.), né en 1745, mort en 1811.
David Jacques-Louis (éc. franç.), né en 1748, mort en 1825.
Carpentier (éc. franç.), né en 1756.
Constantin Jean-Antoine (éc. franç.), né en 1756, mort en 1844.
Prudhon Pierre (éc. franç.), né en 1758, mort en 1825.
Boilly Louis-Léopold (éc. franç.), né en 1761, mort en 1845.
Pajou Jacques-Augustin (éc. franç.), né en 1766, mort en 1820.
Sweback, Jacques des Fontaines (éc. franç.), né en 1769, mort en 1823
Scott Samuel (éc. angl.), né en 1772.
Bouillard Jacques (éc. franç.), né en 1774, mort en 1806.
Demarteau Gilles (éc. franç.), vivait au xviiie siècle.
Granet François (éc. franç.), né en 1775, mort en 1849.
Hubert (éc. franç.), vivait en 1779.
Ingres Jean-Auguste-Dominique (éc. franç.), né en 1780, mort en 1867.
Trinquet (éc. franç.), vivait en 1782.
Deschamps Pierre-Hilaire André (éc. franç.), né en 1784, mort en 1867.
Pujol [Abel-Alexandre-Denis de] (éc. franç.), né en 1785, mort en 1861.
Géricault (éc. franç.), né en 1791, mort en 1824.
Delacroix Eugène-Victor-Ferdinand (éc. franç.), né en 1798, mort en 1863.
Bézard Jean-Louis (éc. franç.), né en 1799.

XIXe SIÈCLE.

Bruyères Hyppolite (éc. franç.), né en 1800, mort en 1855.
Roqueplan Camille-Joseph (éc. fr.), né en 1800, mort en 1855.

Adam Victor-Jean (éc. franç.), né en 1801, mort en 1867.
Sebron Hippolyte (éc. franç.), né en 1801.
Decamps Alexandre-Gabriel (éc. franç.), né en 1803, mort en 1860.
Potier Joseph-Hubert (éc. franç.), né en 1803.
Isabey Eugène Louis-Gabriel (éc. franç.), né en 1803.
Joyant Jules (éc. franç.), né en 1803, mort en 1854.
Longuemar [Le Touzé de] (éc franç.), né en 1803, mort en 1880.
Raffet Denis-Auguste-Marie (éc. franç.), né en 1804, mort en 1860.
Croy [Raoul de] (éc. franç.), né en 1806, mort en 1879.
Duval Amaury-Eugène-Emmanuel (éc. franç.), né en 1808.
Chenavard Paul-Maurice-Joseph (éc. franç.), né en 1808.
Johannot Tony (éc. franç.), né en 1808, mort en 1853.
Flandrin Jean-Hyppolite (éc. franç.), né en 1809, mort en 1864.
Dupré Jules (éc. franç.), né en 1812.
Vernet Emile-Horace (éc. franç.), vivait en 1812.
Jacque Charles-Emile (éc. franç.), né en 1813.
Français François-Louis (éc. franç.), né en 1814.
Pils Isidore-Alexandre-Augustin (éc. franç.), né en 1815, mort en 1875.
Lapierre Louis-Emile (éc. franç.), né en 1817.
Clerget Hubert (éc. franç.), né en 1818.
Chasseriau Théodore (éc. franç.), né en 1819, mort en 1856.
Fromentin Eugène (éc. franç.), né en 1820, mort en 1876.
Curzon (Marie-Alfred de), peintre poitevin (éc. franç.), né en 1820.
Schwind (éc. allem.), vivait en 1820.
Benouville François-Léon (éc. franç.), né en 1821, mort en 1859.
Hamon Jean-Henri (éc. franç.), né en 1821, mort en 1874.
Ziem Félix (éc. franç.), né en 1822.
Housez Charles-Gustave (éc. franç.), né en 1822.
Luminais Evariste-Vital (éc. franç.), né en 1822.
Gobert Alfred-Tompson (éc. franç.), né en 1822.
Dehodencq Edme-Alfred-Alexis (éc. franç.), né en 1822.
Lecomte Charles-Joseph (éc. franç.), né en 1824.

Monginot Charles (éc. franç.), né en 1825.
Bouguereau Adolphe-William (éc. franç.), né en 1825.
Lallemand Martin-Jacques (éc. franç.), né en 1826.
Brouillet Pierre-Amédée (éc. franç.), né en 1826.
Bellay Paul-Alphonse (éc. franç.), né en 1826.
Dubois Paul (éc. franç.), né en 1829.
Andrieux Clément-Auguste (éc. franç.), né en 1829.
Guérithault Pierre-Eugène (éc. franç.), né en 1829.
Sartonis (éc. franç.), né en 1830.
Braquemond Joseph-Félix (éc. franç.), né en 1833.
Dubouchet Henri-Joseph (éc. franç.), né en 1833.
Martinet Louis (éc. franç.), vivait en 1833.
Bonnat Léon-Joseph-Florentin (éc. franç.), né en 1833.
Gaillard Claude-Ferdinand (éc. franç.), né en 1834.
Thuillier Pierre (éc. franç.), vivait en 1835.
Muret Jean-Baptiste (éc. franç.), né en 1835, mort en 1866.
Leclerc Pierre (éc. franç.), vivait en 1836.
Boussaton (éc. franç.), vivait en 1838.
Taytaud Alphonse (éc. franç.), vivait en 1843.
Le Bas Gabriel-Hyppolite (éc. franç.), né en 1845.
Brunet Jean-Baptiste (éc. franç.), né en 1848.
Grillon (éc. franç.), né en 1851.
Le Natur Jules-Maurice (éc. franç.), né en 1851.
Grosley (éc. franç.), vivait en 1852.
Magne Désiré-Alfred (éc. franç.), né en 1855.
Beni-Gruié Victor (éc. franç.), né en 1855.
Brouillet Pierre-Aristide-André (éc. franç.), né en 1856.
Penchaud Gaston-Charles (éc. franç.), né en 1856.
Richard Hortense (éc. franç.), née en 1859.
Basset L. (éc. franç.), vivait en 1865.
Barrault Eustache (éc. franç.), vivait en 1868.
Marlet Laurent-Jules (éc. franç.), vivait en 1868.
Mauflâtre (éc. franç.), vivait en 1873.
Pervinquière Henri (éc. franç.), vivait en 1874.
Picaut (éc. franç.), vivait en 1880.
Pairault Jean-Bazile-Léon (éc. franç.), vivait en 1880.
Brunet Alexandre (éc. franç.), vivait en 1882.

Fournier Charles (éc. franç.), vivait au xix⁰ siècle.
Le Blanc Léonide-Joséphine (éc. franç.), vivait en 1880.
Rotheman (éc. franç.), vivait en 1880.
Desvaux (éc. franç), vivait au xix⁰ siècle.
Desroges (éc. franç.), vivait au xix⁰ siècle.

Poitiers. — Typ. de MARCIREAU & Cie.

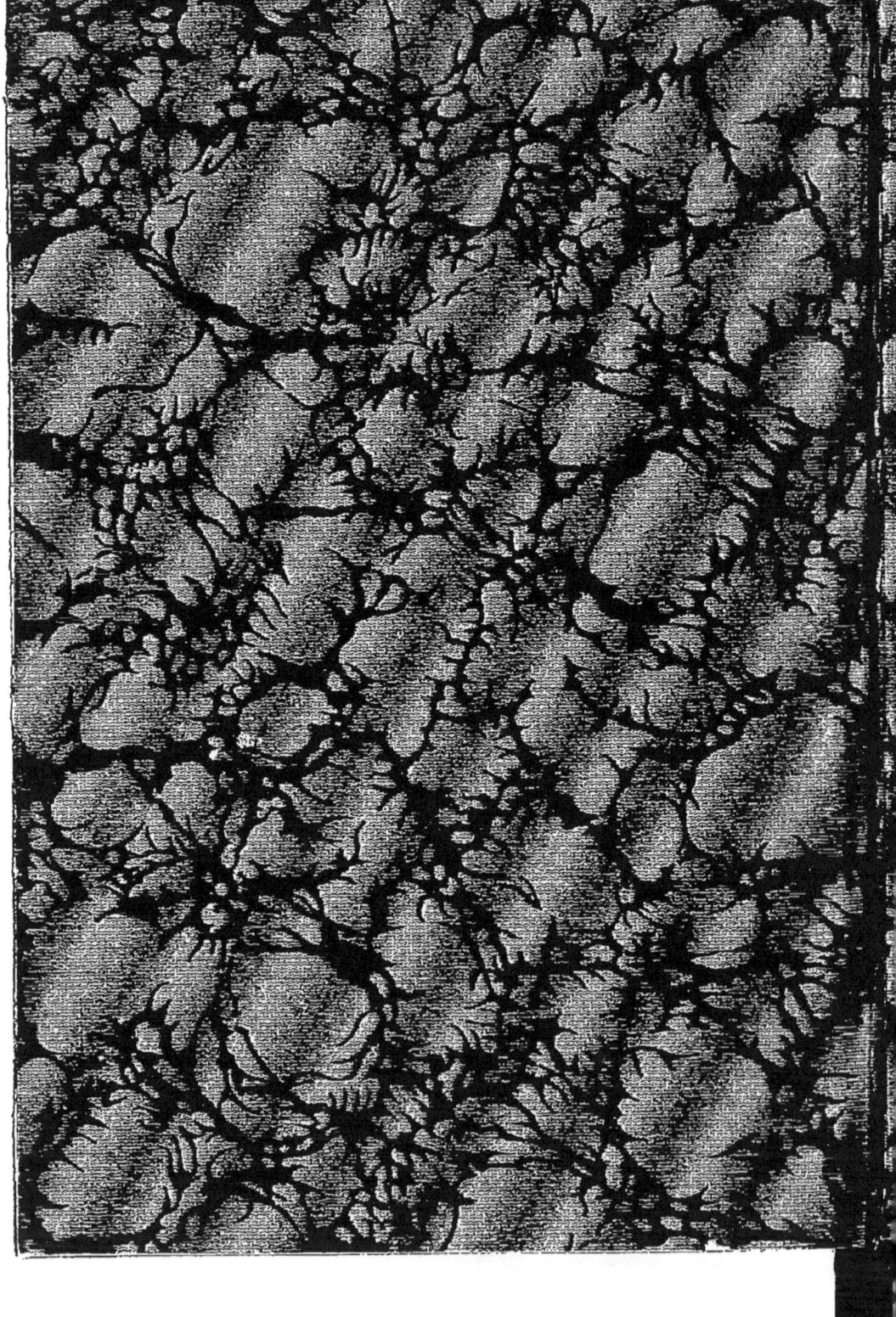

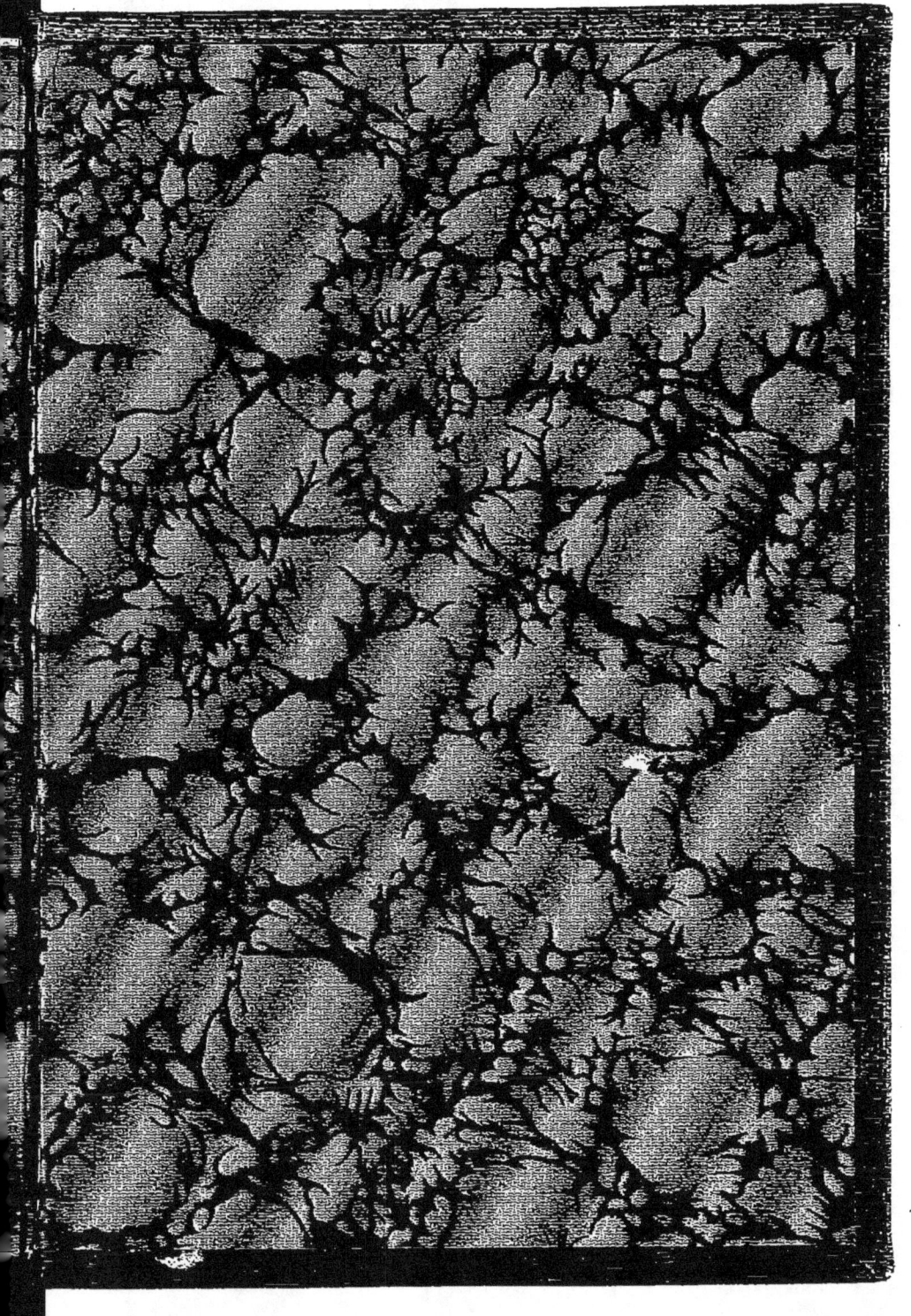

www.ingramcontent.com/pod-product-compliance
Lightning Source LLC
Chambersburg PA
CBHW050804170426
43202CB00013B/2555